Schriftenreihe

MERKUR

Schriften zum
Innovativen Marketing-Management

Band 66

ISSN 1438-8286

Verlag Dr. Kovač

Die Chance-Methode zur Erfolgsprognose neuer Produkte

Dissertation
zur Erlangung des Grades eines Doktors
der wirtschaftlichen Staatswissenschaften
(Dr. rer. pol.)
des Fachbereichs Rechts- und Wirtschaftswissenschaften

der Johannes Gutenberg-Universität Mainz
vorgelegt von
Dipl.-Kffr. Hanna Römer

in Karlsruhe

vorgelegt am 18.11.2011

Erstgutachter: Univ.-Prof. Dr. Oliver Heil
Zweitgutachter: Univ.-Prof. Dr. Louis Velthuis
Tag der mündlichen Prüfung: 21. März 2012

Hanna Römer

Die Chance-Methode zur Erfolgsprognose neuer Produkte

Verlag Dr. Kovač

Hamburg
2012

VERLAG DR. KOVAČ GMBH
FACHVERLAG FÜR WISSENSCHAFTLICHE LITERATUR

Leverkusenstr. 13 · 22761 Hamburg · Tel. 040 - 39 88 80-0 · Fax 040 - 39 88 80-55

E-Mail info@verlagdrkovac.de · Internet www.verlagdrkovac.de

Bibliografische Information der Deutschen Nationalbibliothek
Die Deutsche Nationalbibliothek verzeichnet diese Publikation
in der Deutschen Nationalbibliografie;
detaillierte bibliografische Daten sind im Internet
über http://dnb.d-nb.de abrufbar.

ISSN: 1438-8286
ISBN: 978-3-8300-6520-3

Zugl.: Dissertation des Fachbereichs Rechts- und Wirtschaftswissenschaften der Johannes Gutenberg-Universität Mainz, 2012

© VERLAG DR. KOVAČ GmbH, Hamburg 2012

Printed in Germany
Alle Rechte vorbehalten. Nachdruck, fotomechanische Wiedergabe, Aufnahme in Online-Dienste und Internet sowie Vervielfältigung auf Datenträgern wie CD-ROM etc. nur nach schriftlicher Zustimmung des Verlages.

Gedruckt auf holz-, chlor- und säurefreiem, alterungsbeständigem Papier. Archivbeständig nach ANSI 3948 und ISO 9706.

Für meine Eltern

Vorwort

Die vorliegende Arbeit wurde im Zeitraum von 2007 bis 2012 am Fachbereich für Rechts- und Wirtschaftswissenschaften an der Johannes Gutenberg-Universität Mainz erstellt.

Mein Dank gilt in erster Linie meinem Doktorvater Prof. Dr. Oliver Heil für die Betreuung meiner Arbeit. Seine wissenschaftliche Expertise, sein Rat und seine Unterstützung haben mir maßgeblich bei der Erstellung dieser Arbeit geholfen. Gerne denke ich an die zahlreichen Diskussionen, die oft auch sehr lustig waren, zurück.

Großer Dank gilt Herrn Armin Münch für die Unterstützung bei der Untersuchung der Chance-Methode und der offenen Zusammenarbeit mit seiner Firma. Er stand mir stets bei allen Fragen zur Verfügung und ermöglichte mir tiefe Einblicke in den Praxisalltag der Absatzprognose.

Des Weiteren möchte ich Frau Dorothea Rector, die mich bei allen Belangen des Unialltags immer unterstützt hat, sehr danken. Unsere Gespräche werde ich vermissen.

Ein besonderer Dank gilt den Kolleginnen und Kollegen des Studienbüros für die angenehme Zeit der Zusammenarbeit und ihre Rücksichtnahme auf meine Dissertation. Insbesondere meinen Vorgesetzten der letzten Jahre, Axel Zibulski, Kai Pastor und Kerstin Kummermehr danke ich für ihre Unterstützung.

Des Weiteren möchte ich den folgenden Kolleginnen und Kollegen des Lehrstuhls und des Fachbereiches für hilfreiche Tipps, fruchtbare Diskussionen und die schöne Zeit danken: Dr. Mark Elsner, Sascha Fey, Aline Kadach, Dr. Vera Magin, Tobias Mann, Sergio Moccia, Dr. Jella Pfeiffer, Daja Preuße, Dr. Silke Rath, Katharina Riewe und Eva Schüller.

Ein großer Dank gilt meinem Partner Dr. Thomas King, welcher mir immer mit viel Geduld zur Seite gestanden hat. Sein Methodenwissen, seine wissenschaftliche Kompetenz und auch seine motivierenden Worte waren von unschätzbarem Wert.

Der größte Dank gilt meinen Eltern. Ihre kontinuierliche Unterstützung in jeder Phase meines Lebens, ihr unbeirrbarer Glaube an mich und vor allem ihre bedingungslose Liebe haben es mir ermöglicht diese Arbeit anzufertigen.

Zuletzt möchte ich auch meiner Schwester und meiner ganzen Familie danken, da ich mich immer auf sie verlassen kann.

Hanna Römer

Inhaltsverzeichnis

Abbildungsverzeichnis XIII

Tabellenverzeichnis XV

Anhangsverzeichnis XVII

Abkürzungsverzeichnis XIX

1 Einführung 1
   1.1 Motivation der Arbeit und Forschungsfragen 1
   1.2 Aufbau der Arbeit 5
   1.3 Definitionen und begriffliche Festlegungen 10

2 Grundlagen der Testmarktsimulation 13
   2.1 Bedeutung und Grundlangen der Testverfahren für neue Produkte 13
   2.2 Überblick über konsumentenbasierte Testverfahren für neue Produkte ... 17
   2.3 Einführung in die Testmarktsimulation 21
   2.4 Ziele der Testmarktsimulation 23
   2.5 Anwendungsgebiete der Testmarktsimulation 24
      2.5.1 FMCG als Anwendungsgebiet der Testmarktsimulation 24
      2.5.2 Produktinnovationen als Anwendungsgebiet der
           Testmarktsimulation 26

3 Methodik und Güte der Testmarktsimulation 29
   3.1 Grundlegende Komponenten der Testmarktstimulation 29
      3.1.1 Komponenten des Absatzvolumens 29
      3.1.2 Komponenten des Prognosemodells 32
   3.2 Aufbau und Ablauf der Testmarktsimulation 37
      3.2.1 Phasen der Testmarktsimulation 37

3.2.2 Datenerhebung 40
3.2.3 Methoden der Präferenzmessung 42
3.2.4 Prognoseverfahren und Prognoseergebnis 44
3.3 Vergleich gängiger Verfahren 47
3.4 Die Testmarktsimulation am Beispiel von Assessor Simulated Test Marketing 50
3.5 Güte der Testmarktsimulation 58
   3.5.1 Bewertungskriterien der Praxis 58
   3.5.2 Prognoseeigenschaften 60

4 Testmarktsimulation mit der Chance-Methode 63
4.1 Grundlagen der Chance-Methode 63
4.2 Beschreibung und Ablauf der Methode 65
   4.2.1 Die große Chance-Methode 65
   4.2.2 Die kleine Chance-Methode 71
   4.2.3 Die Signifikanzhose zur Auswertung der kleinen Chance-Methode 72
4.3 Beurteilung der Chance-Methode 76
   4.3.1 Eigenschaften der Chance-Methode 76
   4.3.2 Vergleich der Chance-Methode mit den gängigen Verfahren der Testmarktsimulation 79
4.4 Prognoseeigenschaften der Chance Methode 83
4.5 Zusammenfassung und kritische Würdigung der Chance-Methode 85

5 Grundlagen von Kaufentscheidungen 89
5.1 Modell des Kaufentscheidungsprozesses 89
5.2 Arten von Kaufentscheidungen 95
5.3 Kaufentscheidungen von neuen FMCG 98

6 Entscheidungsstrategien der Produktwahl 101

6.1 Grundlagen von Entscheidungsstrategien 101

6.2 Aspekte von Entscheidungsstrategien 104

6.3 Entscheidungsstrategien 109

    6.3.1 Kompensatorische Entscheidungsstrategien 109

    6.3.2 Nicht-kompensatorische Entscheidungsstrategien 111

6.4 Stand der Forschung zu Entscheidungsstrategien der Produktwahl 114

    6.4.1 Methoden zur Erforschung der Anwendung von Entscheidungsstrategien 114

    6.4.2 Auswahl und Anwendung von Entscheidungsstrategien 115

6.5 Entscheidungsstrategien in der Absatzprognose 120

7 Das Chance-Kriterium als Entscheidungsstrategie zwischen dem Status quo und einer neuen Alternative 123

7.1 Die Produktwahlsituation von neuen FMCG 123

7.2 Der Status quo-Effekt bei der Produktwahl 124

7.3 Erklärungen für den Status quo-Effekt 128

    7.3.1 Verlustaversion und Endowment-Effekt 128

    7.3.2 Regret-Aversion 131

    7.3.3 Trade-off-Vermeidung 136

        7.3.3.1 Gründe für Trade-off-Vermeidung 136

        7.3.3.2 Arten der Trade-off Vermeidung 138

    7.3.4 Rationale Gründe 143

7.4 Zusammenfassung und kritische Würdigung des Chance-Kriteriums ... 144

8 Empirische Untersuchungen zum Chance-Kriterium 149

8.1 Kleine Chance-Studie mit anschließender Kaufverhaltensabfrage 149

    8.1.1 Einführung 149

8.1.2 Ablauf 149

8.1.3 Ergebnisse und Fazit 150

8.2 Das Chance-Kriterium zur Erklärung des Wahlverhaltens in einem Tauschexperiment 154

8.2.1 Einführung 154

8.2.2 Beschreibung der Methode 156

8.2.3 Ergebnisse 159

8.2.4 Fazit 164

9 Fazit und Ausblick **167**

9.1 Zusammenfassung der Ergebnisse 167

9.2 Kritische Würdigung der Ergebnisse 170

9.3 Implikationen für die Praxis 172

9.4 Weiterführende Forschungsfragen 174

Anhang **179**

Literaturverzeichnis **215**

Abbildungsverzeichnis

Abbildung 1-1: Aufbau der Arbeit 9

Abbildung 2-1: Die verschiedenen Stufen des Produkt-Entwicklungsprozesses 16

Abbildung 2-2: Konsumentenbasierte Tests bei der Einführung neuer Produkte 17

Abbildung 2-3: Konsumgüterkategorien 25

Abbildung 2-4: Innovationsgrade aus Käufersicht 28

Abbildung 3-1: Komponenten des Marktanteiles nach Parfitt und Collins 31

Abbildung 3-2: Komponenten und primäre Einflussfaktoren des Marktanteils 32

Abbildung 3-3: Ablauf einer Testmarktsimulation 38

Abbildung 3-4: Grundstruktur des Assessorverfahrens 51

Abbildung 4-1: Beispiel einer Signifikanzhose 74

Abbildung 4-2: Signifikanzhose mit beispielhafter Chance-Studie 75

Abbildung 4-3: Aggregiertes Auswertungsprinzip 77

Abbildung 4-4: Auswertungsprinzip der Chance-Methode 78

Abbildung 5-1: Erklärungsmodell des Konsumentenverhaltens von Engel, Blackwell und Kollat 91

Abbildung 5-2: Prozess der Kaufentscheidung 94

Abbildung 6-1: Teilprozesse von Produkt-Entscheidungsstrategien 103

Abbildung 6-2: Kompensatorische und nicht-kompensatorische Produktbewertung 105

Abbildung 6-3: Maximierende und satisfizierende Produktauswahl 106

Abbildung 7-1: Wertefunktion der Prospect-Theory 128

Abbildung 7-2: Vergleich von Regret und Disappointment 133

Abbildung 7-3: Der Attraction-Effekt 142

Abbildung A-1: Produktprogrammstrategie aus Sicht des Unternehmens 179

Abbildung A-2: Markenstrategie aus Sicht des Unternehmens 180

Abbildung A-3: Prozess der Produktwahl 181

Abbildung A-4: Schokoladenriegel ‚Jacques Biscuité 100' 195

Abbildung A-5: ‚Deospray Sensitive' und ‚Deospray Triple-Effect' 204

Tabellenverzeichnis

Tabelle 3-1: Vergleich der wichtigsten Testmarktsimulationsverfahren 49

Tabelle 3-2: Überblick über den Prozess der Datenerhebung des Assessorverfahrens 53

Tabelle 4-1: Acht Fallgruppen der großen Chance-Methode 69

Tabelle 4-2: Vergleich der Chance-Methode mit gängigen Testsimulationsverfahren 82

Tabelle 4-3: Genauigkeit der Chance-Prognose 84

Tabelle 8-1: Anzahl der Käufer nach Kaufbereitschaft 151

Tabelle 8-2: Anzahl der Käufer nach Chance-Kriterium und Kaufbereitschaft 153

Tabelle 8-3: Endowment-Effekt bei der Wahl der Deodorants 160

Tabelle 8-4: Wahlverhalten nach Dominanz und Trade-offs für Status quo-Gruppe ‚Deospray Sensitive' 161

Tabelle 8-5: Wahlverhalten nach Dominanz und Trade-offs für Status quo-Gruppe ‚Deospray Triple-Effect' 161

Tabelle 8-6: Wahlverhalten nach Trade-offs in den drei Experimental-Gruppen 162

Tabelle 8-7: Prognosegenauigkeit des Chance-Kriteriums in der Status quo-Gruppe ‚Deospray Sensitive' 163

Tabelle 8-8: Prognosegenauigkeit des Chance-Kriteriums in der Status quo-Gruppe ‚Deospray Triple-Effect' 164

Tabelle 9-1: Beispiel Auswertung mit der Chance-Methode 174

Tabelle A-1: Beispiel einer Produktwahlsituation 186

Tabelle A-2: Beispiel einer dichotomen Attributsbewertung 186

Tabelle A-3: Beispiel einer ordinalen Attributsbewertung 187

Tabelle A-4: Beispiel einer kardinalen Attributsbewertung 187

Tabelle A-5: Beispiel für die Anwendung der Chance-Strategie 191

Tabelle A-6: Beispiele verschiedener Trade-off-Situationen 194

Tabelle A-7: Wahlverhalten nach Dominanz und Trade-offs in der Kontrollgruppe 211

Tabelle A-8: Wahlverhalten nach Kaufattraktivitätsbewertung in den beiden Status quo-Gruppen 212

Tabelle A-9: Prognosegenauigkeit des Wahlverhaltens mittels der Kaufattraktivitätsmessung 213

Anhangsverzeichnis

Anhang 1: Produktprogrammstrategie aus Sicht des Unternehmens 179

Anhang 2: Markenstrategie aus Sicht des Unternehmens 180

Anhang 3: Prozess der stufenweisen Produktwahl 180

Anhang 4: Berechnung der Signifikanzhose 183

Anhang 5: Veranschaulichung der Wertefunktion 185

Anhang 6: Veranschaulichung von Entscheidungsstrategien 187

Anhang 7: Überblick über die Forschung zur Art der
Informationsverarbeitung 191

Anhang 8: Beispiel verschiedener Trade-off-Situationen 194

Anhang 9: Abbildung ‚Jacques Biscuité 100' 195

Anhang 10: Fragebogen Chance-Studie 196

Anhang 11: Rückfragen Chance-Studie 202

Anhang 12: Abbildung ‚Deospray Sensitive' und ‚Deospray Triple-Effect' ... 204

Anhang 13: Fragebogen Status quo-Gruppe ‚Deospray Sensitive' 205

Anhang 14: Fragebogen Kontrollgruppe Deospray 208

Anhang 15: Wahlverhalten nach Dominanz und Trade-offs in der
Kontrollgruppe 211

Anhang 16: Auswertung der Kaufattraktivität 211

Abkürzungsverzeichnis

BASES	=	Booz Allen Sales Estimating System
bzw.	=	beziehungsweise
CPG	=	Consumer Packaged Good(s)
d.h.	=	das heißt
f.	=	folgende
ff.	=	fortfolgende
FMCG	=	Fast Moving Consumer Good(s)
GfK	=	Gesellschaft für Konsumforschung
JGU	=	Johannes Gutenberg-Universität Mainz
JMR	=	Journal of Marketing Research
MCD-Heuristic	=	Majority of Confirming Dimensions Heuristic
PoS	=	Point of Sale
P&G	=	Procter und Gamble
S.	=	Seite
SMCG	=	Short Moving Consumer Good(s)
sog.	=	sogenannte(r)
SPRT	=	Sequential Probability Ratio Test
SqE	=	Status quo-Effekt
TESI	=	Volumetric Tesi
TGMR	=	tgmr TARGET GROUP Marketing Research GmbH
TMS	=	Testmarktsimulation
vgl.	=	vergleiche
WTA	=	Willingness to Accept
WTP	=	Willingness to Pay
z.B.	=	zum Beispiel

1 Einführung

1.1 Motivation der Arbeit und Forschungsfragen

1985 änderte die ‚Coca Cola Company' die Rezeptur von Coca-Cola und führte die sogenannte ‚New Coke' mit einem großen Werbeaufwand in den US-Markt ein. Diese Produkteinführung sollte als einer der bekanntesten Produktflops in die Geschichte des Marketings eingehen. Obwohl die ‚New Coke' umfangreich getestet wurde und beispielsweise bei der Blindverkostung besser abschnitt als die klassische Coca-Cola, blieb der Absatz der ‚New Coke' deutlich hinter den Erwartungen zurück (Pendergrast 1993, S. 388ff.; Greising 1999, S. 155ff.; Samuelson & Zeckhauser 1988, S. 11). Nach kurzer Zeit wechselte die ‚Coca Cola Company' die Rezeptur wieder zurück. Man schätzt, dass diese fehlgeschlagene Produktmodifikation ca. 100 Mio. US-Dollar gekostet hat (Schmeh 2002, S. 31).

In der jüngeren Geschichte nimmt die Zahl solcher Produktflops stetig zu (o.V. 2006a). Man geht heute von einer Floprate von ca. 70 Prozent aller neu eingeführten Produkte im deutschen FMCG-Markt[1] aus (vgl. Kapitel 2.1). Bekannte Produktflops auf diesem Markt sind beispielsweise die Pralinen Dove der Firma Mars Incorporated (damals Masterfoods), die Bonbon-Plättchen ‚Eclipse Flash' der Marke Wrigleys und grünes Ketchup der Marke Heinz.[2]

Diese Flops von etablierten Marken verdeutlichen, wie risikoreich die Einführung neuer Produkte ist. So überschreiten, insbesondere bei FMCG, die Kosten der Einführung die technischen Entwicklungskosten oft um ein Vielfaches (Litzenroth & Hertle 2007, S. 1005; Erichson 2008, S. 985). Andererseits ist die Einführung neuer Produkte für Unternehmen unerlässlich, um wettbewerbsfähig zu bleiben. Man spricht deshalb auch vom Neuproduktdilemma (Erichson 1997, S. 9f.)

---

[1] FMCG steht für ‚Fast Moving Consumer Goods' (vgl. Kapitel 2.5.1).
[2] Die Pralinen von Dove waren von 2004 bis 2007 in Deutschland erhältlich (o.V. 2004). Da sie unter den Erwartungen zurückblieben, sind sie heute nicht mehr als eigenständiges Produkt zu erwerben. ‚Eclipse Flash' sind kleine gelatineartige Plättchen, die auf die Zunge gelegt werden, um den Atem zu erfrischen. Sie wurden nur von 2003 bis 2006 auf dem deutschen Markt angeboten (o.V. 2003; Harste 2006). Das grüne Ketchup hatte Heinz 2001 in Deutschland als Limited Edition eingeführt (Reinhardt 2001; Kienle 2011). Obwohl es auf dem amerikanischen Markt gut lief und dort heute noch erhältlich ist, schaffte es das grüne Ketchup in Deutschland nicht ins Standardsortiment.

Es existiert daher heute eine Vielzahl von Methoden zur Erfolgsprognose neuer Produkte. Beispiele für diese Methoden sind Produkttests, Store-Tests oder die Testmarktsimulation. Zu den größten Anbietern dieser Methoden zählen in Deutschland die Gesellschaft für Konsumforschung, TNS-Infratest und ACNielsen. Alleine der Markt für Testmarktsimulation wird weltweit auf ca. 220 Mio. US-Dollar Jahresumsatz geschätzt (Clancy, Krieg & Wolf 2006, S. 59).

Obwohl der Markt für diese Methoden aufgrund seiner Wichtigkeit heute sehr groß ist, ist die öffentliche wissenschaftliche Forschung zu diesem Thema vergleichsweise gering (Penny, Hunt & Twyman 1972, S. 1). Die Methoden zur Erfolgsprognose neuer Produkte sind in der Hand von Marketing- und Marktforschungsfirmen, die ihr Know-How bestmöglich schützen. Vergleichende Forschungsergebnisse bezüglich dieser Methoden sind kaum öffentlich zugänglich. Auch wenn wenig über diese Methoden bekannt ist, lässt sich doch an der hohen Produkt-Floprate ein erheblicher Verbesserungsbedarf dieser Methoden erkennen.

Eine neue vielversprechende Methode zur Erfolgsprognose neuer FMCG ist die Chance-Methode von der ‚tgmr TARGET GROUP Marketing Research GmbH' mit Sitz in Frankfurt. Im Rahmen einer Praxisvorlesung am Lehrstuhl für Marketing und Betriebswirtschaftslehre von Professor Oliver Heil an der ‚Johannes Gutenberg Universität Mainz' wurde ich erstmals auf diese Methode aufmerksam. Die Chance-Methode enthält einige neuartige und interessante Ansätze und ist trotzdem einfach durchführbar. So ermöglicht die Erhebung des sogenannten Chance-Kriteriums eine individuelle Produktwechselprognose für jeden Probanden. Ihre im Vergleich zu anderen Verfahren hohe Prognosevalidität, die durch einen großen Kundenstamm bestätigt wird, macht sie für eine tiefere wissenschaftliche Untersuchung interessant. Da die Funktionsweise der Chance-Methode von ihrem Erfinder vollständig offen gelegt wird, konnte diese wissenschaftliche Untersuchung in der vorliegenden Arbeit verwirklicht werden.

Hierfür werden die gängigen Verfahren zur Absatzprognose vorgestellt und mit der Chance-Methode verglichen. Die wesentlichen Unterschiede der Chance-Methode zu ihren Konkurrenten werden herausgearbeitet und wissenschaftlich beurteilt. Bei diesem Vorgehen ergeben sich im Einzelnen folgende aufeinander aufbauende Forschungsfragen:

> *Wie lässt sich die Chance-Methode in den Rahmen der Methoden zur Erfolgsprognose neuer Produkte einordnen?*

Es wird gezeigt, dass die Chance-Methode den Methoden der Testmarktsimulation zugeordnet werden kann.

> *Was sind die Grundlagen der quantitativen Methoden zur Erfolgsprognose wie der Testmarktsimulation?*

Die methodische Grundlage der Testmarktsimulation ist die multiplikative Zerlegung des Absatzvolumens bzw. des Marktanteiles in seine einzelnen Komponenten. Von entscheidender Bedeutung ist hier die Unterscheidung in Erstkäufe(r) und Wiederholungskäufe(r).

> *Was sind die Merkmale der Testmarktsimulation? Wie wird die Testmarktsimulation durchgeführt?*

Es wird gezeigt, dass die Testmarktsimulation eines der führenden Verfahren zur quantitativen Prognose des Markterfolges neuer FMCG darstellt. Bei der Testmarktsimulation wird der gesamte Kaufprozess von der Wahrnehmung bis zum Wiederholungskauf des neuen Produktes im Labor simuliert.

> *Was sind die Stärken und die Schwächen der Testmarktsimulation?*

Die Testmarktsimulation unterscheidet sich von den anderen Testmarktverfahren vor allem durch drei Faktoren. Sie hat eine schnelle Verfahrensdauer, sie ist relativ günstig und sie lässt sich unter Geheimhaltung durchführen.

Eine erhebliche Fehlerquelle bei der Testmarktsimulation ist in der Präferenzerhebung zu finden. Die klassische Präferenzerhebung mittels Kaufbereitschaftsmessung führt typischerweise zu einer positiven Überschätzung des Kaufverhaltens. Dies wird in dieser Arbeit auch empirisch bestätigt. Weiterhin zeigt sich trotz des Einsatzes von Korrekturverfahren, welche die überschätzenden Methoden der Präferenzerhebung nach unten korrigieren, dass die gängigen Verfahren der Testmarktsimulation den Markterfolg neuer Produkte häufig überschätzen.

> *Was sind die Merkmale der Chance-Methode?*

Es wird dargestellt, dass die Chance-Methode in zwei Versionen angeboten wird, die große und die kleine Chance-Methode. Die große Chance-Methode entspricht im Aufbau und Diagnosepotential der klassischen Testmarktsimulation. Die kleine Chance-Methode kann mit einem sehr kleinen Stichprobenumfang relativ kostengünstig das Hit-Potential eines neuen Produktes abschätzen.

> *Was sind die Unterschiede zwischen der Chance-Methode und den gängigen Verfahren der Testmarktsimulation?*

Eine wesentliche Erkenntnis dieser Arbeit ist, dass sich die Chance-Methode von den gängigen Testmarktsimulation-Verfahren in der Art der Kaufverhaltensprognose unterscheidet. Diese wird nicht auf der Basis bisher gängiger Methoden der Präferenzermittlung, sondern indirekt mittels der Abfrage einer Entscheidungsstrategie, dem Chance-Kriterium, ermittelt. Diese Art der Präferenzermittlung benötigt keine Korrekturverfahren und ermöglicht deshalb eine individuelle Produktwechselprognose.

> *Was ist das Chance-Kriterium? Wie lässt es sich in den Kaufentscheidungsprozess einordnen?*

Ein weiterer wesentlicher Beitrag dieser Arbeit stellt die wissenschaftliche Untersuchung des Chance-Kriteriums dar. Es wird gezeigt, dass das Chance-Kriterium eine Entscheidungsstrategie von Konsumenten darstellt, welche im Rahmen kognitiv einfacher, d.h. limitierter Kaufentscheidungen zur Produktwahl zum Einsatz kommt. Sie stellt die Dominanzstrategie des Entscheidungsverhaltens für die Situation dar, in welcher der Entscheider zwischen der Wiederwahl eines Status quo, in unserem Fall das aktuelle Produkt, und einer neuen Alternative, in unserem Falle das neue Produkt, entscheiden muss.

> *In wieweit eignet sich das Chance-Kriterium zur Prognose des Kaufverhaltens?*

Es wird erstmalig in dieser Arbeit dargelegt, dass es sich bei dem Chance-Kriterium um eine sehr gute Approximation an das menschliche Entscheidungsverhalten im Falle des Kaufes von FMCG darstellt. Menschliche Entscheidungsphänomene wie die Verlustaversion und der Endowment-Effekt, sowie die Regret-Aversion und die Trade-off-Vermeidung führen zu dem sogenannten Status quo-Effekt, welcher durch das Chance-Kriterium sehr gut abgebildet wird. Die Eignung des Chance-Kriteriums zur Prognose des Wahl- bzw. Kaufverhaltens wird in dieser Arbeit auch empirisch bestätigt.

> *Wie ist die Chance-Methode insgesamt einzuschätzen?*

Es wird gezeigt, dass die Prognoseeigenschaften der Chance-Methode mit den gängigen Verfahren der Testmarktsimulation mithalten können bzw. besser sind. Da keine Korrekturverfahren der Präferenzerhebung notwendig sind, kann die Chance-Methode für jeden Probanden individuell eine Kauf-Nicht-Kaufprognose erstellen und somit die Käufergruppe sehr genau erfassen. Des Weiteren ist die Methode maximal transparent und relativ kostengünstig. Es wird gezeigt werden, dass es sich bei der Chance-Methode um eine deutliche Verbesserung der gängigen Verfahren der Testmarktsimulation handelt.

1.2 Aufbau der Arbeit

Die vorliegende Arbeit gliedert sich in zwei Teile. Wie in Abbildung 1-1 dargestellt, widmet sich der erste Teil der Arbeit der Chance-Methode als Methode der Testmarktsimulation und der zweite Teil der Arbeit dem Chance-Kriterium als Entscheidungsstrategie. Im ersten Teil der Arbeit wird die Testmarktsimulation in den Rahmen der Erfolgsprognosemethoden neuer Produkte eingeordnet und ausführlich dargestellt. Dies bildet die Grundlage zur Beschreibung und Erörterung der Chance-Methode. Im zweiten Teil der Arbeit wird das zentrale Merkmal der Chance-Methode, das Chance-Kriterium genauer untersucht. Hierfür werden zuerst die Grundlagen des Kaufentscheidungsprozesses und von Entscheidungsstrategien vorgestellt, um dann dass Chance-Kriterium als Entscheidungsstrategie zwischen dem aktuellen Produkt und einem neuen Produkt eines Konsumenten zu erörtern. Zwei empirische Untersuchungen zur Präferenzerhebung mittels Kaufbereitschaftsmessung und Chance-Kriterium schließen den zweiten Teil ab.

Kapitel 2
Nach diesem einführenden Kapitel beginnt der erste Teil dieser Arbeit mit Kapitel zwei, in welchem die Grundlagen der Testmarktsimulation vermittelt werden. Dafür wird zuerst eine kurze Einführung zur Bedeutung von neuen Produkten sowie in die Notwendigkeit und die Herausforderungen der Erfolgsprognose für diese Produkte gegeben. Im Anschluss werden die verschiedenen konsumentenbasierten Verfahren zur Neuproduktprognose kurz vorgestellt, um die Testmarktsimulation innerhalb dieser einordnen zu können. Danach werden die Grundlagen der Testmarktsimulation, d.h. die Entwicklung, der aktuelle Stand und die Besonderheiten, sowie deren Ziele genauer erläutert. Abschließend werden Produktinnovationen im FMCG-Bereich als Anwendungsgebiet der Testmarktsimulation identifiziert.

Kapitel 3
Im dritten Kapitel wird das Verfahren der Testmarktsimulation genauer betrachtet. Zuerst wird gezeigt, dass der grundsätzliche Ansatz aller Verfahren der Testmarktsimulation gleich ist. Das Absatzvolumen eines neuen Produktes für einen bestimmten Zeitraum wird in seine bestimmenden Faktoren zerlegt, um diese dann einzeln zu prognostizieren. Im Anschluss wird erläutert, wie die benötigten Daten für diese Faktoren erhoben und analysiert werden. Dafür wird zuerst der Ablauf einer Testmarktsimulation betrachtet. Im Anschluss werden die gängigen Verfahren der Testmarktsimulation in Hinblick auf die Datenerhebung und Datenanalyse verglichen. Zum tieferen Verständnis der Testmarktsimulation und als Basis für das nachfolgende Kapitel wird dann die Assessormethode exemplarisch beschrieben.

Im zweiten Teil dieses Kapitels sollen die Güteeigenschaften der Testmarktsimulation untersucht und bewertet werden. Hierfür werden zuerst diejenigen Kriterien genauer betrachtet, welche in der Praxis entscheidungsrelevant sind. Hierzu zählen beispielsweise die Einsatzmöglichkeiten und die Wirtschaftlichkeit der Testmarktsimulation. Danach wird die prognostische Validität der Testmarktsimulation untersucht.

Kapitel 4
Im vierten Kapitel wird die Chance-Methode behandelt und mit den gängigen Verfahren zur Testmarktsimulation verglichen. Zuerst werden die Entwicklung

der Chance-Methode und ihre Grundlagen vorgestellt. Anschließend werden die große und die kleine Variante der Chance-Methode detailliert beschrieben, um sie dann ausführlich beurteilen und vergleichen zu können. Die Beurteilung der Prognoseeigenschaften der Chance-Methode und ein erstes Zwischenfazit schließen dieses Kapitel ab. Als ein wesentliches Fazit wird in diesem Kapitel gezeigt, dass die Chance-Methode sich durch die Methode der Erhebung der Produktpräferenzen von den anderen Methoden der Testmarktsimulation unterscheidet. Das sogenannte Chance-Kriterium zur Bestimmung der Produktpräferenzen ist daher Gegenstand des zweiten Teiles dieser Arbeit.

Kapitel 5
Der zweite Teil dieser Arbeit beginnt mit Kapitel fünf. Die Testmarktsimulation versucht den Kaufentscheidungsprozess von Konsumenten im Labor zu simulieren. Das Chance-Kriterium setzt an einem Teil dieses Prozesses, der Produktwahl an. Aus diesem Grund soll in diesem Kapitel der Kaufentscheidungsprozess von Konsumenten genauer betrachtet werden.

Hierfür wird zuerst das in dieser Arbeit verwendete Modell des Kaufentscheidungsprozesses vorgestellt und die Phase der Produktwahl innerhalb dieses Prozesses eingeordnet. Da es sich bei dem Chance-Kriterium um die Abbildung einer Entscheidungsstrategie handelt, welche ein Mindestmaß an kognitiver Beteiligung während der Produktwahl voraussetzt, werden im Anschluss die verschiedenen Arten von Kaufentscheidungen nach dem Ausmaß ihrer kognitiven Steuerung unterschieden. Abschließend wird aufgezeigt, welche Arten von Kaufentscheidungen beim Kauf FMCG vorherrschen.

Kapitel 6
In Kapitel sechs werden die Entscheidungsstrategien genauer betrachtet werden. Nach einer Einführung werden hierfür zuerst die Aspekte von Entscheidungsstrategien vorgestellt. Im Anschluss werden die wichtigsten Entscheidungsstrategien beschrieben und das Chance-Kriterium innerhalb dieser Strategien eingeordnet. Danach wird der Forschungsstand zum Einsatz von Entscheidungsstrategien in allgemeinen Kaufsituationen zusammengefasst. Dafür werden zunächst die Methoden zur Messung des Einsatzes von Entscheidungsstrategien dargelegt. Abschließend wird die Bedeutung von Entscheidungsstrategien für die Absatzprognose erörtert.

Kapitel 7

Das Chance-Kriterium stellt eine mögliche Entscheidungsstrategie für die Entscheidung zwischen dem aktuellen Produkt, dem sogenannten Status quo eines Konsumenten und einer neuen Alternative dar. Um die Eignung dieses Kriteriums als Instrument zur Kaufprognose beurteilen zu können, wird im siebten Kapitel diese spezielle Entscheidungssituation unter Berücksichtigung der bisherigen Ergebnisse genauer betrachtet. Hierfür wird zuerst die Produktwahlsituation, die dem Chance-Kriterium zu Grunde gelegt wird, genauer untersucht. Im Anschluss wird der Status quo-Effekt, welcher in dieser Situation häufig auftritt vorgestellt. Danach werden dann die diesem Effekt zugrunde gelegten Phänomene genauer untersucht. Nacheinander werden die Verlustaversion und der Endowment-Effekt, die Regret-Aversion, die Trade-off-Vermeidung und rationale Gründe als Erklärungen für den Status quo-Effekt vorgestellt. Eine Zusammenfassung und kritische Würdigung schließt dieses Kapitel ab.

Kapitel 8

In diesem Kapitel werden zwei Experimente beschrieben. Zuerst wird eine kleine Chance-Studie mit anschließender Kaufverhaltensabfrage vorgestellt. Sie verdeutlicht die Problematik der hypothetischen Kaufbereitschaftsmessung und stellt die Schwierigkeit der Validierung des Chance-Kriteriums heraus. Das zweite Experiment ist eines zum SqE Endowment-Effekt, welches die klassischen Tauschexperimente des Endowment-Effektes aufgreift und erweitert. Es zeigt, dass das Wahlverhalten mit dem Chance-Kriterium sehr gut vorhergesagt werden kann und bestätigt somit die bisherigen Ergebnisse.

Kapitel 9

Den Abschluss dieser Arbeit stellt das Fazit dar. In diesem Kapitel werden die Forschungsergebnisse zusammengefasst. Dafür werden zuerst in einem Überblick alle Forschungsergebnisse dargestellt. Im darauffolgenden Unterkapitel werden dann die wichtigsten Ergebnisse vertieft betrachtet und kritisch beurteilt. Anschließend werden von diesen Ergebnissen Implikationen für die Praxis abgeleitet. Im abschließenden Kapitel werden dann weiterführende Forschungsfragen diskutiert.

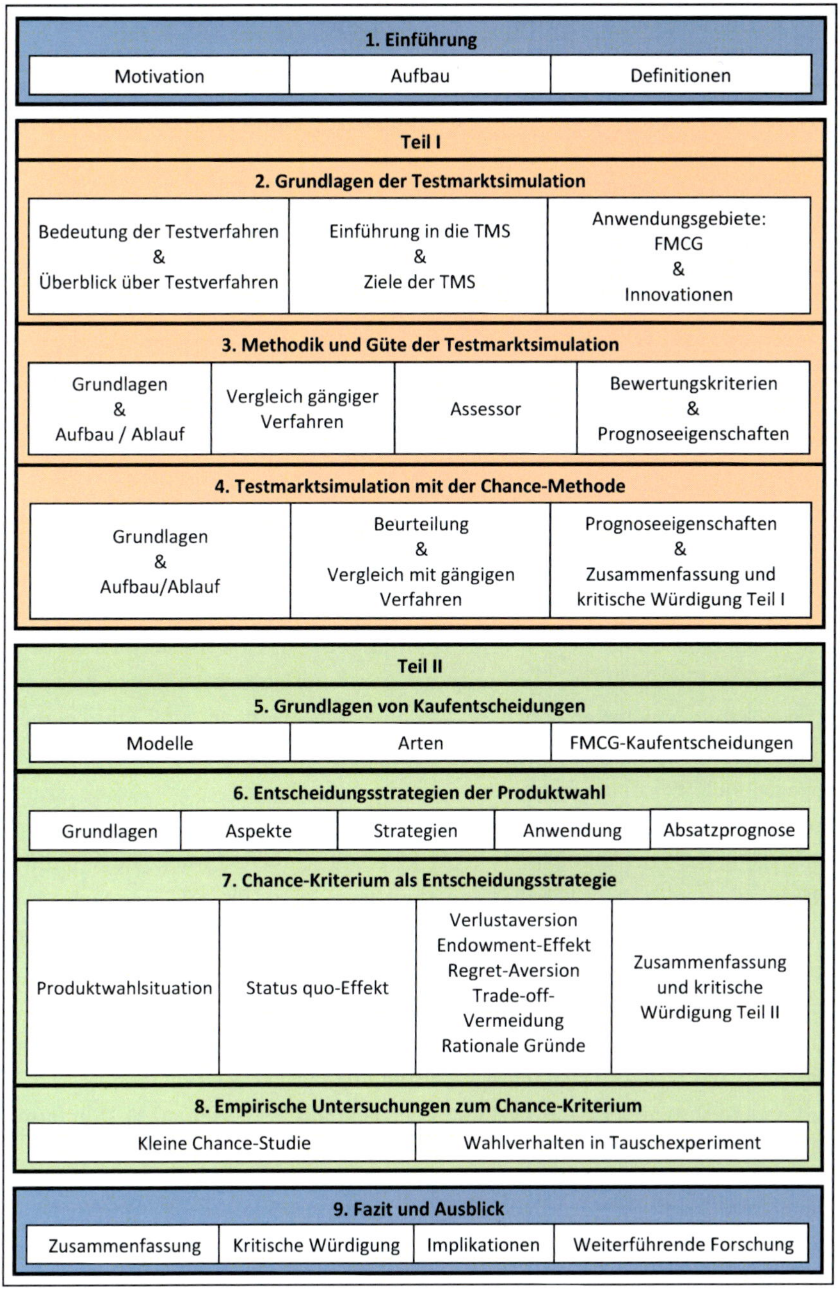

1. Einführung

| Motivation | Aufbau | Definitionen |

Teil I

2. Grundlagen der Testmarktsimulation

| Bedeutung der Testverfahren & Überblick über Testverfahren | Einführung in die TMS & Ziele der TMS | Anwendungsgebiete: FMCG & Innovationen |

3. Methodik und Güte der Testmarktsimulation

| Grundlagen & Aufbau / Ablauf | Vergleich gängiger Verfahren | Assessor | Bewertungskriterien & Prognoseeigenschaften |

4. Testmarktsimulation mit der Chance-Methode

| Grundlagen & Aufbau/Ablauf | Beurteilung & Vergleich mit gängigen Verfahren | Prognoseeigenschaften & Zusammenfassung und kritische Würdigung Teil I |

Teil II

5. Grundlagen von Kaufentscheidungen

| Modelle | Arten | FMCG-Kaufentscheidungen |

6. Entscheidungsstrategien der Produktwahl

| Grundlagen | Aspekte | Strategien | Anwendung | Absatzprognose |

7. Chance-Kriterium als Entscheidungsstrategie

| Produktwahlsituation | Status quo-Effekt | Verlustaversion, Endowment-Effekt, Regret-Aversion, Trade-off-Vermeidung, Rationale Gründe | Zusammenfassung und kritische Würdigung Teil II |

8. Empirische Untersuchungen zum Chance-Kriterium

| Kleine Chance-Studie | Wahlverhalten in Tauschexperiment |

9. Fazit und Ausblick

| Zusammenfassung | Kritische Würdigung | Implikationen | Weiterführende Forschung |

Abbildung 1-1: Aufbau der Arbeit; (Quelle: eigene Darstellung)

1.3 Definitionen und begriffliche Festlegungen

Im Folgenden sollen kurz die wichtigsten Definitionen und anschließend begriffliche Festlegungen vorgenommen werden, die im Rahmen dieser Arbeit relevant sind.

Definitionen

Da in dieser Arbeit das Entscheidungsverhalten von Individuen, bzw. genauer das Kaufentscheidungsverhalten von Konsumenten untersucht wird, werden im Folgenden die in der Marktforschung und der Entscheidungstheorie gängigen Begriffe Sicherheit, Unsicherheit, Risiko, Einstellung, Präferenz und Nutzen definiert.

In der Entscheidungsforschung werden Entscheidungen unterschieden in Entscheidungen unter *Sicherheit, Unsicherheit* oder *Risiko*. Unter einer sicheren Entscheidung wird eine Entscheidung verstanden, deren Konsequenzen zum Zeitpunkt der Entscheidung feststehen. Im Vergleich dazu ist eine Entscheidung unter Risiko eine Entscheidung, deren Konsequenzen nur mit bestimmten Wahrscheinlichkeiten eintreten. Der Kauf eines Lotterieloses ist ein Beispiel für eine risikoreiche Entscheidung. Der Gewinn tritt nur mit einer bestimmten, vor dem Kauf bekannten Wahrscheinlichkeit ein. Eine Entscheidung unter Unsicherheit ist eine Entscheidung, bei welcher die Eintrittswahrscheinlichkeiten der Konsequenzen nicht bekannt sind (Abelson & Levi 1985, S. 232). Nach dieser Definition handelt es sich bei dem Kauf eines neuen FMCG um eine Entscheidung unter Sicherheit. In der Realität ist aber jeder Kauf, wie jede Entscheidung mit Risiken bzw. Unsicherheit behaftet ist (Abelson & Levi 1985, S. 232; McFadden 1999, S. 100). Weil die Konsequenzen einer Entscheidung immer erst nach der Entscheidung eintreten, ist jede Entscheidung mit Risiken bzw. Unsicherheit behaftet (Jungermann, Pfister & Fischer 2010, S. 202). Bei Kaufentscheidungen sind zwei besondere Formen des Risikos bzw. der Unsicherheit zu erwähnen. Einerseits das Risiko bezüglich der Leistung des Produktes (vgl. Kapitel 7.3.4) und andererseits das Risiko bezüglich der zukünftigen Präferenzen (Simonson 1989, S. 158).

Unter dem Konstrukt *Einstellung* (im Englischen Attitude) soll in Anlehnung an Weinberg (Kroeber-Riel & Weinberg 2003, S. 169) die subjektiv wahrgenommene Eignung eines Produktes zur Befriedigung einer Motivation verstanden werden, wobei diese Gegenstandsbeurteilung auf verfestigten, gespeicherten Ansichten basiert. *Präferenzen* (im Englischen Preferences) entstehen, im Gegensatz zu Einstellungen, aus dem unmittelbaren Vergleich von Produkten (Blackwell, Miniard & Engel 2006, S. 400; Nieschlag, Dichtl & Hörschgen et al. 2002, S. 656). Sie werden deshalb auch als relative Einstellungen bezeichnet (Blackwell, Miniard & Engel 2006, S. 400; Trommsdorff 2009, S. 146). Häufig wird die Präferenz auch als Stärke der positiven Einstellung definiert (Gierl 1995, S. 34). Beide Definitionen gehen davon aus, dass Einstellungen die Basis des Präferenzbildungsprozesses darstellen. Der Konsument kann aber auch einen Produktvergleich vornehmen und Präferenzen formulieren, ohne dabei Einstellungen zu bilden (Diller 2001, S. 1281; Bettman 1979, S. 185). Aus diesem Grund wird Präferenz hier als das Ergebnis eines Auswahlprozesses definiert, der nicht zwangsläufig auf Einstellungen basieren muss. Eine Präferenz für ein Produkt beschreibt die relative Vorziehenswürdigkeit dieses Produktes im Vergleich zu seinen Alternativprodukten (Diller 2001, S. 1280).

Der *Nutzen* (im Englischen Utility oder Value) ist ein Begriff aus der Ökonomie, der dem sozialwissenschaftlichen Begriff der Einstellung sehr ähnlich ist. Die Begriffe werden häufig auch synonym verwendet (Trommsdorff 2008, S. 480ff.). In dieser Arbeit soll der Nutzen als ein Konstrukt verstanden werden, welches der Einstellung vorausgeht. Der Nutzen ist die subjektiv wahrgenommene Eignung eines Produktes zur Befriedigung einer Motivation. Durch bestimmte Lernbedingungen, wie hohes Involvement oder Wiederholungen kann der Nutzen dauerhaft als Einstellung gespeichert werden (Trommsdorff 2008, S. 485.). Daher kann der relativer Nutzen, d.h. der vergleichende Nutzen auch als Präferenz bezeichnet werden (Jungermann, Pfister & Fischer 2010, S. 48).

Begriffliche Festlegungen
Weiterhin soll hier noch die Verwendung einiger Begriffe erläutert werden. So werden in der Marketing-Praxis die Begriffe Produkt und Marke häufig synonym verwendet. Man spricht im Bereich der FMCG typischerweise von einer Marke, wenn ein bestimmtes Produkt eines Markenherstellers gemeint ist. Da so aber keine eindeutige Abgrenzung von dem Begriff der Marke im Sinne einer Dach- oder Familienmarke möglich ist, wird in dieser Arbeit mit dem Begriff

Produkt ein bestimmtes Produkt und mit dem Begriff Marke eine Dach- bzw. Familienmarke bezeichnet.

In dieser Arbeit wird häufig von Produktalternativen gesprochen. Hiermit ist ein Produkt gemeint, welches für einen Konsumenten die gleichen Bedürfnisse befriedigt, d.h. ein Produktsubstitut darstellt. Dies sind typischerweise aber nicht notwendigerweise Produkte einer Produktkategorie.

Der Begriff Produkterfahrung kann je nach Kontext entweder Erfahrung mit einem bestimmten Produkt oder auch Erfahrung mit einer ganzen Produktkategorie beschreiben. Ergibt sich aus dem Kontext nichts gegenteiliges, ist zweiteres gemeint. Weiterhin werden je nach Kontext die Begriffe aktuelles Produkt und Status quo synonym verwendet. Gleiches gilt für die Begriffe neues Produkt, neue Alternative und Testprodukt.

Eine Herausforderung in dieser Arbeit ist die sinnvolle und konsistente Verwendung von englischsprachigen Fachbegriffen. Wenn für einen englischen Fachbegriff eine gängige deutsche Übersetzung existiert, so wurde diese deutsche Übersetzung verwendet. Für einige englische Begriffe, vor allem für die Neueren, existiert aber keine geläufige Übersetzung. In diesem Fall wurde der englische Fachbegriff verwendet. Dies erklärt, warum beispielsweise in dieser Arbeit einerseits von Enttäuschung und Zufriedenheit, aber andererseits von Regret und Rejoicing gesprochen wird (vgl. Kapitel 7.3.2).

Abschließend ist noch kurz zu erwähnen, dass die Zitation der Quellen, sofern nicht Gegenteiliges angegeben ist, in der Reihenfolge ihrer Bedeutung erfolgt.

2 Grundlagen der Testmarktsimulation

In diesem Kapitel sollen die Grundlagen der Testmarktsimulation vermittelt werden. Dafür werden in diesem Kapitel grundlegende Abgrenzungen und Definitionen im Rahmen der Testmarktsimulation vorgenommen. Das Kapitel beginnt mit einer kurzen Einführung zur Bedeutung von neuen Produkten sowie die Notwendigkeit und die Herausforderungen der Erfolgsprognose für diese Produkte. Im Anschluss werden die verschiedenen konsumentenbasierten Verfahren zur Neuproduktprognose kurz vorgestellt, um die Testmarktsimulation innerhalb dieser einordnen zu können. Danach werden die Grundlagen der Testmarktsimulation, d.h. die Entwicklung, der aktuelle Stand und die Besonderheiten, sowie deren Ziele genauer erläutert. Abschließend werden Produktinnovationen im FMCG-Bereich als Anwendungsgebiet der Testmarktsimulation identifiziert.

2.1 Bedeutung und Grundlangen der Testverfahren für neue Produkte

"(…) not to innovate is to die" (Freeman & Soete 1997, S. 266). Die Einführung neuer Produkte ist von essentieller Wichtigkeit für die Existenzerhaltung und das Wachstum von Unternehmen (Trott 2005, S. 4; Baumol 2002, S. 1; Erichson 2008, S. 985). Unternehmen müssen heute mehr denn je den Fokus auf die rechtzeitige und ausreichende Entwicklung neuer Produkte legen, um sich den veränderten Umweltbedingungen und Marktbedürfnissen anzupassen und somit wettbewerbsfähig zu bleiben (Heise 2009, S. 7). Als Ursachen für die sich laufend ändernden Marktbedingungen werden übersättigte Märkte, immer kürzer werdende Produktlebenszyklen und die wachsende Globalisierung gesehen (Litzenroth & Hertle 2007, S. 1006). Die Herausforderung des Innovationsmanagement von FMCG liegt in Deutschland vor allem im Preisdruck, der durch die Discounter forciert wird und in der Differenzierung der neuen Produkte von der wachsenden Anzahl der Konkurrenzprodukte (Höfer 2010, S. 19; Litzenroth & Hertle 2007, S. 1006; Erichson 1997, S. 17). Heute steht den Konsumenten für die meisten Bedürfnisse eine Vielzahl von Produkten zur Verfügung. Sie sind mit den Angeboten geradezu ‚überfüttert' (Großklaus 2008, S. 11; Halaszovich 2011, S. 4).

So kommen der Gesellschaft für Konsumforschung (im Folgenden GfK) zufolge jährlich ca. 30.000 neue FMCG auf den deutschen Markt (o. V. 2006, S. 1). Erichson (2008, S. 986) gibt für das Jahr 1996 sogar mehr als 55.000 neue Artikel im deutschen Lebensmittelmarkt an. Auch wenn es sich größtenteils nur um einfache Produktmodifikationen[3] handelt (Lilien, Rangaswamy & de Bruyn 2007, S. 118), sind die Einführungen mit hohen Risiken verbunden. So überschreiten, insbesondere bei FMCG, die Kosten der Einführung die technischen Entwicklungskosten oft um ein Vielfaches (Litzenroth & Hertle 2007, S. 1005; Erichson 2008, S. 985). Beispielsweise werden für die Werbestreuung oder die Listung im Handel bis zu zweistellige Millionenbeträge investiert (Litzenroth & Hertle 2007, S. 1005; Halaszovich 2011, S. 5). Es existiert daher eine Vielzahl unterschiedlicher Test- und Prognoseverfahren, mittels derer sich der Markterfolg eines neuen Produktes abschätzen lässt. Im Bereich der FMCG ist ihr Einsatz heute unerlässlich (Erichson 2008, S. 985).

Trotz des Einsatzes dieser Prognoseverfahren überlebt aber ein Großteil der Neuprodukteinführungen das erste Jahr nicht. In der Literatur wird die Floprate von Produkteinführungen zwischen 65 und 95 Prozent angegeben (Halaszovich 2011, S. 4; o. V. 2006, S. 1; Litzenroth & Hertle 2007, S. 1006; Wherry 2006, S. 24; Meffert, Burmann & Kirchgeorg 2008, S. 411; Höfer 2010, S. 19).[4] Es wird geschätzt, dass alleine die Flops für FMCG in Deutschland ca. 10 Mrd. Euro Kosten im Jahr verursachen (o.V. 2006a, o.V. 2006b, S. 35). Der hohe Flopanteil verdeutlicht einerseits die Wichtigkeit der Test- und Prognoseverfahren für neue Produkte, er zeigt aber andererseits auch, dass es einen erheblichen Verbesserungsbedarf dieser Methoden gibt.

Das Prüfen und Testen von neuen Produktideen erstreckt sich über alle Phasen im Produktentwicklungs-Prozess (Armstrong & Brodie 1999, S. 104; Erichson 2007, S. 397), dem sogenannten ‚New Product Development Process'. Es kommen vielfältige Methoden, wie Expertenbefragungen oder Gruppendiskussionen zum Einsatz, die über das weitere ‚Go' im Entwicklungsprozess entscheiden. Wie in Abbildung 2-1 dargestellt, beginnt die klassische Test-Phase mit Pro-

---

[3] Produktmodifikationen sind Produktvariationen oder Produktdifferenzierungen (vgl. Anhang 1).
[4] Die zugrundeliegenden Definitionen eines Flops sind nicht einheitlich. Es werden Marktaustritte nach einem, zwei oder drei Jahre, sowie unterschiedliche Nichterreichungsgrade prognostizierter Absatz- oder Umsatzziele als Indikatoren für einen Flop verwendet.

dukttests und der sich anschließenden Testmarktforschung aber erst, wenn die ersten beiden Phasen, die Ideenfindung inklusive der Marktdefinition und die Designphase, zu welcher auch schon die Produktpositionierung und erste Absatzschätzungen gehören, weitestgehend abgeschlossen sind (Urban & Hauser 1993, S. 39). Produkttests und die Testmarktforschung, zu welcher auch die Testmarktsimulation gehört, sind konsumentenbasierte Methoden, welche mittels Befragung oder Beobachtung von Konsumenten unter Einbezug von Informationen über den Zielmarkt den möglichen Markterfolg eines neuen Produktes abschätzen. Sind diese Prognosen für das neue Produkt vielversprechend, wird es in den Markt eingeführt und das Markt-Lebens-Zyklus-Management für das neue Produkt beginnt.

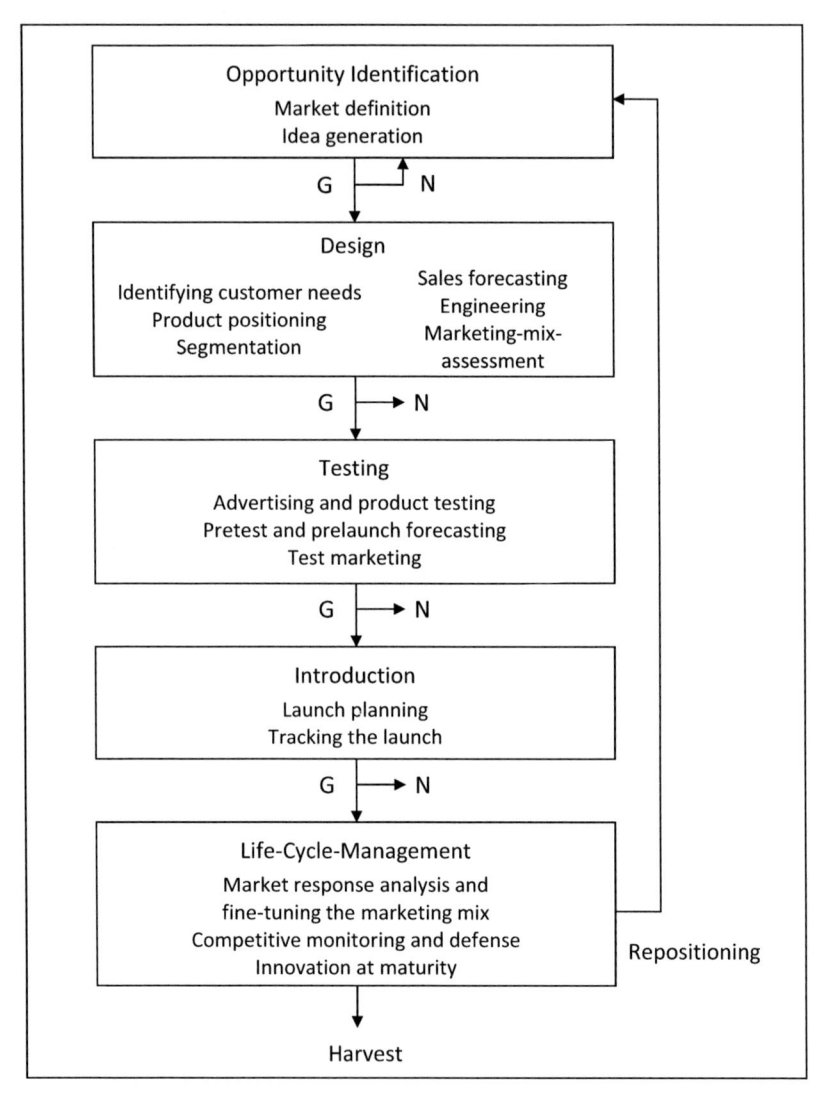

Kapitel 2: Grundlagen der Testmarktsimulation

```
┌─────────────────────────────────────────────────────────┐
│  Opportunity Identification                             │
│  Market definition                                      │◄──┐
│  Idea generation                                        │   │
└─────────────────────────────────────────────────────────┘   │
              G ├──┐ N                                        │
                  ▼                                           │
┌─────────────────────────────────────────────────────────┐   │
│              Design                                     │   │
│  Identifying customer needs    Sales forecasting        │   │
│  Product positioning           Engineering              │   │
│  Segmentation                  Marketing-mix-           │   │
│                                assessment               │   │
└─────────────────────────────────────────────────────────┘   │
              G ├──► N                                        │
                  ▼                                           │
┌─────────────────────────────────────────────────────────┐   │
│              Testing                                    │   │
│  Advertising and product testing                        │   │
│  Pretest and prelaunch forecasting                      │   │
│  Test marketing                                         │   │
└─────────────────────────────────────────────────────────┘   │
              G ├──► N                                        │
                  ▼                                           │
┌─────────────────────────────────────────────────────────┐   │
│              Introduction                               │   │
│  Launch planning                                        │   │
│  Tracking the launch                                    │   │
└─────────────────────────────────────────────────────────┘   │
              G ├──► N                                        │
                  ▼                                           │
┌─────────────────────────────────────────────────────────┐   │
│           Life-Cycle-Management                         │   │
│  Market response analysis and                           │   │
│  fine-tuning the marketing mix                          │   │
│  Competitive monitoring and defense  │ Repositioning ───┼───┘
│  Innovation at maturity                                 │
└─────────────────────────────────────────────────────────┘
                  ▼
              Harvest
```

Abbildung 2-1: Die verschiedenen Stufen des Produkt-Entwicklungsprozesses
(Quelle: Urban & Hauser 1993, S. 38)

2.2 Überblick über konsumentenbasierte Testverfahren für neue Produkte

Neben Informationen über den Handel und die Konkurrenz sind in der Neuproduktprognose vor allem konsumentenbezogene Informationen von großer Bedeutung (Erichson 1979, S. 257). Wie in Abbildung 2-2 dargestellt, gehört die Testmarktsimulation zu den konsumentenbasierten Verfahren bzw. Tests für FMCG.

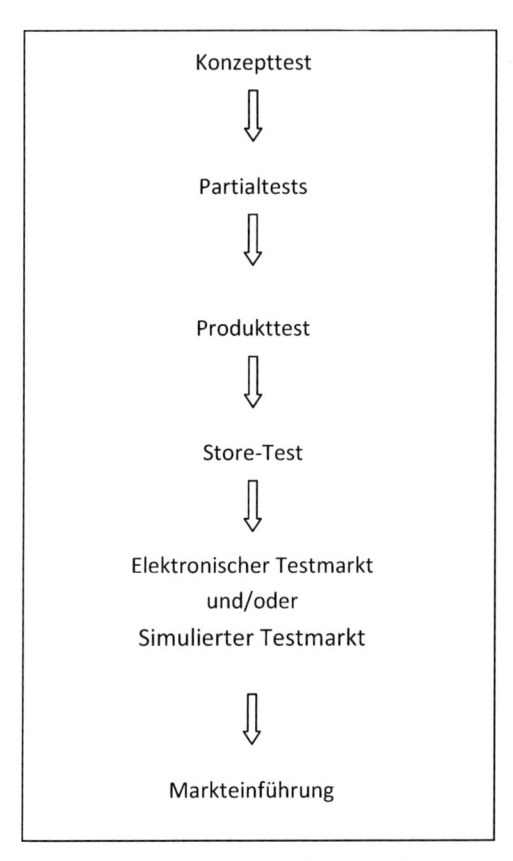

```
┌─────────────────────────────┐
│                             │
│        Konzepttest          │
│            ⇩                │
│                             │
│        Partialtests         │
│            ⇩                │
│                             │
│        Produkttest          │
│            ⇩                │
│                             │
│        Store-Test           │
│            ⇩                │
│                             │
│   Elektronischer Testmarkt  │
│         und/oder            │
│    Simulierter Testmarkt    │
│            ⇩                │
│                             │
│      Markteinführung        │
│                             │
└─────────────────────────────┘
```

Abbildung 2-2: Konsumentenbasierte Tests bei der Einführung neuer Produkte
(Quelle: In Anlehnung an Erichson 1995, S. 1827)

Am Anfang steht der *Konzepttest*, bei welchem die spezifizierte Idee für ein neues Produkt mittels Befragung potentieller Käufer überprüft wird (Erichson 1995, S. 1828). Erfragt wird, wie das Konzept im Ganzen gefällt, mit welcher Wahrscheinlichkeit das Produkt gekauft würde und was als gut bzw. schlecht an dem Konzept empfunden wird, sogenannte Likes und Dislikes (Hammann & Erichson 2000, S. 206). Konzepttests werden in der Regel im Teststudio, entweder im Einzel- oder Gruppeninterview durchgeführt. In erster Linie wird geprüft, ob für das Produkt hinreichend Nachfragepotential besteht. Weiterhin können sie auch Informationen über Verbesserungsmöglichkeiten liefern. So wird beispielsweise Mithilfe von Conjoint-Methoden versucht, eine möglichst optimale Kombination von Merkmalsausprägungen zu finden (Hammann & Erichson 2000, S. 205f.).

Im *Produkttest* wird dann die subjektive Qualität des fertigen, also marktreifen Produktes getestet (Höfer 2010, S. 69; Hammann & Erichson 2000, S. 206). Diese Form des Produkttestes ist von objektiven Tests, wie sie beispielsweise Stiftung Warentest durchführt, zu unterscheiden (Berekoven, Eckert & Ellenrieder 2006, S. 158). Eine repräsentative Auswahl an Mitgliedern der Zielgruppe beurteilt das neue Produkt anhand von Präferenzen, Einstellungen und Kaufabsichten. Wie auch beim Konzepttest werden die Likes und Dislikes erfragt (Hammann & Erichson 2000, S. 207; Berekoven, Eckert & Ellenrieder 2006, S. 158ff.). Häufig werden im Rahmen des Produkttestes *Partialtest* von einzelnen Komponenten wie beispielsweise dem Markennamen, der Verpackung, dem Handling oder dem Geschmack durchgeführt (Hammann & Erichson 2000, S. 206).

Konzept- und Produkttest sind nicht für quantitative Absatzprognosen geeignet. Hierfür kommen *Testmarktverfahren* zum Einsatz, welche auf Basis der gesamten, marktreifen Marketing-Mix-Konzeption umfangreiche Tests durchführen (Erichson 2008, S. 986). Store-Tests, elektronische Testmärkte und simulierte Testmärkte sind die gängigsten Verfahren. Store-Tests, klassische Testmärkte und elektronische Testmärkte gehören zu den Feldtests bzw. Real-Tests, da sie im realen Markt durchgeführt werden. Testmarksimulationen gehören dagegen, wie Konzept- und Produkttest, zu den Labortests.

Beim *Store-Test* werden in ausgewählten Testgeschäften unterschiedliche Marketingmaßnahmen, wie alternative Preise, Verpackungen oder verkaufsfördernde Maßnahmen am ‚Point of Sale' (im Folgenden PoS) getestet (Berekoven, Eckert & Ellenrieder 2006, S. 166). Da Store-Tests nicht repräsentativ angelegt sind, werden sie in der Regel in nur 10 bis 50 verschiedenen Geschäften durchgeführt. Die Verkaufszahlen des Testproduktes und der Konkurrenzprodukte werden mittels Scanning erhoben (Hammann & Erichson 2000, S. 212f.; Höfer 2010, S. 70). ‚Nielsen Kontrollierter Markttest' von ACNielsen und der ‚GfK Store Test' von der GfK sind Beispiele für Store-Tests.

Das klassische Testverfahren ist der regionale *Testmarkt* (Erichson 2007, S. 409). Durch probeweises Einführen des Testproduktes in einen lokal oder regional abgegrenzten Teilmarkt soll der Erfolg der gesamten Marketing-Mix-Konzeption in einem realen Markt getestet und auf den Gesamtmarkt projiziert werden (Erichson 2007, S. 409; Höfer 2010, S. 70). Das klassische Testmarktverfahren weist starke Schwächen auf, so ist es sehr zeitaufwändig und lässt sich nicht geheim halten. Die, in der Regel durchs Fernsehen dominierte, überregionale Werbung lässt sich nur schwer integrieren und die Repräsentativität eines lokal oder regional begrenzten Testmarktes ist für den nationalen Markt oft nicht gegeben. Des Weiteren sind klassische Testmärkte relativ teuer. Aus diesen Gründen ist die Bedeutung von klassischen Testmärkten in Deutschland heute nur noch sehr gering (Schroiff 2001, S. 164; Erichson 2008, S. 986; Berekoven, Eckert & Ellenrieder 2006, S. 168). Elektronische Testmärkte und simulierte Testmärkte sind Weiterentwicklungen des klassischen Testmarktes, welche unterschiedliche Vorteile gegenüber dem klassischen Verfahren aufweisen.

Der *elektronische Testmarkt*, auch elektronischer Mikrotestmarkt genannt, ist eine Kombination aus Handels- und Haushaltspanel. In einem lokal abgegrenzten Gebiet sind alle relevanten Lebensmittel-Einzelhandelsgeschäfte an einen Handelspanel angeschlossen. Die teilnehmenden Haushalte registrieren sich bei jedem Einkauf mit einer Identifikationskarte an der Kasse, so können zu jedem Haushalt die Einkäufe mit Zeit und Ort bestimmt werden. Zusätzlich ist es möglich, die Print- und TV-Werbung der Haushalte zu beeinflussen (Litzenroth & Hertle 2007, S. 1017f.; Höfer 2010, S. 70f.). Ein Beispiel für einen elektronischen Testmarkt in Deutschland ist BehaviorScan von der GfK, welcher in Hassloch in der Pfalz betrieben wird. Elektronische Testmärkte sind die Weiterentwicklung von sogenannten Mikro- oder Minitestmärkten, bei welchen einige wenige Testgeschäfte mit einem Haushaltspanel verbunden sind (Erichson 2007,

S. 411; Berekoven, Eckert & Ellenrieder 2006, S. 168). Mikrotestmärkte liefern zwar individuelle Haushaltsdaten, sie können aber im Gegensatz zu elektronischen Testmärkten nicht nahezu alle Einkäufe der Haushalte erfassen und auch nicht die TV-Werbung der beteiligten Haushalte manipulieren (Erichson 2007, S. 412; Berekoven, Eckert & Ellenrieder 2006, S. 169). ERIM[5] von der GfK und TELERIM[6] von ACNielsen sind Beispiele für Mikrotestmärkte. Sie werden in Deutschland aber nicht mehr angeboten (Günther, Vossebein & Wildner 2006, S. 118).

Die *simulierten Testmärkte,* auch Testmarktsimulation (im Folgenden TMS) genannt, gehen einen völlig anderen Weg. Wie beim Produkttest findet die Datengewinnung in einem Teststudio mit ausgewählten potentiellen Kunden statt. Der Adoptionsprozess des neuen Produktes wird von der Wahrnehmung über den Erstkauf und die Einstellungsbildung bis zum Wiederkauf in kurzer Zeit im Labor simuliert (vgl. Kapitel 5.1). Mit Hilfe spezieller Methoden und Modelle werden die so gewonnen Daten zur Prognose des zu erwartenden Marktanteiles und weiterer diagnostischer Informationen genutzt (Erichson 2007, S. 413; Schroiff 2001, S. 166; Litzenroth & Hertle 2007, S. 1008). Die TMS wurde entwickelt, um vor dem Gang in den Testmarkt eine Vorauswahl unter den neuen Produkten zu treffen. Aus diesem Grund wird die TMS in der englischen Literatur den Pre-Testing-Methoden zugeordnet und als ‚Pretest Market' oder ‚Laboratory Test Market' bezeichnet (vgl. exemplarisch Shocker & Hall 1986; Silk & Urban 1978). Mittlerweile konkurriert die Methode mit den realen Testmarktverfahren und wird nicht mehr nur komplementär, sondern insbesondere in Europa, hauptsächlich substitutiv zu diesen Verfahren eingesetzt (Höfer 2010, S. 71).

---

[5] ERIM ist benannt nach dem französischen Institut ERIM, welches die Methode entwickelt hat (Berekoven, Eckert & Ellenrieder 2006, S. 169).
[6] TELERIM ist die Abkürzung für ‚Television Electronic Research for Insights into Marketing'.

2.3 Einführung in die Testmarktsimulation

„(…) the relation between (…) what people say they *will* do and what they actually *do* later (…) is the foundation of simulated test marketing" (Fox, Bob Stevens & Sorensen et al. 1999, S. 2).

In den späten 1960er Jahren wurden die ersten Versuche unternommen, den Lern- und Kaufprozess neuer Produkte der Konsumenten im Labor zu simulieren, um so Real-Markt-Ergebnisse zu prognostizieren. Zur gleichen Zeit kam erstmals die Idee auf, mit Hilfe von historischen Daten, wie beispielsweise Werbeausgaben, Distributionsgrad oder Marktanteil, mathematische Modelle aufzustellen, mit deren Hilfe sich die Absatzzahlen neuer Produkte prognostizieren lassen. Aus diesen beiden Bewegungen entwickelte sich die heutige TMS (Clancy, Krieg & Wolf 2006, S. 41; für einen tieferen Einblick in die historische Entwicklung vgl. auch Shocker & Hall 1986; Gaul, Baier & Apergis 1996).

In den frühen 70er Jahren wurden die ersten stochastischen Methoden wie das ‚New Product Early Warning System', das sogenannte NEWS, von der ‚Batten, Barton, Durstin & Osborn Advertising Agency' (bekannt als BBDO) entwickelt und angeboten. Diese Methoden waren zwar in der Lage valide Absatzzahlen zu prognostizieren, sie mussten zu dieser Zeit aber noch auf die Ergebnisse der ersten Monate in realen Testmärkten zurückgreifen (Clancy, Krieg & Wolf 2006, S. 42f.; für einen tieferen Einblick in NEWS vgl. Pringle, Wilson & Brody 1982). Der ‚Simulator ESP' (‚Estimating Sales Potential') von der ‚NPD Group' und der ‚Laboratory Test Market' (LTM) von ‚Yankelovich, Shelly & White' waren die ersten Testmarktsimulatoren, welche unabhängig von realen Testmärkten brauchbare Prognosen für neue Produkte lieferten. 1973 führte ‚Management Decision Systems' die von den MIT-Professoren Glen Urban und Alvin Silk entwickelte Assessor Methode ein. Assessor wurde der maßgebliche Wegbereiter der TMS (Wherry 2006, S. 2). Im Gegensatz zu den anderen Methoden schaffte es Assessor innerhalb kurzer Zeit zweimal ins ‚Journal of Marketing Research' (im Folgenden JMR) (vgl. Silk & Urban 1978; Urban & Katz 1983) und wurde auf zahlreichen wissenschaftlichen und praxisorientierten Konferenzen vorgestellt (Clancy, Krieg & Wolf 2006, S. 47). Da Assessor die einzige international vollständig offengelegte Methode ist, gilt sie bis heute als wissenschaftlicher Standard, an welcher sich die TMS misst.

In Deutschland kam 1980 mit TESI, entwickelt von einem Koalitionsteam bestehend aus der ‚G&I-Forschungsgemeinschaft für Marketing (Nürnberg)'[7], der ‚Henkel KGaA' und Prof. Dr. Erichson von der Universität Bochum, die TMS erstmals zum Einsatz (Gaul, Baier & Apergis 1996, S. 203; Erichson 1981, S. 201).

Die TMS ist heute längst etabliert und wird auch weiterhin an Bedeutung zunehmen (Höfer 2010, S. 20), denn obwohl sie die Realität nur sehr modellhaft und vor allem zeitlich sehr komprimiert abbildet, liefert sie sehr valide Prognosen. Außerdem weist sie erhebliche Vorteile gegenüber den realen Testmarktverfahren auf. Der wohl zentralste Vorteil liegt in der zeitlichen Komprimierung der Vorgänge gegenüber den realen Testmärkten, die mindestens sechs bis zwölf Monate Zeit in Anspruch nehmen. Eng verbunden mit dem Zeitfaktor ist der Kostenfaktor. Die TMS ist erheblich günstiger als andere Testmarktverfahren. Ein weiterer Vorteil gegenüber den Realmarkt-Verfahren ist die Möglichkeit der Geheimhaltung des Testproduktes vor der Konkurrenz. Clancy, Shulman und Wolf (1994, S. vii) bezeichnen die TMS daher als „ (…) one of the most useful – and certainly most validated – tools in all of marketing research".

Heute finden sich auf dem Markt daher zahlreiche Methoden zur TMS. In Deutschland sind vor allem ‚Volumentric TESI' (im Folgenden TESI) der GfK und das ‚Booz Allen Sales Estimating System' (im Folgenden BASES) von ACNielsen die bekanntesten und gängigsten Methoden. BASES wurde in den 70er Jahren von ‚Burke Marketing Research' entwickelt und hat heute weltweit gesehen mit 50 Prozent den größten Marktanteil unter den TMS-Methoden (Clancy, Krieg & Wolf 2006, S. 59; Wherry 2006, S. 8). Asssessor, inzwischen im Besitz von ‚M/A/R/C Research', Designor von Novaction[8], Discovery von ‚Copernicus Marketing Consulting', InnoSuite von ‚Taylor Nelsen Sofres' und MicroTest von ‚Research International'[9] sind weitere bekannte Methoden zur TMS (Höfer 2010, S. 75; Wherry 2006, S. 1).

---

[7] Die ‚G&I-Forschungsgemeinschaft für Marketing (Nürnberg)' ist 1983 in die GfK übergegangen.
[8] Die Firma Novaction ist seit 2001 eine hundertprozentige Tochter der Firma Ipsos.
[9] Research International gehört seit 2009 zu TNS (Taylor Nelson Sofres, London).

2.4 Ziele der Testmarktsimulation

„The ultimate goal of such models must be to forecast the steady state sales or market share for brands in fmcg[10] after the initial impact and novelty effect of the launch has died away" (Watkins 1984, S. 256).

Wie bei allen Testmarktverfahren ist das Ziel der TMS möglichst viele Informationen über die Erfolgsaussichten neuer Produkte, d.h. echten Innovation, Marken- und Produktlinienerweiterungen (im Englischen ‚Brand Extensions' und ‚Line Extensions') oder Relaunchs[11] (Litzenroth & Hertle 2007, S. 1005), zusammenzustellen (Höfer 2010, S. 72) und Erfahrungen mit dem Marketing-Mix-Konzept zu sammeln, bevor das Produkt auf den Markt kommt (Clancy, Krieg & Wolf 2006, S. 22; Shocker & Hall 1986, S. 87). Das Hauptziel der TMS ist projizierbare Zahlenwerte über die Marktgängigkeit neuer Produkte zu schätzen (Höfner 1966, S. 11). Mittels Bestimmung der Erstkäuferraten und Wiederholungskäuferraten soll das Absatzpotential bzw. der Marktanteil eines neuen Produktes geschätzt werden. In der Regel werden die Absätze für einen Zeitraum innerhalb der ersten ein bis zwei Jahre nach der Produkteinführung vorausgesagt. Da FMCG eine hohe Wiederkaufrate haben, reicht dies aus, um zu zeigen, ob das neue Produkt erfolgreich sein wird und die Gewinnschwelle überschreitet (Höfer 2010, S. 73). Aufgrund der relativ niedrigen Kosten wird die TMS auch eingesetzt, um ein Produkt aus mehreren möglichen neuen Produkten auszuwählen, bzw. Go-NoGo-Entscheidungen für Produkte zu treffen (Watkins 1986, S. 67; Pepels 2009, S. 291).

Ein weiteres Ziel der TMS ist die Prüfung bzw. Optimierung einzelner Marketing-Mix-Elemente. So lässt sie sich einsetzen, um die Produktgestaltung oder Produktpositionierung zu verbessern (Shocker & Hall 1986, S. 87; Gaul, Baier & Apergis 1996, S. 204). Ziel kann es sein, den optimalen Preis, die wirkungsvollsten Werbemaßnahmen und Werbemittel oder die effektivsten Verkaufsförderungsmaßnahmen zu bestimmen. Des Weiteren ist es möglich, alternative Absatzmethoden zu vergleichen und zu bewerten (Koschnick 1995, S. 919; Broda 2006, S. 53). Ferner wird versucht, die Herkunft bzw. Zusammensetzung des prognostizierten Marktanteiles abzuleiten, d.h. den Anteil an Neukunden in der Produktkategorie, den Anteil an Erstkunden, welche von der Konkurrenz kom-

---

[10] FMCG steht für ‚Fast Moving Consumer Goods' (vgl. Kapitel 2.5.1)
[11] Zur Erläuterung der Begriffe Brand- und Line-Extension sowie Relaunch vgl. Anhang 2.

men und gegebenenfalls den Kannibalisierungsanteil (Raab, Unger & Unger 2009, S. 435; Hiller 2007, S. 33).

2.5 Anwendungsgebiete der Testmarktsimulation

Die TMS wird wie alle Testmarktverfahren typischerweise für Neuprodukteinführungen, d.h. Produktinnovationen im FMCG-Bereich angewendet (Lilien & Rangaswamy 2003, S. 239; Erichson 2008, S. 987; Höfer 2010, S. 27). Um dies zu erläutern wird im Folgenden der Begriff der FMCG definiert und die FMCG als Verbrauchsgüter von den Gebrauchsgütern abgegrenzt. Danach wird der Begriff der Produktinnovation definiert und von weiteren Dimensionen der Innovation abgegrenzt. Im Anschluss wird dann die Eignung verschiedener Innovationsgrade für die TMS aufgezeigt.

2.5.1 FMCG als Anwendungsgebiet der Testmarktsimulation

Verbrauchsgüter im weiten Sinne sind alle kurzlebigen Güter, die während einer oder weniger Nutzungen verbraucht werden. Als Verbrauchsgüter im engeren Sinne werden die Güter dieser Eigenschaft im Konsumgüterbereich bezeichnet (Roberts, Mosena & Winter 2010c, S. 3170). Aus diesem Grund wird in dieser Arbeit der Begriff Verbrauchsgüter ohne den Zusatz ‚im engeren Sinne' gebraucht. Im Gegensatz zu den Gebrauchsgütern sind die Verbrauchsgüter nicht dauerhafte Wirtschaftsgüter. Aus Sicht der Kaufgewohnheiten entsprechen Verbrauchsgüter den Gütern des täglichen Bedarfs (im Englischen ‚Convenience Goods'). Sie werden vom Verbraucher regelmäßig gekauft und sie sind in der Regel günstig, d.h. der Konsument geht kein großes finanzielles Risiko ein. Zudem sind sie sind ubiquitär erhältlich. Der Verbraucher verwendet wenig Planung und Engagement für ihren Kauf (Kotler, Armstrong & Saunders et al. 2007, S. 628f.; Kotler & Keller 2009, S. 359f.). Beispiele für diese Kategorie sind Lebensmittel und Getränke, Kosmetik-, Putz- und Reinigungsmittel, Zeitungen und Zeitschriften, sowie Zigaretten und Benzin (Kotler, Armstrong & Saunders et al. 2007, S. 628f.). Gebrauchsgüter haben dagegen eine vergleichsweise niedrigere Kauffrequenz, da sie über einen längeren Zeitraum genutzt werden. Beispiele für diese Kategorie sind Suchgüter (im Englischen ‚Shopping

Goods') wie Elektronikprodukte oder Sondergüter (im Englischen ‚Specialty Goods') wie Luxusartikel (Kotler, Armstrong & Saunders et al. 2007, S. 628f.). Abbildung 2-3 zeigt die beiden Konsumgüterkategorien aus Sicht der Kaufgewohnheiten im Überblick.

```
                        ┌─────────────┐
                        │ Konsumgüter │
                        └──────┬──────┘
                  ┌────────────┴────────────┐
                  ▼                         ▼
        ┌──────────────────┐      ┌──────────────────┐
        │  Verbrauchsgüter │      │  Gebrauchsgüter  │
        │    (FMCG/CPG)    │      │  (SMCG/durables) │
        └──────────────────┘      └──────────────────┘
```

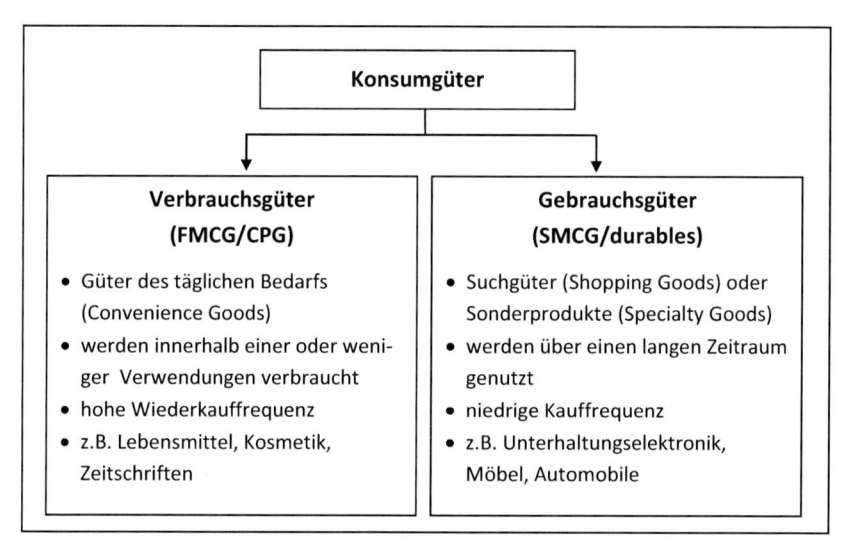

- Güter des täglichen Bedarfs (Convenience Goods)
- werden innerhalb einer oder weniger Verwendungen verbraucht
- hohe Wiederkauffrequenz
- z.B. Lebensmittel, Kosmetik, Zeitschriften

- Suchgüter (Shopping Goods) oder Sonderprodukte (Specialty Goods)
- werden über einen langen Zeitraum genutzt
- niedrige Kauffrequenz
- z.B. Unterhaltungselektronik, Möbel, Automobile

Abbildung 2-3: Konsumgüterkategorien
(Quelle: In Anlehnung an Höfer 2010, S. 29)

Da Verbrauchsgüter eine hohe Wiederkaufsfrequenz haben, d.h. schnell im Regal rotieren, werden sie im Englischen auch als ‚Fast Moving Consumer Goods' (kurz FMCG) bezeichnet. Analog dazu werden Gebrauchsgüter aufgrund ihrer relativ niedrigen Kauffrequenz als ‚Short Moving Consumer Goods' (im Folgenden SMCGs) bezeichnet (Günther, Vossebein & Wildner 2006, S. 79). Während die Begriffe FMCG und SMCG eher im europäischen Raum verwendet werden und insbesondere der Begriff FMCG im Marketing und der Marktforschung geläufig ist, wird im angelsächsischen Raum auch von ‚Consumer Packaged Goods' (im Folgenden CPG)[12] gesprochen, da Verbrauchsgüter sämtliche Bereiche der vorverpackten Nahrungsmittel und Getränke, sowie

---

[12] Zu den CPG werden teilweise auch kleinteilige Gebrauchsgüter gezählt (Heidel 2008, S. 65).

Drogeriewaren umfassen (Günther, Vossebein & Wildner 2006, S. 79). Gebrauchsgüter werden im angelsächsischen als auch durables bezeichnet (vgl. exemplarisch Urban, Hulland & Weinberg 1993, S. 47).

2.5.2 Produktinnovationen als Anwendungsgebiet der Testmarktsimulation

Mit Hilfe der TMS soll der Erfolg potentieller Neuprodukteinführungen, d.h. von Produktinnovationen vor der Markteinführung abgeschätzt werden. Entscheidend für die TMS ist nicht, ob die Neuartigkeit, d.h. die Innovation des Produktes objektiv vorhanden ist. Entscheidend ist die wahrgenommene Neuartigkeit aus der Käufersicht. Es kann sich also auch um sogenannte Scheininnovationen handeln (Brockhoff 2007, S. 22).

Mit dem Begriff Innovation wird in den Wirtschaftswissenschaften die mit technischem, sozialem und wirtschaftlichem Wandel einhergehende Neuerung bezeichnet. Bisher liegt jedoch keine allgemein akzeptierte Begriffsdefinition vor (Roberts, Mosena & Winter 2010a, S. 1515). Es gibt zahlreiche Möglichkeiten Innovationen zu klassifizieren.

Nach Pepels (2009, S. 405; 2006, S. 3) lassen sich Innovationen nach ihrer Dimension unternehmensorientiert in Marktinnovationen und Unternehmensinnovation, sowie Produktinnovationen und Verfahrensinnovation unterscheiden. Marktinnovationen sind sogenannte absolute Innovationen, da das Angebot erstmals am Markt verfügbar ist. Unternehmensinnovationen sind dagegen nur für das betreffende Unternehmen selbst neuartig und werden daher als relative Innovationen bezeichnet. Die Einführung eines Produktes, das bisher nicht im Produktprogramm des einführenden Unternehmens enthalten war, bezeichnet man als Produktinnovation. Es kann sich sowohl um eine absolute als auch um eine relative Innovation handeln. Die Verfahrensinnovation ist dagegen eine neue Methode zu Erstellung eines marktfähigen Angebotes. Der Begriff der Produktinnovation wird in der Literatur unterschiedlich definiert (vgl. beispielsweise Brockhoff 2007, S. 22; Meffert, Burmann & Kirchgeorg 2008, S. 408). In dieser Arbeit wird der Begriff Produktinnovation im Sinne von Pepels (2009, S. 405, vgl. auch Roberts, Mosena & Winter 2010b, S. 2436) verstanden. In der TMS werden demnach Produktinnovationen getestet.

Eine weitere Möglichkeit Innovationen zu differenzieren ist ihren Innovationsgrad nach den Konsumgewohnheiten käuferorientiert zu betrachten (Binsack & Trommsdorff 2003, S. 19f.).[13] Auch wenn der Innovationsgrad als Kontinuum anzusehen ist (Binsack & Trommsdorff 2003, S. 19), ist die Einteilung in die drei Typen kontinuierliche Innovation, dynamisch kontinuierliche Innovation und diskontinuierliche Innovation nach Robertson (1967, S. 15f.) ein hilfreiches Modell. Die kontinuierliche Innovation nimmt kaum Einfluss auf bestehende Gewohnheiten, d.h. das alte und neue Konsummuster ist identisch oder nahezu identisch (Binsack & Trommsdorff 2003, S. 20). Es handelt sich meist um Verbesserungen oder Modifikationen bestehender Produkte (Bayón, Herrmann & Huber 2007, S. 84), wie beispielsweise Geschmacksverbesserungen, Änderungen im äußeren Erscheinungsbild oder Verbesserung der Zuverlässigkeit (Blackwell, Miniard & Engel 2006, S. 546). Im Englischen werden sie als ‚Continuous Innovations' oder ‚Incremental Innovations' bezeichnet (vgl. exemplarisch Hirschman 1982, S. 537; Blackwell, Miniard & Engel 2006, S. 546).

Die dynamisch kontinuierliche Innovation stellt eine Neuerung dar, die aber auf bestehende Konsummuster aufbaut. Die elektrische Zahnbürste ist ein klassisches Beispiel für eine dynamisch kontinuierliche Innovation (Binsack & Trommsdorff 2003, S. 20; Blackwell, Miniard & Engel 2006, S. 546). Im Bereich der FMCG können sogenannte Cross-Over-Produkte, d.h. Produkte welche die Nutzeneigenschaften von zwei oder mehreren Warengruppen kombinieren als dynamisch kontinuierliche Innovationen angesehen werden (Höfer 2010, S. 32). Diese sind weitaus seltener als kontinuierliche Innovationen. Beispiele sind ‚Snack Pack'[14] von ‚Kraft Foods' und Actimel von Danone. ‚Snack Pack' ist ein salziges Gebäck mit Schokolade, Actimel ein Joghurt, der die Abwehrkräfte stärken soll (Heise 2009, S. 116; Höfer 2010, S. 32).

Die diskontinuierliche Innovation (auch echte Innovation) stellt eine grundlegende Neuerung mit einem deutlichen Bruch bestehender Muster dar. Beispiele dieser Kategorie sind der erste PC oder das Internet (Binsack & Trommsdorff 2003, S. 20; Blackwell, Miniard & Engel 2006, S. 546). In der englischsprachi-

---

[13] Für weitere Möglichkeiten Innovationen aus Käufersicht zu klassifizieren vgl. beispielsweise Binsack & Trommsdorff 2003, S. 19ff.
[14] ‚Snack Pack' ist mittlerweile nicht mehr auf dem deutschen Markt erhältlich.

gen Literatur werden diskontinuierliche Innovationen als Discontinuous-Product, Really-New-Products oder New-to-the-world-Products bezeichnet (vgl. exemplarisch Blackwell, Miniard & Engel 2006, S. 546; Urban, Weinberg & Hauser 1996, S. 47). Da diskontinuierliche Innovationen keiner bestehenden Produktkategorie oder Warengruppe zugeordnet werden können und daher keinen Anknüpfungspunkt zur Hochrechnung bereitstellen, sind sie besonders schwierig zu prognostizieren (Höfer 2010, S. 31). Im Bereich der FMCG sind diskontinuierliche bzw. echte Innovationen aber sehr selten (Erichson 1997, S. 9; Höfer 2010, S. 32). Es werden höchstens neue Segmente geschaffen, wie es beispielsweise ‚Red Bull' mit dem Segment der ‚Energy Drinks' gelungen ist (Brockhoff 1999, S. 2; Höfer 2010, S. 32). In Abbildung 2-4 sind die drei Innovationsgrade aus Käufersicht in Bezug auf FMCG graphisch dargestellt.[15]

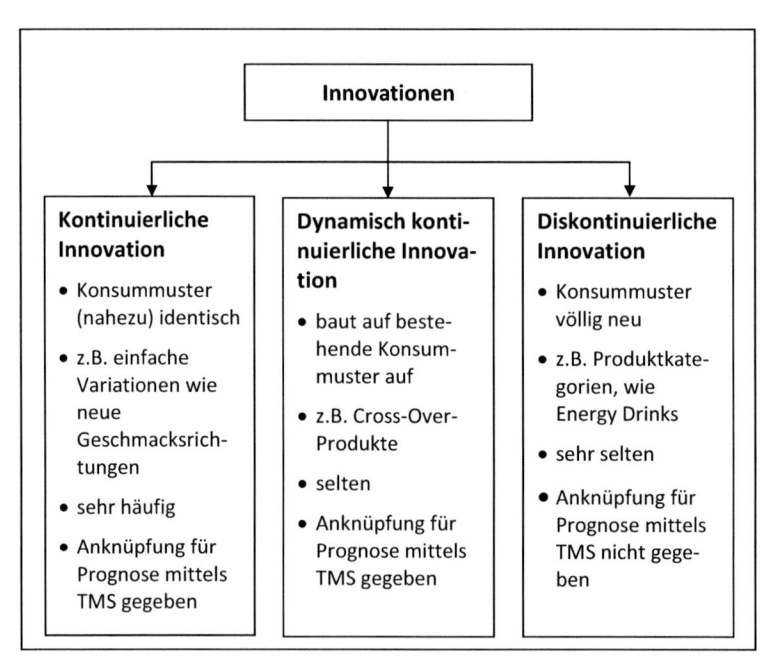

```
                        Innovationen
          ┌─────────────────┼─────────────────┐
Kontinuierliche     Dynamisch konti-    Diskontinuierliche
Innovation          nuierliche Innova-  Innovation
                    tion
• Konsummuster                          • Konsummuster
  (nahezu) identisch • baut auf beste-    völlig neu
                      hende Konsum-
• z.B. einfache       muster auf        • z.B. Produktkate-
  Variationen wie                         gorien, wie
  neue              • z.B. Cross-Over-    Energy Drinks
  Geschmacksrich-     Produkte
  tungen                                • sehr selten
                    • selten
• sehr häufig                           • Anknüpfung für
                    • Anknüpfung für      Prognose mittels
• Anknüpfung für      Prognose mittels    TMS nicht gege-
  Prognose mittels    TMS gegeben         ben
  TMS gegeben
```

Abbildung 2-4: Innovationsgrade aus Käufersicht
(Quelle: In Anlehnung an Höfer 2010, S. 32)

---

[15] Eine weitere Möglichkeit Innovationen zu klassifizieren ist die Unterscheidung nach der Markenstrategie (vgl. Anhang 2).

3 Methodik und Güte der Testmarktsimulation

Nachdem im vorangegangenen Kapitel die Grundlagen der TMS erläutert wurden, soll jetzt das Verfahren der TMS genauer betrachtet werden. Zuerst wird gezeigt, dass der grundsätzliche Ansatz aller Verfahren der TMS gleich ist. Das Absatzvolumen eines neuen Produktes für einen bestimmten Zeitraum wird in seine bestimmenden Faktoren zerlegt, um diese dann einzeln zu prognostizieren. Im Anschluss wird erläutert, wie die benötigten Daten für diese Faktoren erhoben und analysiert werden. Dafür wird zuerst der Ablauf einer TMS betrachtet. Im Anschluss werden die gängigen Verfahren der TMS in Hinblick auf die Datenerhebung und Datenanalyse verglichen. Zum tieferen Verständnis der TMS und als Basis für das nachfolgende Kapitel wird dann die Assessormethode exemplarisch beschrieben.

Im zweiten Teil dieses Kapitels sollen die Güteeigenschaften der TMS untersucht und bewertet werden. Hierfür werden zuerst diejenigen Kriterien genauer betrachtet, welche in der Praxis entscheidungsrelevant sind. Hierzu zählen beispielsweise die Einsatzmöglichkeiten und die Wirtschaftlichkeit der TMS. Danach wird die prognostische Validität der TMS untersucht.

3.1 Grundlegende Komponenten der Testmarktstimulation

3.1.1 Komponenten des Absatzvolumens

Die methodische Grundlage der TMS ist die multiplikative Zerlegung des Absatzvolumens bzw. des Marktanteils[16] in seine einzelnen Komponenten. Das Absatzvolumen innerhalb einer bestimmten Periode lässt sich wie folgt zerlegen (Erichson 1979, S. 260):

$$Absatzvolumen = Käufe \times \emptyset\, Kaufumfang, \qquad (3\text{-}1)$$

wobei der Kaufumfang die Kaufmenge pro Kaufakt bildet.

---

[16] Zum Unterschied zwischen der Prognose von Absatzvolumina und Marktanteilen vgl. Kapitel 3.2.4.

Bildet man das Absatzvolumen mit dem Faktor Käufer statt Käufe erhält man folgende Gleichung (Erichson 1979, S. 260):

$$Absatzvolumen = Käufer \times \emptyset\, Kaufintensität, \qquad (3\text{-}2)$$

wobei die Kaufintensität die Kaufmenge innerhalb der Periode darstellt. Sie ist das Produkt aus Kaufumfang und Kauffrequenz, d.h. die Zahl der Kaufakte innerhalb der Periode.

Von entscheidender Bedeutung bei der Prognose des Absatzvolumens neuer FMCG ist die Unterscheidung in Erstkäufe(r) und Wiederholungskäufe(r) (Erichson 1979, S. 260; Lilien, Kotler & Moorthy 1992, S. 2f.). Daraus ergibt sich folgende Gleichung für das Absatzvolumen (Erichson 1979, S. 260; Schroiff 2001, S. 167; Bieler 1989, S. 414):

$$Absatzvolumen = Erstkäufer \times Wiederkäufer \times \emptyset\, Kaufintensität$$

$$(3\text{-}3)$$

Die Trennung in Erstkauf (im Englischen Trial) und Wiederholungskauf (im Englischen Repeat) bei der Prognose von FMCG ist notwendig, da Erstkauf und Wiederholungskauf eines neuen Produktes als getrennte Kaufentscheidungen anzusehen sind (Lilien, Kotler & Moorthy 1992, S. 2). Der Erstkauf, auch Probierkauf genannt, wird eher von äußeren Produktmerkmalen und der Werbung bestimmt, während der Wiederholungskauf dagegen vom gesamten Marketing-Mix und der resultierenden individuellen Kundenzufriedenheit, d.h. dem Produktnutzen bestimmt wird (Trommsdorff 2009, S. 298ff.; Hiller 2007, S. 15; Erichson 1979, S. 260). Das Absatzvolumen wird bei FMCG im Wesentlichen durch die Wiederholungskäufe bestimmt (Lilien & Rangaswamy 2003, S. 239; Erichson 1979, S. 260). Diese sind aber wiederum von der Anzahl der Erstkäufe abhängig. Da diese beiden Komponenten des Absatzvolumens durch zum Teil unterschiedliche Faktoren beeinflusst werden, lassen sie sich einzeln mit Hilfe sogenannter Erstkauf-Wiederkaufmodelle (im Englischen Trial-and-Repeat-

Model)[17] leichter prognostizieren (Erichson 1979, S. 260; Fader, Hardie & Zeithammer 2003, S. 392).

Das bei allen gängigen Verfahren der TMS zum Einsatz kommende Erstkauf-Wiederkaufmodell basiert auf einem Modell von Parfitt und Collins[18] (1968), welches ursprünglich zur Schätzung des langfristigen Marktanteiles (sog. Gleichgewichtsmarktanteil) neuer Produkte auf Basis von Haushaltpanels entwickelt wurde (Hiller 2007, S. 37; Erichson 1979, S. 261; Schroiff 2001, S. 167). In diesem Modell wird die Wiederkaufrate eines Käufers als abhängig von der Zeit nach dem Erstkauf gesehen (Erichson 1979, S. 261; Hammann & Erichson 2000, S. 465ff.). In Abbildung 3-1 ist das Modell graphisch dargestellt.

| Erstkauf | ⇨ | Wiederkauf | ⇨ | Kaufintensität | ⇨ | Marktanteil Volumen |

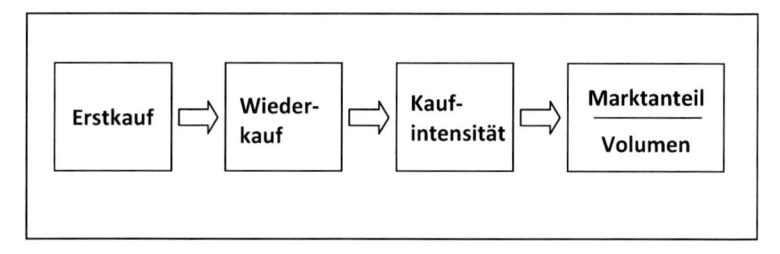

Abbildung 3-1: Komponenten des Marktanteiles nach Parfitt und Collins (Quelle: Parfitt & Collins 1968, in Anlehnung an Vöhl-Hitscher 1994)

Im Rahmen der TMS müssen Wege gefunden werden, die drei Komponenten vor der Markteinführung des neuen Produktes zu prognostizieren (Erichson

---

[17] Trial-and-Repeat-Models unterscheiden sich von den klassischen Diffusionsmodellen, wie das Bass Modell (Bass 1969), da diese normalerweise nur Erstkäufe prognostizieren (Lilien, Kotler & Moorthy 1992, S. 464; Meffert, Burmann & Kirchgeorg 2008, S. 450). Diffusionsmodelle werden zur Prognose von Gebrauchsgütern eingesetzt, da ihr Erfolg hauptsächlich vom Erstkauf eines neuen Produktes, der sogenannten Adoption abhängig ist. Für einen tieferen Einblick in die klassischen Diffusionsmodelle vgl. beispielsweise Mahajan et al. 2001; Mahajan, Muller & Bass 1995; Rogers 2003; Lilien, Kotler & Moorthy 1992; Lüthje 2008; Gierl 2000. Für einen tieferen Einblick in die Trial-and-Repeat-Models vgl. beispielsweise Lilien, Kotler & Moorthy 1992, S. 480ff.; Fader, Hardie & Zeithammer 2003. Ansätze, die auch den Wiederkauf in klassische Diffusionsmodelle integrieren finden sich beispielsweise bei Ratchford, Balasubramanian & Kamakura 2001; Hahn, Park & Krishnamurthi et al. 1994; Lüthje 2008.
[18] Die Grundkonzeption dieses Modells stammt von Baum und Denis (1961) und Fourt und Woodlock (1960).

2008, S. 988). Dabei ist es notwendig, die wichtigsten primären Einflussfaktoren auf die Komponenten des Absatzvolumens bzw. den Marktanteil zu kennen. Diese sind in Abbildung 3-2 dargestellt und werden im Folgenden genauer betrachtet.

Marktanteil = Erstkaufrate × Wiederkaufrate der Käufer × relative Kaufintensität der Käufer

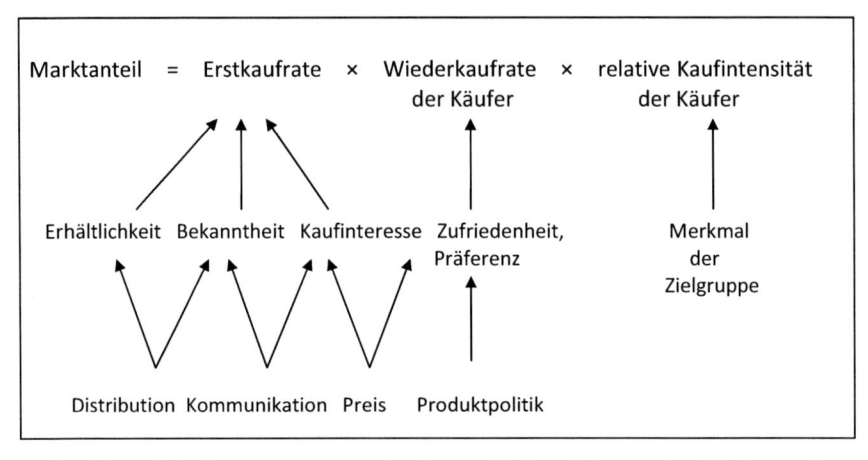

Erhältlichkeit Bekanntheit Kaufinteresse Zufriedenheit, Präferenz

Merkmal der Zielgruppe

Distribution Kommunikation Preis Produktpolitik

Abbildung 3-2: Komponenten und primäre Einflussfaktoren des Marktanteils (Quelle: Erichson 1997, S. 36)

3.1.2 Komponenten des Prognosemodells

Mithilfe der Komponenten und Einflussfaktoren des Absatzvolumens bzw. des Marktanteiles aus Abbildung 3-2 ergeben sich folgende Fragestellungen, die für jede TMS beantwortet werden müssen (Fox, Bob Stevens & Sorensen et al. 1999, S. 5; Clancy, Krieg & Wolf 2006, S. 57ff.):

1. Wie viele Konsumenten sind potentielle Kunden für das neue Produkt?
2. Wie viele von diesen Konsumenten (aus 1.) werden auf das Produkt aufmerksam werden?
3. Wie viele von den Konsumenten aus 2. werden das Produkt wenigstens einmal kaufen?
4. Wie viele der Erstkäufer (aus 3.) werden das Produkt wiederkaufen?
5. Wie hoch ist die Kaufintensität der Wiederholungskäufer (aus 4.) im betrachteten Zeitraum?

6. Wie viele werden überhaupt die Möglichkeit haben, das Produkt zu Kaufen?

Sind die einzelnen Faktoren bekannt, ergibt sich folgende abstrahierte Formel zur Prognose des Absatzvolumens (Fox, Bob Stevens & Sorensen et al. 1999, S. 5; Erichson 1996, S. 55f., Erichson 1979, S. 261; Gaul, Baier & Apergis 1996, S. 210):[19]

$$AV = P \times A \times (T + T \times R \times I) \times D , \qquad (3\text{-}4)$$

wobei

AV = Absatzvolumen für das Testprodukt,

P = Anzahl der potentiellen Konsumenten für das Testprodukt,

A = Prozentualer Anteil an potentiellen Konsumenten, welche auf das Testproduktaufmerksam werden,

T = Prozentualer Anteil an Konsumenten, welche das Testprodukt wenigstens einmal zum Probieren kaufen,

R = Prozentualer Anteil der Erstkäufer, welche das Testprodukt wiederkaufen,

I = Kaufintensität des Testproduktes,

D = Distributionsgrad des Testproduktes.

Sind die einzelnen Komponenten exakt bekannt, lässt sich das Absatzvolumen vergleichsweise einfach berechnen. Die Herausforderung der TMS steckt daher in der möglichst genauen Bestimmung dieser Komponenten:

1. Wie viele Konsumenten sind potentielle Kunden für das neue Produkt?
Die Bestimmung des Marktes bzw. genauer des Marktvolumens oder Marktpotenzials ist zwar kein originäres dafür aber ein bedeutendes Problem der TMS (Clancy, Krieg & Wolf 2006, S. 98). Lässt sich das neue Produkt gut einer Warengruppe zuordnen und ist der entsprechende Markt hinreichend bekannt, stellt

---

[19] Wenn zur Unterstützung der Produkteinführung kostenlose Produktproben geplant sind, muss die Formel entsprechend angepasst werden (vgl. beispielsweise Erichson 1997, S. 30).

dieser Faktor kein Problem dar. Ist dies aber nicht der Fall, kann eine ungenaue Schätzung erhebliche Auswirkungen auf die Prognose des Absatzes bzw. des Marktanteils haben (Clancy, Krieg & Wolf 2006, S. 98; Heise 2009, S. 115f.). In der Regel werden die benötigten Daten vom Auftraggeber der TMS zur Verfügung gestellt (Clancy, Krieg & Wolf 2006, S. 98; Fox, Bob Stevens & Sorensen et al. 1999, S. 5). Dieser Umstand führte zu einem in den USA aufsehenerregenden Prozess, als ein Auftraggeber einer TMS eine Marktforschungsfirma verklagte, weil diese das Potential für ein neues Produkt deutlich überschätzt hatte. Die Marktforschungsfirma argumentierte dagegen, dass die auftraggebende Firma die zugrundeliegende Marktgröße um das doppelte überschätzt und somit den Fehler selbst verursacht hatte (Clancy, Krieg & Wolf 2006, S. 98; Fox, Bob Stevens & Sorensen et al. 1999, S. 5).

2. Wie viele von diesen Konsumenten (aus 1.) werden auf das Produkt aufmerksam werden?

Die Bekanntheit (im Englischen Awareness) bzw. Markenbekanntheit (im Englischen ‚Brand Awareness') eines neuen Produktes hängt im Wesentlichen von den Werbeaufwand des Herstellers ab (Höfer 2010, S. 92; Meffert, Burmann & Kirchgeorg 2008, S. 634ff). Sie wird beispielsweise durch Print- und TV-Werbung, kostenlose Proben, Marketingaktivitäten am POS oder aber auch durch Mundpropaganda (im Englischen Word-of-Mouth) erzeugt (Mahajan, Muller & Sharma 1984, S. 180). Die Bekanntheit wird entweder vom Auftraggeber, welcher diese aus Erfahrungswerten bildet vorgegeben oder sehr sorgfältig im Rahmen der TMS bzw. mit Hilfe von gesonderten Methoden[20] geschätzt (Fox, Bob Stevens & Sorensen et al. 1999, S. 6; Höfer 2010, S. 92). Bei der Schätzung der Markenbekanntheit im Rahmen der TMS hat sich die Erhebung bzw. Prognose der passiven Bekanntheit, d.h. der gestützten Bekanntheit[21] bewährt, da Kaufentscheidungen für FMCG häufig am POS getroffen werden (Hiller 2007, S. 22; Erichson & Maretzki 1993, S. 548f.). Da sich die Bekanntheit eines Produktes bzw. einer Marke häufig erst nach deren Markteinführung ent-

---

[20] Bekannte Modelle zur Awareness-Prognose sind beispielsweise TRACKER, News, LITMUS und das ‚GFK Awareness Modell'. Für einen Überblick vgl. beispielsweise Hiller 2007; Mahajan, Muller & Sharma 1984; Shocker & Hall 1986.
[21] Bei der Abfrage der gestützten Bekanntheit bestimmt der Proband aus einer Liste von Markennamen diejenigen, welche ihm bekannt sind. Im Gegensatz dazu werden bei der Erhebung der ungestützten Bekanntheit die Markennamen einer Produktkategorie ohne Hilfestellung abgefragt.

wickelt bzw. sich danach verändert, ist es notwendig, die zu erwartende (gestützte oder ungestützte) Bekanntheit über den Zeitverlauf zu prognostizieren (Hiller 2007, S. 161).[22] Hierfür werden sämtliche Daten aus dem Media-Plan wie beispielsweise die Gross-Rating-Points benötigt (Clancy, Krieg & Wolf 2006, S. 100).

Des Weiteren muss beachtet werden, dass die Bekanntheit nicht unabhängig vom Distributionsgrad ist (vgl. Punkt 6) und die TMS zwangsläufig immer unter der Bedingung von hundertprozentiger Bekanntheit des Testproduktes stattfindet.

3. Wie viele von den Konsumenten (aus 2). werden das Produkt wenigstens einmal kaufen?
Die Prognose des Erstkaufes ist eine der zentralen Aufgaben der TMS. Er wird mithilfe von Verfahren zur Präferenzmessung ermittelt. Je nach TMS-Methode werden die Käufe mittels realer oder hypothetischer Kaufsimulation, sowie Präferenz- und Einstellungsbefragungen ermittelt (vgl. Kapitel 3.2.3). Um eine Real-Markt-Schätzung der Erstkäufe zu erhalten, werden die gewonnenen Labordaten mithilfe zusätzlicher Verfahren angepasst (vgl. Kapitel 3.2.4).

Mundpropaganda, welche die Erstkäufe beeinflussen kann, wird im Gegensatz zu den klassischen Diffusionsmodellen nicht berücksichtigt (Hiller 2007, S. 22; Ratchford, Balasubramanian & Kamakura 2001, S. 130; Lüthje 2008, S. 1045). Begründet wird dies mit dem geringen Kostenrisiko von FMCG. Informationen über ein neue Produkt können durch den Erstkauf des Produktes erworben werden (Höfer 2010, S. 82). Insbesondere mit dem Aufkommen vom ‚Web 2.0' mit sozialen Netzwerken wie beispielsweise Facebook, MySpace und Twitter oder Anwendungen, die auf nutzergeneriertem Inhalt (im Englischen ‚User Generated Contend') basieren, wie beispielsweise Wikipedia oder Digg.com, stellt sich die Frage, ob diese Effekte nicht doch einen erheblichen Einfluss haben können und daher in geeigneter Form berücksichtig werden müssen.

4. Wie viele der Erstkäufer (aus 3.) werden das Produkt wiederkaufen?
Die Messung der Wiederkäufer ist ähnlich zur Messung der Erstkäufer. Mit Hilfe verschiedener Verfahren zur Präferenzmessung wird der Prozentsatz an

---

[22] Zur Kritik an den gängigen Methoden vgl. Hiller 2007.

Wiederkäufern geschätzt. Die Präferenzmessung zum Wiederholungskauf findet nach der sogenannten Home-use-Phase statt, wenn der Proband eine Einstellung zu dem Produkt gebildet hat (vgl. Kapitel 3.2.1) Auch hier werden die Daten wieder mithilfe von Anpassungsnormen auf Realmarktergebnisse transformiert (vgl. Kapitel 3.2.4). Bei der TMS wird typischerweise nur der erste Wiederkauf simuliert. In manchen Fällen sogar nur der Erstkauf (Höfer 2010, S. 82). Um folgende Wiederkäufe zu prognostizieren, wären weitere Präferenzbefragungen nötig. Dies ist aber sehr zeit- und kostenintensiv und wird auch nicht als effektiv angesehen, da man vereinfachenderweise davon ausgeht, dass sich die Einstellung bereits nach dem Erstkauf bildet und sich die Präferenzen und das Kaufverhalten nicht mehr entscheidend verändern (Höfer 2010, S. 82; zur Kritik an diesem Vorgehen vgl. Clancy, Krieg & Wolf 2006, S. 116).

5. Wie hoch ist die Kaufintensität der Wiederholungskäufer (aus 4.) im betrachteten Zeitraum?
Diese Zahl wird typischerweise bei der Befragung der Konsumenten erhoben oder es wird vereinfachenderweise der bekannte durchschnittliche Konsum[23] in dieser Produktkategorie verwendet. Wird die Kaufintensität mittels Befragung erhoben, lassen sich die Probanden in Light-, Medium- und Heavy-User unterscheiden (Clancy, Krieg & Wolf 2006, S. 110). Je höher der Anteil an Heavy-Usern, desto höher das erreichbare Absatzvolumen bzw. der Marktanteil. So werden in einer Warengruppe in der Regel etwa zwei Drittel des gesamten Absatzes von etwa einem Drittel der Käufer bestimmt (Höfer 2010, S. 83).

6. Wie viele werden überhaupt die Möglichkeiten haben, das Produkt zu kaufen?
Wie die Bekanntheit beträgt auch der Distributionsgrad während der TMS 100 Prozent, d.h. Erstkaufraten und Wiederholungskaufraten werden unter Bedingung bzw. Annahme idealer Marktbedingungen von 100 Prozent Bekanntheit und 100 Prozent Verfügbarkeit geschätzt (Clancy, Krieg & Wolf 2006, S. 205). Für die Prognose des Absatzvolumens auf dem Realmarkt muss die Verfügbarkeit, d.h. der Distributionsgrad dann entsprechend den Realmarktbedingungen angepasst werden. Der Distributionsgrad lässt sich meist vom Hersteller aus der Erfahrung vergangener Produkteinführungen und dem geplanten Mitteleinsatz gut vorhersagen (Höfer 2010, S. 93).

---

[23] Der durchschnittliche Konsum wird häufig im Rahmen von Verbraucherpanels ermittelt (Erichson 1997, S. 31).

Bei einigen TMS-Methoden gehen der Distributionsgrad und die Bekanntheit nicht wie in Formel (3-4) dargestellt unabhängig voneinander in die Funktion des Absatzvolumens ein, sondern stellen die Variablen in einer Erreichbarkeitsfunktion da (Erichson 1997, S. 26). Dies erscheint sinnvoll, denn selbst wenn die Bekanntheit null Prozent beträgt, weil beispielsweise keinerlei Werbung gemacht wird, kann ein potentieller Konsument am POS auf das neue Produkt aufmerksam werden (Heeler 1986, S. 273; Clancy, Krieg & Wolf 2006, S. 106; Hiller 2007, S. 22). Daraus folgt, je höher der Distributionsgrad, desto größer die durch die Distribution induzierte Aufmerksamkeit (Clancy, Krieg & Wolf 2006, S. 106).[24]

3.2 Aufbau und Ablauf der Testmarktsimulation

3.2.1 Phasen der Testmarktsimulation

Der grundlegende Aufbau der TMS ist bei allen wesentlichen Methoden gleich. Wie in Abbildung 3-3 dargestellt, beginnt die TMS mit einer Vorbefragung zur Auswahl der Teilnehmer und zur Ermittlung von soziodemografischen Merkmalen (Erichson 1979, S. 257). Typischerweise werden Personen in der Nähe von Einkaufspassagen auf Basis von Quoten rekrutiert.

---

[24] Für einen tieferen Einblick in den Zusammenhang von Distributionsgrad und Bekanntheit vgl. beispielsweise Heeler 1986; Reibstein & Farris 1995; Hiller 2007.

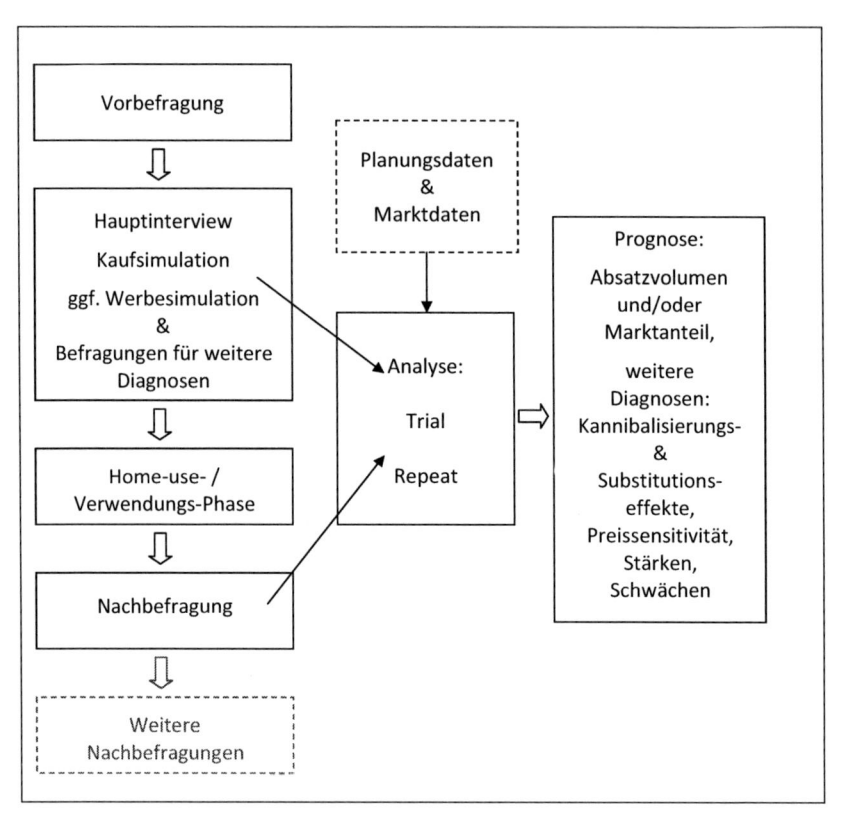

```
┌─────────────────────────────────────────────────────────────────────┐
│                                                                     │
│       ┌──────────────────┐                                          │
│       │   Vorbefragung   │                                          │
│       └──────────────────┘                                          │
│                ⇩           ┌ ─ ─ ─ ─ ─ ─ ─ ─ ─ ┐                    │
│       ┌──────────────────┐ │  Planungsdaten    │                    │
│       │  Hauptinterview  │ │        &          │                    │
│       │   Kaufsimulation │ │    Marktdaten     │  ┌──────────────┐  │
│       │ ggf.Werbesimul.  │ └ ─ ─ ─ ─ ─ ─ ─ ─ ─ ┘  │  Prognose:   │  │
│       │        &         │          │              │ Absatzvolumen│  │
│       │ Befragungen für  │          ▼              │   und/oder   │  │
│       │ weitere Diagnosen│     ┌─────────┐         │  Marktanteil,│  │
│       └──────────────────┘     │Analyse: │         │   weitere    │  │
│                ⇩                │  Trial  │  ⇨      │  Diagnosen:  │  │
│       ┌──────────────────┐     │ Repeat  │         │Kannibalisier-│  │
│       │   Home-use- /    │     └─────────┘         │ungs- & Subst.│  │
│       │ Verwendungs-Phase│                          │   effekte,   │  │
│       └──────────────────┘                          │Preissensitiv.│  │
│                ⇩                                    │Stärken, Schw.│  │
│       ┌──────────────────┐                          └──────────────┘  │
│       │   Nachbefragung  │                                          │
│       └──────────────────┘                                          │
│                ⇩                                                    │
│       ┌ ─ ─ ─ ─ ─ ─ ─ ─ ┐                                          │
│       │     Weitere      │                                          │
│       │ Nachbefragungen  │                                          │
│       └ ─ ─ ─ ─ ─ ─ ─ ─ ┘                                          │
└─────────────────────────────────────────────────────────────────────┘
```

Abbildung 3-3: Ablauf einer Testmarktsimulation
(Quelle: In Anlehnung an Erichson 2008, S. 989; Höfer 2010, S. 88; Clancy, Krieg & Wolf 2006, S. 109f.)

Im Hauptinterview wird dann die Präferenz für das Testprodukt mittels verschiedener Fragen, wie beispielsweise die Kaufbereitschaft, ermittelt (Erichson 1997, S. 21ff.; Gaul, Baier & Apergis 1996, S. 205). Daneben werden je nach Methode Fragen zur Markenbekanntheit, Markenverwendung, Präferenzen und Einstellungen zu Konkurrenzprodukten gestellt. Bei den meisten Methoden wird das individuelle Relevant-Set[25] von Substituten des Testproduktes der Probanden ermittelt (vgl. Kapitel 3.2.3). Nicht bei allen Methoden findet eine Kaufsi-

---

[25] Das Relevant-Set stellt die Gesamtheit der Produkte dar, welche dem Konsumenten bekannt sind und grundsätzlich für den Kauf in Frage kommen (vgl. Anhang 3).

mulation im engeren Sinne, d.h. ein tatsächlicher Kauf eines Produktes aus einer Auswahl von Produkten in einem nachgebildeten Verkaufsraum statt. Die Erstkaufrate wird in diesem Fall nur auf Basis der Präferenzbefragungen ermittelt (Vöhl-Hitscher 1994, S. 42). Im Rahmen des Hauptinterviews kann auch eine Werbesimulation stattfinden, bei welcher die Probanden einen Werbeblock vorgeführt bekommen. Neben Werbung für die wichtigsten Konkurrenzprodukte enthält dieser auch einen Werbespot für das Testprodukt bzw. nur den Spot für das Testprodukt, wenn dieses ohne Konkurrenzumfeld getestet wird (Erichson 1997, S. 22; Gaul, Baier & Apergis 1996, S. 208). Am Ende des Hauptinterviews findet häufig eine Nachkaufsimulation statt. Die Testpersonen werden dabei gefragt, welches Produkt sie kaufen würden, wenn das von ihnen präferierte, bzw. in der Simulation gekaufte Produkt nicht verfügbar wäre. Dies wird bis zum letzten Produkt aus dem Relevant-Set der Testperson wiederholt (Gaul, Baier & Apergis 1996, S. 207).

Im Anschluss folgt die Produktverwendung, welche entweder vor Ort oder meistens zu Hause im Rahmen der Home-use-Phase stattfindet. Während dieser Phase können die Probanden das Testprodukt ausprobieren und eine Einstellung zu dem Produkt bilden (Clancy, Krieg & Wolf 2006, S. 144f.). Danach wird im Rahmen eines Nachinterviews die Wiederkaufwahrscheinlichkeit erfragt (Clancy, Krieg & Wolf 2006, S. 114f.). Hierbei kommen im Wesentlichen die gleichen Fragestellungen wie im Hauptinterview zum Einsatz (Gaul, Baier & Apergis 1996, S. 208). Eine Kaufsimulation im engeren Sinne ist auch hier möglich (Erichson 1997, S. 23). Bei einigen Verfahren werden die Nachinterviews in bestimmten Zeitabständen wiederholt, um bessere Aussagen über die Wiederkaufhäufigkeit treffen zu können (Clancy, Krieg & Wolf 2006, S. 155f.).

Bei der Analyse wird mit Hilfe von Planungsdaten, wie beispielsweise der Distributionsgrad oder die Bekanntheit, und mit Hilfe von Marktdaten, wie beispielsweise die Konkurrenzpreise, das zu erwartende Absatzvolumen errechnet (Höfer 2010, S. 88 und 91ff.; vgl. auch Kapitel 3.2.4).

Die bei der TMS eingesetzten Methoden zur Präferenzmessung lassen sich in zwei Gruppen unterscheiden (Gaul, Baier & Apergis 1996, S. 206; Hammann & Erichson 2000, S. 207). Bei den komparativen Verfahren wird das Testprodukt in einem möglichst klar definierten Umfeld von Konkurrenzprodukten betrachtet. Kennzeichnend ist der Produktvergleich, d.h. die Probanden beurteilen bei komparativen Verfahren immer mehrere Produkte. Am Ende der komparativen Verfahren steht die simulierte Kaufentscheidung. Bei den monadischen Verfahren wird das Testprodukt dagegen isoliert, d.h. für sich genommen untersucht. Die Probanden beurteilen nur das Testprodukt hinsichtlich verschiedener Aspekte, eine Kaufentscheidung findet nicht statt (Heise 2009, S. 68f.). Die gängigen Verfahren der TMS sind alle entweder auf einem komparativen oder einem monadischen Ansatz entwickelt worden. Die TMS-Methoden haben sich aber bis heute kontinuierlich weiterentwickelt und dabei immer mehr angeglichen. Sie enthalten daher mittlerweile Elemente aus beiden Ansätzen der Präferenzmessung (Wherry 2006, S. 7; Clancy, Krieg & Wolf 2006, S. 57; vgl. auch 3.3).

Falls noch kein Testprodukt für die Testverwendung zur Verfügung steht, kann der in Abbildung 3-3 dargestellte Verlauf abweichen. Clancy et al. (2006, S. 108) unterscheiden die TMS daher in ‚Concept Test Market', für den Fall, dass noch kein Produkt vorliegt und ‚Simulated Test Market', für den Fall, wenn ein Produkt vorhanden ist, welches in einem Teststore verkauft und zu Hause getestet werden kann. Die meisten kommerziellen Methoden können für beide Fälle angewendet werden. Die monadischen Verfahren sind bei einem ‚Concept Test Market' im Vorteil, da das Testprodukt nicht mit Konkurrenzprodukten verglichen wird (Gaul, Baier & Apergis 1996, S. 208; Heise 2009, S. 81). Liegt das Testprodukt bei der TMS noch nicht vor, müssen aber Abstriche bei der Prognosegenauigkeit in Kauf genommen werden (Clancy, Krieg & Wolf 2006, S. 66). Der in dieser Arbeit vorgestellte Ablauf bezieht sich, sofern nichts anderes angegeben ist, auf den idealtypischen Fall, dass ein marktfertiges Produkt vorliegt.

3.2.2 Datenerhebung

Die eingesetzten Methoden zur Erhebung der Daten haben sich in den letzten Jahren deutlich verändert. Bis Ende der 90er Jahre wurden in den USA fast ausschließlich schriftliche und mündliche Befragungen in Einkaufszentren bzw. in deren Nähe durchgeführt (Clancy, Krieg & Wolf 2006, S. 62). Aufgrund der sinkenden Anzahl von ausgefüllten Fragebogen pro Befragung in einem Einkaufszentrum und des starken Wachstums des Internets, dominieren in den USA heute webbasierte Methoden zur Datenerhebung (Clancy, Krieg & Wolf 2006,

S. 62; Miller & Lundy Sheila 2005, S. 233; Wherry 2006, S. 20). In Europa sind dagegen persönliche Interviews (im Englischen ‚Face-to-Face Interview') bei den Probanden zu Hause, am POS oder in Teststudios noch die typische Erhebungsform. Aber auch hier kommen vermehrt webbasierte Methoden zum Einsatz (Clancy, Krieg & Wolf 2006, S. 62; Lütters 2004, S. 1; Wherry 2006, S. 20). Aufgrund der steigenden Anzahl von Internetanschlüssen in Kombination mit der stetig wachsenden Qualität dieser Anschlüsse, können heute Werbesimulationen und beispielsweise 3-D-Produktanimationen bei der webbasierten Onlineforschung eingesetzt werden (Heise 2009, S. 83ff.; Höfer 2010, S. 79; Lütters 2004, S. 42ff.). Bei einer reinen Onlinebefragung bzw. Telefonbefragung muss das zu testende Produkt den Probanden zugeschickt werden. Online- und Telefonerhebungen sind trotzdem kostengünstiger als die klassischen persönlichen Erhebungen, da kein Studio gemietet werden muss bzw. die Probanden nicht einzeln zu Hause aufgesucht werden müssen (Lütters 2004, S. 178; Höfer 2010, S. 78). Onlineerhebungen bzw. computergestützte Erhebungen sind in der Regel nochmals günstiger als Telefonerhebungen, da der Interviewer eingespart wird (Lütters 2004, S. 178). Insbesondere die Befragung nach der Home-use-Phase wird daher häufig telefonisch oder per Internet durchgeführt.

Onlineerhebungen haben gegenüber persönlichen und telefonischen Befragungen den Vorteil, dass keine Verzerrung aufgrund des Interviewereinflusses auftreten können (Lütters 2004, S. 177; Theobald & Neundorfer 2010, S. 63; Höfer 2010, S. 79). Außerdem scheint es möglich zu sein, mittels Computerdarstellung die gleiche Validität bei der Präferenzmessung zu erlangen wie bei physischer Präsentation des Produktes (Sattler 1994, S. 31; Höfer 2010, S. 79).

Die Anzahl der Testpersonen ist bei allen gängigen Methoden der TMS unabhängig von dem Erhebungsverfahren sehr ähnlich. Typischerweise basiert die Prognose des Wiederkaufes auf mindestens 150 Probanden (Clancy, Krieg & Wolf 2006, S. 62; Gaul, Baier & Apergis 1996, S. 209). Da während des gesamten TMS-Verlaufes Probanden ausscheiden, weil sie beispielsweise keine potentiellen Erstkäufer des Testproduktes sind oder der Wiederkontakt scheitert, müssen bei der Messung des Erstkaufes entsprechend mehr Probanden befragt werden. Es werden daher in der Regel 300 bis 400 Personen für die Präferenzprognose des Erstkaufes herangezogen (Gaul, Baier & Apergis 1996, S. 206; Clancy, Krieg & Wolf 2006, S. 65; Erichson 2007, S. 413). Diese Zahlen beziehen sich auf eine zu testende Version des neuen Produktes. Sollen mehrere Varianten getestet werden, muss die Anzahl an Testpersonen erhöht werden (Clancy, Krieg & Wolf 2006, S. 65).

Bei der Auswahl der Testpersonen besteht ein wesentlicher Unterschied zwischen den monadischen und den komparativen Ansätzen der TMS (Gaul, Baier & Apergis 1996, S. 205). Da bei den komparativen Verfahren das Testprodukt einer Warengruppe zugeordnet wird, setzt sich die Zielgruppe aus Verwendern dieser Warengruppe zusammen. Bei den monadischen Verfahren werden normalerweise alle haushaltsführenden Personen als Zielgruppe angesehen (Gaul, Baier & Apergis 1996, S. 205).

3.2.3 Methoden der Präferenzmessung

Bei der TMS kommen unterschiedliche Methoden zur Präferenzmessung zum Einsatz. Typischerweise werden bei den kommerziellen TMS-Anbietern verschiedene Methoden, wie beispielsweise reale oder virtuelle Kaufsimulation, hypothetische Kaufsimulation, Produkt-Einstellungsskalen oder sogenannte Konstantsummen-Paarvergleiche, kombiniert (Gaul, Baier & Apergis 1996, S. 206ff.; Höfer 2010, S. 80; Clancy, Krieg & Wolf 2006, S. 108ff.). Die zwei Hauptunterscheidungsgruppen der TMS-Verfahren, zum einen die auf einem monadischen Konzept beruhenden und zum anderen die auf einem komparativen Konzept beruhenden Verfahren der TMS, spiegeln sich im Einsatz der Methoden der Präferenzmessung wie folgt wieder:

Bei der komparativen *Kaufsimulation* im engeren Sinne, d.h. realer Kaufsimulation, wählt der Proband ein Produkt aus einer Gruppe von konkurrierenden Produkten aus. Klassischerweise wird in einem Testlabor ein Produktregal mit verschiedenen Konkurrenzprodukten und dem Testprodukt aufgebaut. Der Proband bekommt einen Geldbetrag oder einen Gutschein, welcher den Preis für das teuerste Produkt überschreitet und wird dann gebeten, ein Produkt auszuwählen (Clancy, Krieg & Wolf 2006, S. 113; Gaul, Baier & Apergis 1996, S. 207; Erichson 1996, S. 54). Dem Probanden ist nicht bekannt, welches Produkt das Testprodukt ist. Am Ende des Studio-Testes bekommen die Probanden meist ein oder zwei Produkte geschenkt. So wird sichergestellt, dass auch diejenigen Probanden das Testprodukt mit nach Hause nehmen, die es nicht im Rahmen der

Kaufsimulation erworben haben (Heise 2009, S. 59 und 65). Die Kaufsimulation wird aber zunehmend auch virtuell durchgeführt (Heise 2009, S. 83ff.).

Da das Testprodukt bei den monadischen Verfahren nicht in einem Konkurrenzumfeld betrachtet wird, kommt es bei diesen Verfahren nicht zu einer Kaufsimulation im engeren Sinne. Die Abschätzung der Erstkaufrate erfolgt dort nur auf Basis hypothetischer Kaufbereitschaften oder Kaufabsichten[26] oder der Erhebung verschiedener weiterer Präferenzwerte und Einstellungen (Gaul, Baier & Apergis 1996, S. 208).

Bei der *hypothetischen Kaufsimulation* kommen verschiedene Methoden zum Einsatz. Es wird beispielsweise die Kaufabsicht für das Testprodukt auf einer 5er bis 10er Skala abgefragt (Clancy, Krieg & Wolf 2006, S. 112ff.). Des Weiteren sind Fragen nach der Preisbereitschaft oder des wahrgenommenen Preis-Leistungsverhältnisses gängig. Bei den komparativen Verfahren wird diese Form der Präferenzmessung neben dem Testprodukt in der Regel auch auf das ganze individuelle Relevant-Set des Probanden angewendet (Gaul, Baier & Apergis 1996, S. 206). Dieses wird mittels Vorbefragung zur Markenbekanntheit, Kauf- und Verwendungsverhalten ermittelt.

Insbesondere nach der Home-use-Phase wird die *Einstellung* zum Testprodukt ermittelt. Hierbei wird das Produkt auf vorgegebene Eigenschaften bewertet und diese werden gegebenenfalls von Probanden gewichtet (Gaul, Baier & Apergis 1996, S. 206). Da bei den monadischen Verfahren keine Kaufsimulation im engeren Sinne stattfindet, spielt die Einstellungsmessung bei diesen Methoden schon bei der Ermittlung der Erstkaufrate eine entscheidende Rolle (Gaul, Baier & Apergis 1996, S. 208).

Ein weiteres gängiges Verfahren der Präferenzmessung ist der *Konstantsummen-Paarvergleich* (auch Chip-Games genannt), welcher typischerweise bei kompetitiven Verfahren zur Ermittlung der Wiederkaufrate, gelegentlich auch schon zur Ermittlung der Erstkaufrate eingesetzt wird (Vöhl-Hitscher 1994, S. 42; Hö-

---

[26] Zur Ermittlung der Kaufbereitschaft wird der Proband gefragt, ob er das Produkt zu einem bestimmten Preis kaufen würde. Zur Ermittlung der Kaufabsicht, auch Kaufintention genannt, wird die Wahrscheinlichkeit des Kaufes auf einer Ratingskala abgefragt (Erichson 2005, S. 4). In der Literatur werden diese verschiedenen Methoden der Präferenzmessung meist unter dem Oberbegriff „Ermittlung der Kaufbereitschaft" zusammengefasst. Dies gilt auch in dieser Arbeit, soweit nicht weiter differenziert wird.

fer 2010, S. 80; Gaul, Baier & Apergis 1996, S. 207). Hierbei vergleicht der Proband jeweils zwei Produkte aus seinem Relevant-Set miteinander, indem er jeweils 11 Wertpunkte (chips) auf die Produkte aufteilt (Stoffels 1989, S. 78; Gaul, Baier & Apergis 1996, S. 207). Auch bei monadischen Verfahren kommen mittlerweile Chip-Games zum Einsatz, um Kannibalisierungseffekte abschätzen zu können (Clancy, Krieg & Wolf 2006, S. 70). In diesem Fall muss dann aber folglich das Relevant-Set der Probanden erhoben werden.

Darüber hinaus werden bei den verschiedenen Verfahren noch weitere Befragungen durchgeführt. So werden beispielsweise die Likes und Dislikes des Testproduktes erfragt. Es kommen Methoden zur Ermittlung der Preissensitivität, der Preiselastizität und der Preisschwelle zum Einsatz. Auch bei monadischen Verfahren werden teilweise Fragen nach möglichen Konkurrenzprodukten gestellt und diese Produkte mittels Präferenzrankings beurteilt. Außerdem sind auf Wunsch des Kunden viele zusätzliche diagnostische Fragestellungen möglich (Gaul, Baier & Apergis 1996, S. 209; Erichson 2007, S. 414f.; Clancy, Krieg & Wolf 2006, S. 117ff.).

3.2.4 Prognoseverfahren und Prognoseergebnis

Die Prognose des Absatzvolumens bzw. des Marktanteiles basiert bei allen gängigen Methoden auf der Zerlegung des Marktanteiles nach dem Parfitt-Collins-Modell und der sich daraus ergebenen Formel des Absatzvolumens für FMCG, wie dies in Kapitel 3.1 beschrieben wird. Der Umfang der benötigten Datenerhebung und die Komplexität der anschließenden Datenverarbeitung variiert zwischen den Methoden aber stark. Die Bandbreite reicht von sehr einfachen und reduzierten Methoden, die nur auf Basis weniger Präferenzmessungen arbeiten, bis hin zu hochkomplexen Methoden, die auf den Absatz mit Hilfe von zwei Ansätzen prognostizieren (Clancy, Krieg & Wolf 2006, S. 58). Ob mit wachsender Komplexität und Umfang der Berechnungen auch die Prognosegenauigkeit steigt, ist sehr fraglich. So gehört die marktführende Methode ‚BASES II' von ACNielsen zu den Methoden, welche auf einer vergleichsweise einfachen Modellierung und Verfahrensweise beruht (Clancy, Krieg & Wolf 2006, S. 47).

In den meisten Fällen ist die genaue Methodik nicht bekannt, da sie von den Anbietern geheim gehalten wird (Heise 2009, S. 81; Höfer 2010, S. 78). Dies geschieht einerseits zum Schutz der kommerziellen Methodik, andererseits auch, um die verwendeten Korrekturverfahren nicht aufdecken zu müssen, da ihr Einsatz schnell den Eindruck von Willkür erweckt (Höfer 2010, S. 78; Shocker & Hall 1986, S. 96). Die Korrekturverfahren sind notwendig, da die unter Laborbedingungen erhobenen Präferenzdaten nicht ohne weiteres in die Berechnung einfließen können. Die Labordaten (‚what people say they will do') werden mit Hilfe von Korrekturfaktoren in Realmarktdaten (‚what people actually do') transformiert (Shocker & Hall 1986, S. 88). Man nennt dies die Awareness-to-Trial-Conversion (Clancy, Krieg & Wolf 2006, S. 117). Die Daten werden typischerweise nach unten korrigiert, da sowohl die Messung der Kaufpräferenzen über Präferenz- und Einstellungsbefragung als auch die Kaufsimulation im engeren Sinne typischerweise zu einer Überschätzung der realen Gegebenheiten führen (Shocker & Hall 1986, S. 88; Heise 2009, S. 117; Lusk, McLaughlin & Jaeger 2007). Dies wird unter anderem auf Effekte wie der ‚Social Desirability Bias'[27] oder strategisches Antwortverhalten[28] zurückgeführt.

Die Korrekturen basieren meist auf größtenteils geheimen, umfangreichen Validierungsstudien bezüglich des Prozentsatzes von tatsächlichen Käufen im Verhältnis zu den gemessenen Käufen in der jeweiligen Produktkategorie (Fox, Bob Stevens & Sorensen et al. 1999, S. 6; Urban 1993, S. 319f.; Shocker & Hall 1986, S. 93; Bieler 1989, S. 413f.; für einen tieferen Einblick in die gravierende Validierungsprobleme der Kaufbereitschaftsmessung vgl. beispielsweise Lusk, McLaughlin & Jaeger 2007; Chandon, Morwitz & Reinartz 2004, Chandon, Morwitz & Reinartz 2005; Wright & MacRae 2007; Bemmaor 1995; Morwitz, Steckel & Gupta 1996 - 2006; Infosino 1986). Die Korrekturverfahren stellen einen der gravierendsten (Raab, Unger & Unger 2009, S. 436) und gleichzeitig am wenigsten bekannten Faktor der TMS dar.

Die Unterschiede zwischen den monadischen und komparativen TMS-Verfahren in der Datenerhebung und der Präferenzmessung zeigen sich auch im Analyse-

---

[27] Der ‚Social Desirability Bias' (im Deutschen ‚soziale Erwünschtheit') ist ein Antwortfehler, der eintritt, wenn Probanden ihre Antworten nach dem ausrichten, von dem sie annehmen, dass es erwünscht ist (für einen tieferen Einblick vgl. beispielsweise Fisher 1993).
[28] Strategisches Antwortverhalten kann auftreten, wenn Probanden davon ausgehen, mit ihrer Antwort Einfluss auf zukünftige Aktionen nehmen zu können. So wird beispielsweise der maximale Kaufpreis, welcher der Proband bereit wäre für ein Testprodukt zu zahlen, niedriger angegeben, in der Hoffnung den späteren realen Kaufpreis zu senken (Lusk, McLaughlin & Jaeger 2007).

verfahren und dem Prognoseergebnis (Gaul, Baier & Apergis 1996, S. 210). Da es aufgrund der fehlenden Marktdefinition bei den monadischen Verfahren zu keiner Präsentation des Testproduktes im Rahmen von Konkurrenzprodukten und somit auch zu keiner Kaufsimulation im engeren Sinne kommt, scheinen diese Verfahren im Vergleich zu den komparativen Verfahren eine geringere externe Validität aufzuweisen (Heise 2009, S. 81, für eine konträre Sichtweise vgl. aber beispielsweise Sili 2008, S. 28ff.; Alvi 1989, S. 17). Dies trifft aber nur zu, wenn der Markt und somit die Konkurrenzprodukte genau bekannt sind. Seit Mitte der 80iger Jahre kommen zunehmend neue Produkte auf den Markt, welche sich keiner Produktkategorie eindeutig zuordnen lassen oder auch mit Produkten anderer Kategorien konkurrieren (Vöhl-Hitscher 1994, S. 40). So konkurriert beispielsweise ein Müsli-Schokoriegel mit Schokoladenprodukten, Müsliprodukten, Keksprodukten und weiteren Süßigkeiten, die keine Schokolade enthalten, oder möglicherweise auch mit herzhaften Snacks. Eine klare Marktdefinition ist daher häufig nicht möglich (Bieler 1989, S. 413).

Daneben weisen die monadischen Verfahren den Vorteil auf, dass sie keinen Marktanteil, sondern konkrete Absatzzahlen, d.h. Stückzahlen prognostizieren (Miller & Lundy Sheila 2005, S. 232; Heise 2009, S. 80; Bieler 1989, S. 412). Bei den komparativen Ansätzen werden die Konkurrenzprodukte für die Probanden vorgegeben, um das Testprodukt im direkten Vergleich bewerten zu lassen. Im Ergebnis wird dann der Anteil, welcher das Testprodukt im Markt dieser vorher bestimmten Konkurrenzprodukte erreichen wird, berechnet. Dieser Marktanteil muss dann aber letztlich in konkrete Absatzzahlen umgerechnet werden, da beispielsweise die Produktion darauf angewiesen ist (Miller & Lundy Sheila 2005, S. 323; Erichson 1979, S. 260).

3.3 Vergleich gängiger Verfahren

In Tabelle 3-1 werden die gängigen TMS-Verfahren ‚Assessor Simulated Test Marketing', ‚BASES II', Designor, Discovery, Microtest und ‚Volumetric TESI' anhand der in Kapitel 3.2 vorgestellten Datenerhebung, Präferenzmessung, Prognosemethode und Prognoseergebnis verglichen.[29] Die Informationen zu den Methoden stammen aus unterschiedlichen wissenschaftlichen Zeitschriften und Fachbüchern, sowie den Broschüren, Artikeln und Homepages der Anbieter selbst. Die exakte Vorgehensweise wird in diesen Quellen für die meisten Methoden geheim gehalten (vgl. Kapitel 3.2.4). Eine Ausnahme stellen dabei die Methoden Assessor und Tesi dar. Assessor ist in der englisch-sprachigen Literatur weit verbreitet und umfassend beschrieben. TESI ist in der deutscher Literatur, vor allem durch zahlreiche Publikationen von Erichson, weit verbreitet und weitestgehend offen gelegt (Höfer 2010, S. 78).

In Deutschland werden nur vier der ausgewählten Methoden angeboten, nämlich Bases, TESI, Designor und Microtest. Assessor ist in Deutschland nicht erhältlich. Es wird in modifizierter Form aus lizenzrechtlichen Gründen unter dem Namen Designor angeboten (Stoffels 1989, S. 174; Hammann & Erichson 2000, S. 215). Discovery wird nur auf dem nord- und südamerikanischen Markt angeboten (Clancy, Krieg & Wolf 2006, S. 60).

---

[29] Die genannten Verfahren können für unterschiedliche Stadien der Produktentwicklung angewendet werden (vgl. Kapitel 3.2.1). Da die Methoden für die unterschiedlichen Entwicklungsstadien leicht variieren, werden sie auch meist über ihren Namen differenziert. So gibt es beispielsweise die Methoden ‚Assessor Concept Screen', ‚Assessor Concept Test' und ‚Assessor Simulated Test Marketing'. In Tabelle 3-1 wird jeweils die Variante, welche eine vollständige TMS am marktreifen Produkt durchführt, verglichen. Wird in dieser Arbeit der allgemeine Oberbegriff für eine Methode benutzt, beispielsweise Assessor, bezieht sich die Angabe immer auf diese Variante der Methode.

Name (Anbieter)	Datenerhebung (Anzahl der Testpersonen)	Methode der Präferenzmessung	Prognosemethode und Diagnose	Besonderheit	Transparenz	Quellen (siehe unten)
Assessor (M/A/R/C Research)	Im Studio oder online, telefonische Nachbefragung, (ca. 300)	Komparativ: Kaufsimulation i.e.S. für Erstkauf, Kaufabsicht für Wiederkauf, Präferenzbefragung und Chip Game für Präferenzmodell	Erstkauf-Wiederkauf-Modell und Präferenzmodell, Kannibalisierungsanalyse, Preissensitivität, Zielmarktanalyse, Konkurrenzreaktion	Veröffentlichte Validierungsstudie, Pionier in Online-Forschung	Hoch	1
Bases II (ACNielsen)	E-Panel (ca. 80%) oder im Studio, Online oder telefonische Nachbefragung (ca. 400)	Monadisch: Kaufabsicht (5er Skala) für Erstkauf, Einstellungsskalen und Datenbank für Wiederkauf, Chip Game für Kannibalisierungsanalyse	Erstkauf-Wiederkauf-Modell, Kannibalisierungsanalyse, Zielgruppenanalyse, Preistest möglich	Marktführer (ca. 50%), größte Anzahl an durchgeführten TMS-Verfahren	Gering	2
Designor (Ipsos-Novaction & Vantis)	Online wenn möglich, sonst im Studio, Telefonische oder häusliche Nachbefragung (300 – 1000)	Komparativ: Kaufsimulation i.e.S. für Erstkauf, Kaufabsicht für Wiederkauf, Präferenzbefragung und Chip Game für Präferenzmodell	Erstkauf-Wiederkauf-Modell und Präferenzmodell, Kannibalisierungsanalyse, Preissensitivität, Konkurrenzreaktion, Erfolgsfaktoren, Regalpositionierungsanalyse	Erweiterung von Assessor	Mittel	3
Discovery (Copernicus Marketing Consulting)	Online wenn möglich, sonst im Studio, Telefonische Nachbefragung (400 – 500)	Komparativ: Kaufsimulation i.e.S. für Erstkauf, Einstellungsmodell für Wiederkauf	Erstkauf-Wiederkauf-Modell, Kannibalisierungsanalyse, Preissensitivität, umfangreiche Zielmarktanalyse, Positionierungsanalyse	Marketing-Plan-Optimierung	Gering	4

MicroTest[2] (Research International / TNS)	Zu Hause, telefonische Nachbefragung, gelegentlich auch Studio- oder Online-Befragung (min 200)	**Monadisch:** Kaufabsicht (ohne und mit Konkurrenzumfeld) für Erstkauf, Einstellungsskalen für Wiederkauf	Erstkauf-Wiederkauf-Modell, Kannibalisierungsanalyse Preissensitivität, Zielmarktanalyse, Positionierungsanalyse	Spezialisiert auf individuelles Konsumentenverhalten, z.B. Wechselverhalten	Gering 5
TESI (GfK)	Studio (Einsatz von Human-Interface-Technologie), Telefonische Nachbefragung möglich (ca. 300)	**Komparativ:** Kaufsimulation i.e.S. für Erstkauf, Chip-Game für Wiederkauf, Präferenz- und Einstellungsfragen	Erstkauf-Wiederkauf-Modell, Kannibalisierungsanalyse, Konkurrenzreaktion, (Preissensitivität möglich)	Weiterentwicklung Volumetric Price	Hoch 6

Tabelle 3-1: Vergleich der wichtigsten Testmarktsimulationsverfahren

(Quelle: In Anlehnung an Höfer 2010, S. 76f.; Gaul, Baier & Apergis 1996, S. 206ff.; Clancy, Shulman & Wolf 1994, S. 57ff.; Shocker & Hall 1986, S. 94ff.; Wherry 2006, S. 8ff.; Heise 2009, S. 55ff.; sowie (1) Silk & Urban 1978; Lilien, Rangaswamy & de Bruyn 2007, S. 118ff.; Urban, Katz & Hatch et al. 1983; Urban & Katz 1983; (2) Lulay 1987; Bieler 1989; Miller & Lundy Sheila 2005; (3) Höger 1987; (4) Clancy, Krieg & Wolf 2006, S. 75ff.; (5) Vöhl-Hitscher 1994; Stähle 2009; (6) Erichson 1981, Erichson 1997; Litzenroth & Hertle 2007; sowie folgende Homepages: (1) http://www.marcresearch.com; (2) http://de.nielsen.com (3) http://www.ipsos.de; (4) http://www.copernicusmarketing.com; (6) http://www.gfk.com)

---

[2] Research International gehört seit 2009 zur TNS-Gruppe. MicroTest wird jetzt unter dem Namen ‚MicroTest Nouveau' angeboten. Die Angaben in Tabelle 3.1 beziehen sich auf das originäre MicroTestverfahren.

Es lässt sich festhalten, dass sich die Methoden zwar in der konkreten Ausführung unterscheiden, aber auf dem gleichen Ansatz basieren und so ähnliche Stärken und Schwächen aufweisen (Clancy, Krieg & Wolf 2006, S. 57; Bieler 1989, S. 412). Außerdem gleichen sich die Methoden zunehmend an. Die monadischen und komparativen Verfahren enthalten mittlerweile Elemente des jeweilig anderen Konzeptes und bieten zunehmende ähnliche Diagnoseverfahren bzw. Diagnoseergebnisse (Wherry 2006, S. 7).

Clancy, Krieg, Peter und Wolf (2006, S. 57) zufolge ist in den letzten Jahren eine deutliche Verbesserung der Auswertungsmöglichkeiten zu erkennen. Die Methoden können zunehmend quantitative Ergebnisse liefern, wo in der Vergangenheit noch ausschließlich qualitative Auswertungen möglich waren. Es gelingt den TMS-Anbietern heute besser denn je die einzelnen TMS-Elemente in einem Big-Picture-Model zu vereinen.

3.4 Die Testmarktsimulation am Beispiel von Assessor Simulated Test Marketing[30]

Assessor ist die einzige Methode, deren Details in einer wissenschaftlichen Fachzeitschrift veröffentlicht sind (vgl. Silk & Urban 1978). Da zusätzlich eine Validierungsstudie im JMR erschienen ist (vgl. Urban & Katz 1983), gilt die von den MIT-Professoren Glen Urban und Alvin Silk entwickelte Methode als wissenschaftlicher Standard mit dem sich jede neue TMS-Methode messen lassen muss.

Assessor wird den komparativen Verfahren zugeordnet, enthält im Grundkonzept aber auch Elemente, die typischerweise bei den klassischen monadischen Verfahren zum Einsatz kommen. So besteht Assessor aus zwei Prognosemodellen, dem gängigen Trial-and-Repeat-Model und einem Präferenzmodell, welche in Kombination die Prognosegenauigkeit erhöhen sollen. Kommen beide Modelle zum gleichen Ergebnis, stärkt dies das Vertrauen in die Prognose. Kommen die Modelle zu deutlich unterschiedlichen Ergebnissen,

---

[30] Das Kapitel basiert – soweit nicht anders zitiert wird – auf folgendem Zeitschriftenaufsatz: Silk & Urban 1978.

müssen weitere Analysen durchgeführt werden. In Abbildung 3-4 ist die Grundstruktur des Assessorverfahrens mit den beiden Prognosemodellen dargestellt.

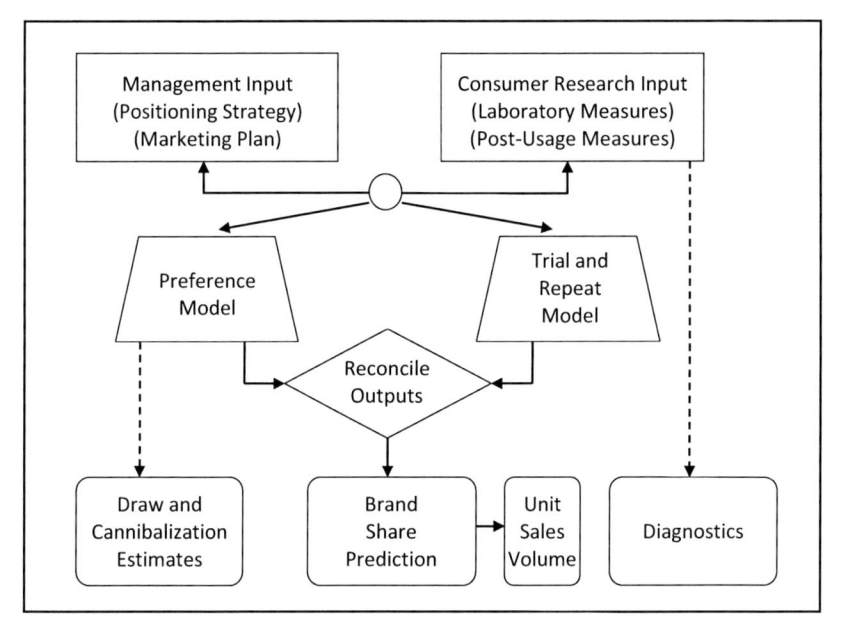

Abbildung 3-4: Grundstruktur des Assessorverfahrens
(Quelle: Silk & Urban 1978, S. 173)

Ablauf

Der Ablauf der Datenerhebung des Assessorverfahrens wird in Tabelle 3-2 dargestellt. O_i steht jeweils für eine Datenerhebung und X_i für einen Produkt- oder Werbekontakt der Probanden. Wie in der Tabelle angegeben beginnt die Datenerhebung mit einer Vorbefragung (O_1). Etwa 300 Probanden, die aufgrund der Vorbefragung als relevant für die Studie angesehen werden und die Zielgruppe repräsentieren, nehmen an der Laborphase teil. Diese findet in einem kleinen Studio, welches sich in der Regel in der Nähe einer Einkaufsmall befindet, statt.[31] Für die Teilnahme erhalten die Probanden etwa $10 als Aufwandsent-

---

[31] Der beschriebene Ablauf bezieht sich auf eine klassische Studie im Labor, nicht auf ein Onlineverfahren.

schädigung, mit welchen sie später im Teststore einkaufen können (Lilien & Rangaswamy 2003, S. 264). Zu Beginn der Laborphase füllen die Probanden einen Fragebogen aus, in welchem das jeweilige Relevant-Set der Probanden ermittelt wird (O_2). Zusätzlich geben die Probanden an, welche Produkte sie in dieser Kategorie in der nahen Vergangenheit gekauft haben.

Im Anschluss beginnt die Präferenzenerhebung. Es findet typischerweise ein Chip-Game zwischen den Produkten des individuellen Relevant-Set statt. Hierfür verteilen die Probanden jeweils 11 Chips auf jedes mögliche Produktpaar. Für N Produkte im Relevant-Set ergeben sich folglich N(N-1)/2 Paarvergleiche (Lilien & Rangaswamy 2003, S. 287).

Anschließend sehen die Probanden etwa fünf oder sechs aktuelle Werbespots, darunter auch der Spot für das Testprodukt (X_1) an. Um Reihenfolgeeffekte zu vermeiden werden die Werbespots in rotierender Reihenfolge vorgeführt. Nach der Werbesimulation wird die Werbeerinnerung erhoben (O_3).

Danach gehen die Probanden in den Teststore, in welchem ein Produktregal mit dem Testprodukt und allen Substituten aufgebaut ist (X_2). Jedes Produkt ist mit einem Preis ausgezeichnet, der dem durchschnittlichen Marktpreis in der betreffenden Region entspricht. Die Probanden können dort mit den $10 einkaufen, müssen es aber nicht. Wenn der Einkauf abgeschlossen ist, erhalten diejenigen Probanden, welche das Testprodukt nicht gekauft haben, dies als Geschenk. Dieses Vorgehen soll den Fall simulieren, in welchem Konsumenten das Testprodukt nicht selbst zum Probieren kaufen, sondern als Warenprobe erhalten oder von einer dritten Person gekauft bekommen.

Wenn es vom Auftraggeber gewünscht wird, werden von diesen Probanden die Nichtkauf-Gründe erhoben. Außerdem sind weitere Präferenzfragen, wie beispielsweise Rating-Skalen für Produktattribute möglich.

Im Anschluss an die Kaufsimulation beginnt die Home-use-Phase (X_3). Die Probanden erhalten ausreichend Zeit, um die Produkte zu Hause auszuprobieren. In einem telefonischen Nachinterview wird dann gefragt, ob und wie oft die Probanden das Testprodukt benutzt haben (O_5). Im Anschluss bekommen sie das Testprodukt zum Wiederkauf angeboten, welches gegebenenfalls mit der Post zugestellt wird. Während der Nachbefragung werden weiterhin die gleichen Präferenzfragen wie in der Laborphase gestellt.

Design	Procedure	Measurement
O_1	Respondent screening and recruitment (personal interview)	Criteria for target-group identification (e.g., product class usage)
O_2	Premeasurement for established brands (self-administered questionnaire)	Composition of "relevant set" of established brands, attribute weights and ratings, and preferences
X_1	Exposure to advertising for established brands and new brand	
$[O_3]$	Measurement of reactions to the advertising materials (self-administered questionnaire)	Optional, e.g., likability and believability ratings of advertising materials
X_2	Simulated shopping trip and exposure to display of new and established brands	
O_4	Purchase opportunity (choice recorded by research personnel)	Brand(s) purchase
X_3	Home use / consumption of new brand	
O_5	Post-usage measurement (telephone interview)	New-brand usage rate, satisfaction ratings, and repeat-purchase propensity; attribute ratings and preferences for "relevant set" of established brands plus the new brand

Tabelle 3-2: Überblick über den Prozess der Datenerhebung des Assessorverfahrens
(Quelle: Silk & Urban 1978, S. 174)

Präferenzmodel

Da Assessor davon ausgeht, dass das Wahlverhalten von Konsumenten selbst bei konstanten Präferenzen aufgrund von unvorhersehbaren Ereignissen nicht konstant ist, wird die Prognose der Produktwahl, d.h. des Kaufes probabilistisch vorgenommen (für einen tieferen Einblick in diese Thematik vgl. beispielsweise Bass, Pessemier & Lehmann 1972). Die gemessenen Präferenzen der Probanden (aus Erhebung O_2 in Tabelle 3-2) werden daher in individuellen Wahrscheinlichkeiten der Wahl bzw. des Kaufes eines Produktes aus dem jeweiligen Relevant-Set mit Hilfe einer multinominalen Logit-Regression umgerechnet. Die Wahrscheinlichkeit P, dass Proband i das Produkt j kauft ist dabei folgende:[32]

$$P_i(j) = \frac{[V_i(j)]^\beta}{\sum_{k=1}^{m_i}[V_i(j)]^\beta},\qquad(3\text{-}5)$$

wobei

$V_i(j)$ = Proband i's Präferenz für Produkt j, berechnet aus dem Chip-Game

k = 1, ..., j, ..., m_i

m_i = Zahl der Produkte im Relevant-Set von Proband i,

β = zu berechnender Parameter.

$P_i(j) = 0$ für die Produkte j, welche nicht im Relevant-Set des Probanden i sind. Der Parameter β ist ein Index für die Umrechnungsrate der im Labor erhobenen Produktpräferenzen in Kaufwahrscheinlichkeiten im realen Markt. Er wird mit Hilfe von heuristischen Methoden für die betreffende Produktkategorie bestimmt.[33] Wenn b>1, dann haben stark präferierte Produkte im Vergleich zu den schwach präferierten Produkten eine überdurchschnittlich starke Wahrscheinlichkeit gekauft zu werden. Typischerweise liegt b zwischen 1,5 und 3,0 (Lilien & Rangaswamy 2003, S. 266).

Um die Kaufwahrscheinlichkeit für das Testprodukt zu berechnen werden die geäußerten Präferenzen für das Testprodukt und die konkurrierenden Produkte nach der Home-use-Phase verwendet (O_5). Die Formel für die Wahrscheinlichkeit, dass der Proband i das Testprodukt t nach dem Probieren kauft (d.h. wiederkaufen) wird, $L_i(n)$, lautet wie folgt:[34]

$$L_i(n) = \frac{[A_i(n)]^\beta}{[A_i(n)]^\beta + \sum_{k=1}^{m_j}[A_i(k)]^\beta},\qquad(3\text{-}6)$$

---

[32] Die Formel stammt von Pessemier et al. (1971) und geht zurück auf Luces ‚Individual Choice Model' (1959).
[33] Eine Möglichkeit ist beispielsweise die Skalenwerte der Präferenzmessung mit dem jeweils letzten gekauften Produkt eines Probanden (Information aus O_2) zu normieren.
[34] Falls der Produktverbrauch zwischen den Probanden stark variiert, kann $L_i(t)$ mit einem Verbrauchsindex gewichtet werden.

wobei

$A_i(n)$ = Proband i's Präferenz für das Testprodukt t nach dessen Verwendung,

$A_i(k)$ = Proband i's Präferenz für Produkt k, nach der Verwendung des Testprodukts,

n = Index für das Testprodukt,

k = Index für die konkurrierenden Produkte.

Die Berechnung in Gleichung (3-6) ist sehr optimistisch, da sie von der Annahme der einhundertprozentigen Übernahme des Testproduktes in das Relevant-Set ausgeht. Um dies zu korrigieren, multipliziert man den ermittelten Anteil an Personen, welche das Testprodukt in ihr Relevant-Set aufnehmen werden - als Indikator gilt hier die prognostizierte Bekanntheit - mit der durchschnittlichen Kaufwahrscheinlichkeit.

Des Weiteren kann mit Hilfe des Präferenzmodelles der Kannibalisierungsanteil berechnet werden (Für einen tieferen Einblick in die Berechnung dvgl. Silk & Urban 1978, S. 179; Lilien & Rangaswamy 2003, S. 267f.).

Trial-and-Repeat-Model [35]

Das Trial-and-Repeat-Model arbeitet mit der gängigen Formel um den Langzeit-Marktanteil des Testproduktes zu berechnen. Die Probier- und Wiederkaufraten des Testproduktes aus der Kaufsimulation (O_2, O_4) gehen dabei wie folgt in den Marktanteil für das Testprodukt (M_n) ein (vgl. auch Formel 3-3):

$$M_n = t \times r \times w, \qquad (3\text{-}7)$$

wobei

t = kumulierter Anteil von Konsumenten, welche das Testprodukt probieren;

r = Anteil derjenigen Konsumenten, welche auf lange Sicht zu Wiederholungskäufer des Testproduktes werden;

w = relativer Verbrauch, wobei w = 1 der durchschnittliche Verbrauch darstellt.

Assessor berechnet dabei die Trial-Rate, t, wie folgt:

---

[35] Vgl. auch Lilien & Rangaswamy 2003, S. 268ff.; Herrmann & Huber 2009, S. 224ff.

$$t = FKD + CU - (FKD)(CU) \qquad (3\text{-}8)$$

- $\underbrace{}$ Diejenigen, die einen Erstkauf getätigt haben
- $\underbrace{}$ Diejenigen, die Proben erhalten haben
- $\underbrace{}$ Anpassungen bezüglich Doppelzählungen

wobei

F = Langzeitwahrscheinlichkeit für einen Probierkauf des Testproduktes, bei 100% Distribution und 100% Bekanntheit innerhalb der Zielgruppe, d.h. der Anteil an Käufer im Teststore, welche das Testprodukt gekauft haben (O_4);

K = Langzeitwahrscheinlichkeit der Bekanntheit, geschätzt mittels Herstellerangaben und dem projizierten Media-Plan für das Testprodukt;

D = Langzeitwahrscheinlichkeit, dass das Testprodukt dort erhältlich sein wird, wo die Konsumenten der Zielgruppe einkaufen, geschätzt mittels Herstellerangaben und Erfahrungen aus der Vergangenheit;

C = Wahrscheinlichkeit, dass ein Konsument der Zielgruppe eine Probepackung des Testproduktes erhalten wird, geschätzt mittels des Einführungsplanes für das Testprodukt;

U = Wahrscheinlichkeit, dass ein Konsument, der eine Probepackung des Testproduktes erhalten hat dieses auch probieren wird, geschätzt mittels Herstellerangaben und Erfahrungen der Vergangenheit.

In der Gleichung (3-8) stellt FDK den Anteil an Konsumenten dar, welche das Testprodukt kennen, dort erhalten, wo sie einkaufen und mindestens ein Probierkauf tätigen werden. Der Teil CU, stellt den Anteil an Konsumenten dar, welche eine Probepackung des Testproduktes erhalten werden. Der (FKD)(CU) Teil korrigiert die Gleichung um Doppelzählungen, d.h. um diejenigen Konsumenten, welche das Testprodukt zum Testen kaufen und als Probe erhalten werden.

Die Rate des Wiederholungskaufes r, wird mit Hilfe der Information aus dem Nachinterview (O_5), d.h. ein tatsächlicher Wiederkauf oder eine Aussage darüber, dass ein Wiederkauf zum nächsten Kaufzeitpunkt getätigt wird, und den Präferenzfragen geschätzt. Hierfür wird eine Produktwechselmatrix erstellt, um zu erfassen, welche Probanden zu dem Testprodukt hin oder von dem Testprodukt weg gewechselt sind, bzw. welche Probanden nicht gewechselt haben. Geht man davon aus, dass sich das Kaufverhalten von Periode zu Periode wiederholt, wie es in der Matrix dargestellt ist, erhält man mit Hilfe eines einfachen zweistufigen Markov-Prozesses folgende Gleichgewichtsrate für den Wiederholungskauf:[36]

$$r = \frac{Q(k,n)}{1+Q(k,n)-Q(n,n)},\qquad(3\text{-}9)$$

wobei

Q (n,n) = Wahrscheinlichkeit, dass ein Konsument, welcher beim letzten Kauf das Testprodukt gekauft hat, bei der nächsten Kaufgelegenheit das Testprodukt wiederkäuft; geschätzt mittels Wiederkaufrate im Nachinterview;

Q (k,n) = Wahrscheinlichkeit, dass ein Konsument, welcher beim letzten Kauf nicht das Testprodukt gekauft hat, bei der nächsten Kaufgelegenheit das Testprodukt kaufen wird; geschätzt mittels Anteil an Nichtkäufern im Nachinterview, für die aber eine hohe Wiederkaufspräferenz ermittelt wurde.

Das Trial-and-Repeat-Model kann im Gegensatz zum Präferenzmodell keine Kannibalisierungseffekte berechnen.

---

[36] Es kann vorkommen, dass Probanden, welche das Testprodukt im Teststore gekauft haben, eine unterschiedliche Wiederkaufsrate zeigen, als Probanden, welche das Testprodukt nicht gekauft, sondern als Probe erhalten haben. In diesem Fall werden separate Wiederkaufsraten berechnet.

3.5 Güte der Testmarktsimulation

3.5.1 Bewertungskriterien der Praxis

Die Kriterien, nach welchen die TMS in der Praxis, d.h. von den Herstellern neuer, zu testender Produkte bewertet werden, lassen sich grob in Einsatzmöglichkeiten, Wirtschaftlichkeit und Restriktionen einteilen. Die TMS konkurriert bei dieser Fragestellung mit allen weiteren Möglichkeiten, neue Produkte zu testen.

Die *Einsatzmöglichkeiten* beziehen sich auf die Fragen, für welche Produktarten und für welche Innovationsgrade die TMS geeignet ist. Das klassische Einsatzgebiet für die TMS sind die FMCG (vgl. Kapitel 2.4). Für sie ist die TMS entwickelt worden und sie sind auch weiterhin das häufigste Anwendungsgebiet (Höfer 2010, S. 101; Berekoven, Eckert & Ellenrieder 2006, S. 175). Es gibt aber mittlerweile Anbieter, die TMS auch für OTC-Arzneimittel, Dienstleistungen, SMCGs und Finanzdienstleistungen durchführen (Wherry 2006, S. 8ff.; Clancy, Krieg & Wolf 2006, S. 61f.; Urban, Hulland & Weinberg 1993; Urban, Hauser & Roberts 1990). Weiterhin muss beachtet werden, dass sich die TMS nicht für jeden Innovationsgrad gleich gut eignet (vgl. Kapitel 2.4). Die TMS wird am häufigsten für kontinuierliche Innovationen, welche keine neuen Konsummuster erfordern, angewendet.

Generell besitzt die TMS ein hohes diagnostisches Potential (Erichson 2007, S. 416). Da die TMS im Labor stattfindet, bietet sie die Möglichkeit, neben den klassischen Produktinnovationen auch verschiedene Produktvarianten oder Marketing-Mix-Elemente zu testen (vgl. Kapitel 2.4). Des Weiteren wird die TMS auch eingesetzt, um neue Produkte der Konkurrenz zu testen. Unbemerkt lassen sich Konkurrenzprodukte, sobald sie sich in einem Testmarkt befinden oder regional bzw. national eingeführt sind, testen und somit deren Erfolgspotential und deren Auswirkungen auf die eigenen Produkte abschätzen (Berekoven, Eckert & Ellenrieder 2006, S. 175).

Unter *Wirtschaftlichkeit* der TMS kann neben den Kosten, der Zeitaufwand und die Geheimhaltungsmöglichkeit verstanden werden (Höfer 2010, S. 103; Schroiff 2001, S. 167). Die TMS ist im Vergleich zu den klassischen Feldtests deutlich günstiger (Erichson 1997, S. 230; Koschnick 1995, S. 921). Während ein Minitestmarkt etwa 75.000€ kostet und ein elektronischer Markttest sogar bis zu 125.000€, liegen die Kosten für eine TMS in etwa zwischen 35.000€ und 50.000€ (Pepels 2009, S. 294; Höfer 2010, S. 103; Erichson 1997, S. 18; Berekoven, Eckert & Ellenrieder 2006, S. 175; Herrmann & Huber 2009, S. 221). Gleichzeitig ist die TMS erheblich schneller durchzuführen. Ein Minitestmarkt dauert in der Regel vier bis acht Monate, ein regionaler oder elektronischer Markttest bis zu einem Jahr (Hammann & Erichson 2000, S. 211; Koschnick 1995, S. 921). Eine TMS kann dagegen innerhalb weniger Wochen durchgeführt werden (Schroiff 2001, S. 167; Gaul, Baier & Apergis 1996, S. 204; Shocker & Hall 1986, S. 91). Die Dauer ist im Wesentlichen davon abhängig, wie viel produktspezifische Zeit für die Verwendung in der Home-use-Phase gegeben werden muss. Ein weiteres ausschlaggebendes Bewertungskriterium ist die Geheimhaltungsmöglichkeit der Innovation, da der technische Aufwand zur Nachahmung einer FMCG-Innovation in der Regel nicht sehr hoch ist (Höfer 2010, S. 103). Während bei Real-Testmarktverfahren eine Geheimhaltung kaum möglich ist, kann das Testprodukt bei der TMS vollständig vor der Konkurrenz verborgen gehalten werden (Erichson 1997, S. 16ff.; Shocker & Hall 1986, S. 91). Des Weiteren kann die Konkurrenz nicht, wie bei Feldtests, störend in den Test eingreifen (Berekoven, Eckert & Ellenrieder 2006, S. 173).

Bei der Beurteilung der TMS müssen einige *Restriktionen* beachtet werden. Da es sich bei der TMS um ein Verfahren handelt, welches den Kaufprozess im Labor simuliert, kann es die realen Marktverhältnisse nur schwer abbilden. Die Probanden werden beispielsweise während der Simulation nur einmal mit Werbung konfrontiert und Promotionsmaßnahmen sind nur begrenzt integrierbar (Raab, Unger & Unger 2009, S. 435; Erichson 1997, S. 231; Shocker & Hall 1986, S. 93). Es werden im Vergleich zu den Feldtests auch kaum Einflüsse der Wettbewerber berücksichtigt (Shocker & Hall 1986, S. 92). Hier muss aber beachtet werden, dass das zukünftige Verhalten der Wettbewerber niemals vorhergesagt werden kann. Diese Restriktion trifft daher auch für alle anderen zur Verfügung stehenden Methoden zu (Shocker & Hall 1986, S. 92). Aufgrund der Laborsituation muss weiterhin damit gerechnet werden, dass die Probanden generell besonders sensibilisiert sind und eventuell das Testprodukt als solches erkennen und daher kein Realmarktverhalten zeigen (Shocker & Hall 1986, S. 93; Berekoven, Eckert & Ellenrieder 2006, S. 175f.; Heise 2009, S. 118). Außerdem ist zum Durchführen einer TMS Erfahrung im betreffenden Produktbereich notwendig, da die erhobenen Daten immer produktgruppenspezifisch justiert werden müssen (vgl. Kapitel 3.2.4). Besonders für diskontinuierliche Innovationen stellt dies eine Herausforderung dar.

3.5.2 Prognoseeigenschaften

„Like many models used by the marketing community, they [TMS] are not based on a well-tested scientific theory. Rather, they incorporate both a conceptual framework, historical data, and managerial judgment" (Shocker & Hall 1986, S. 88).

Bei der TMS handelt es sich um eine Methode, welche zwar aus der Forschung heraus entstanden ist, heute aber im Wesentlichen in der Praxis weiterentwickelt wird .Dort befindet sich auch das meiste Fachwissen, welches nicht öffentlich zugänglich ist. Der langjährige und weit verbreitete Einsatz der TMS spricht aber für brauchbare Prognoseergebnisse (Berekoven, Eckert & Ellenrieder 2006, S. 173f.). In den USA wird sie immerhin seit den 70er Jahren zunehmend dem Testmarkt vorgeschaltet und in Europa wird sie sogar meist substitutiv für den Gang in reale Testmärkte eingesetzt (Höfer 2010, S. 71). Ihre genauen Prognoseeigenschaften sind aber nur schwer beurteilbar. Dies liegt insbesondere an den vielen extern zu schätzenden Parametern, wie beispielsweise die zukünftige Bekanntheit und an den nicht vorhersehbaren Ereignissen im zukünftigen Realmarkt. Diese sind beispielsweise Konkurrenzreaktionen in Form von Preisänderung, Werbeänderungen oder neuen Produkten der Konkurrenz. Weiterhin können Veränderungen im Marketing-Mix des Testproduktes nach der TMS die Realmarktergebnisse verändern. Aus diesen Gründen entspricht der durch die TMS ceteris paribus geschätzte Absatz bzw. Marktanteil des Testproduktes selten dem real erreichten Absatz bzw. Marktanteil. Eine Validation der Methoden anhand der Korrelation von geschätzten Daten und tatsächlichen Daten ist daher oft nicht ohne Anpassungen möglich (Schroiff 2001, S. 168; Höfer 2010, S. 104ff.). Des Weiteren liegt eine Stichprobenverzerrung vor, wenn nur die positiv getesteten Produkte in den realen Testmarkt oder den Realmarkt eingeführt werden (Urban & Katz 1983, S. 222). Ob bzw. wie viele der prognostizierten Flops sich im Realmarkt behauptet hätten, lässt sich somit nicht ermitteln. Aus diesen Gründen liegen nur wenige Studien zur prognostischen Validität der TMS vor, die den wissenschaftlichen Ansprüchen genügen (Armstrong & Brodie 1999, S.

106). Nach Angaben der Anbieter erreichen die verschiedenen Methoden alle in etwa die gleichen, sehr guten Werte für die Prognosevalidität. Die Erfolgsrate der Testprodukte, welche die TMS positiv durchlaufen haben, wird meist mit 90 bis 95 Prozent angegeben (Clancy, Krieg & Wolf 2006, S. 71ff.; Fox, Bob Stevens & Sorensen et al. 1999, S. 9). Die Abweichung zwischen dem geschätzten und dem tatsächlichen Absatz im Prognosezeitraum wird mit einer durchschnittlichen Abweichung von unter 10 Prozent angegeben (Clancy, Krieg & Wolf 2006, S. 72f.; Wherry 2006, S. 2; Höfer 2010, S. 106). Mindestens 80 Prozent der Studien erreichen nach Angabe der Anbieter eine Genauigkeit von mindestens 85 Prozent, d.h. der tatsächliche Absatz weicht um maximal 15 Prozent vom prognostizierten Absatz ab (Clancy, Krieg & Wolf 2006, S. 72f.).

Die Kunden der TMS sehen dies schon weit weniger optimistisch. Es wird von einer durchschnittlichen Genauigkeit von etwa 50 Prozent gesprochen (Fox, Bob Stevens & Sorensen et al. 1999, S. 9; Baldinger 1988, S. 6). Dieser Unterschied liegt im Wesentlichen an den oben genannten Parametern. Weicht der tatsächliche Absatz am Ende des Prognosezeitraumes ab, lässt sich dies vom Anbieter der TMS leicht erklären. Die Prognose wird entsprechend der tatsächlichen, nicht selbst prognostizierten Marktgegebenheiten angepasst, d.h. es wird beispielsweise der vom Hersteller geschätzte Distributionsgrad in der Ursprungsschätzung mit dem tatsächlich erreichten Distributionsgrad ersetzt (Urban & Katz 1983, S. 222).

Zwei Studien zur Validation ist besondere Aufmerksamkeit zu schenken. Schroiff (2001, S. 168) zufolge kommt Walkowiak (1998) in einem unveröffentlichten Manuskript der Henkel KGaA auf Basis von 47 TESI-Studien zu einer Korrelation von $r = 0,87$ zwischen dem prognostizierten und dem tatsächlichen Marktanteil nach dem Prognosezeitraum von 12 Monaten. Der Schätzfehler war aber in Einzelfällen beachtlich. Er lag im Bereich der Marktanteilgrößen um den Faktor 3 bis 6 über dem prognostizierten Wert.

Die zweite, wissenschaftlich interessante Studie ist die Validationsstudie von Assessor, welche im JMR (Urban & Katz 1983) veröffentlicht wurde. Urban und Katz (Urban & Katz 1983, S. 225) zufolge waren bei einer Untersuchung von 44 Assessorstudien nur 66 Prozent der positiv getesteten Produkte im Realmarkt erfolgreich. Dagegen waren aber 3,8 Prozent der negativ prognostizierten

Produkte im Realmarkt erfolgreich gewesen. Die Korrelation zwischen dem geschätzten und dem tatsächlichen Marktanteil wird mit 0,95 angegeben. Generell scheinen alle Methoden den Erfolg von neuen Produkte zu überschätzen, d.h. es werden wesentlich öfter zu optimistische, als zu pessimistische Prognosen abgegeben (Fox, Bob Stevens & Sorensen et al. 1999, S. 9; Schroiff 2001, S. 169). Eine Studie von Baldinger (1988) bekräftigt dies. Die Hersteller berichten, dass in 41 Prozent der Fälle die Prognosen der TMS über dem tatsächlichen Absatz und nur in 8 Prozent unter dem Absatz lagen (Baldinger 1988, S. 7). Auch die Studie von Walkowiak bestätigt die positive Überschätzung (Höfer 2010, S. 108). In dieser Studie kann ausgeschlossen werden, dass die Überschätzung aufgrund einer zu optimistischen Schätzung des Distributionsgrades oder der Bekanntheit zurückzuführen ist (Höfer 2010, S. 108; Schroiff 2001, S. 169). Auch wenn der Überschätzungseffekt teilweise auf die beschriebene Stichprobenverzerrung zurückgeführt werden kann, ist die TMS offensichtlich nicht in der Lage die depressiven Effekte des Marktes oder der Produktadaption korrekt abzubilden (Schroiff 2001, S. 169). Obwohl die in der TMS ermittelten Präferenzdaten immer nach unten korrigiert werden (Shocker & Hall 1986, S. 88) scheinen überhöhte Präferenzschätzungen in der TMS der ausschlaggebende Faktor zu sein (Höfer 2010, S. 109).

Letztlich lässt sich die prognostische Validität aus den genannten Gründen nie eindeutig feststellen. Möchte man die Prognosegenauigkeit der verschiedenen TMS-Methoden beurteilen, geht das nur im wiederholten direkten Vergleich, d.h. die verschiedenen Methoden werden auf dieselben Testprodukte angewendet. Nur so kann eindeutig ermittelt werden, welche Methoden wiederholt zu genaueren Prognosen führen.

Es lässt sich festhalten, dass mit wachsender Komplexität der Methoden die Prognosegenauigkeit nicht zu steigen scheint (vgl. Kapitel 3.2.4). Vor diesem Hintergrund sind einfache Methoden mit einer überschaubaren Anzahl klarer Heuristiken im Vorteil, da sie in allen Elementen von allen Beteiligten nachvollzogen werden können. Insbesondere die Auftraggeber können mit einer Verbesserung des Verständnisses für den Einführungsprozess von neuen Produkten von einer nachvollziehbareren Methodik profitieren (Shocker & Hall 1986, S. 92).

4 Testmarktsimulation mit der Chance-Methode

In diesem Kapitel wird die Chance-Methode zur Testmarktsimulation vorgestellt. Zuerst werden die Entwicklung dieser Methode und einige Grundlagen vorgestellt. Anschließend werden die große und die kleine Variante der Chance-Methode detailliert beschrieben, um sie dann ausführlich beurteilen zu können. Die Beurteilung der Prognoseeigenschaften der Chance-Methode und ein erstes Zwischenfazit schließen dieses Kapitel ab.

4.1 Grundlagen der Chance-Methode

Die Chance-Methode zur Erfolgsprognose neuer Produkte wurde von dem Dipl.-Physiker Armin Münch entwickelt (Münch 2011). Erste Erfahrungen mit der Erfolgsprognose neuer Produkte machte Münch schon in den 60er Jahren, während er als Brand Manager bei ‚Procter & Gamble' (im Folgenden P&G) in Frankfurt arbeitete. Die Floprate neuer Produkte betrug bei P&G damals etwa 50 Prozent. Auch wenn diese damit deutlich unter dem Branchendurchschnitt lag, zeigte sie dennoch das große Verbesserungspotential auf.

Bei P&G wurde damals in der Verbraucherforschung das Testprodukt gegen das marktführende Produkt blind, d.h. ohne Kennzeichnung der Marke, bewertet. Bei diesem Vergleichstest zählte normalerweise nur die Gesamtpräferenz für das Testprodukt. Als Erfolgsschwelle galt üblicherweise ein Verhältnis von mindestens 60 zu 40 für das Testprodukt.

In diesem Vorgehen sah Münch eine erhebliche Schwachstelle. Er erkannte, dass jeder Proband beim Markenwechsel sein individuelles Referenzprodukt, nämlich sein aktuelles Hauptprodukt (im Folgenden aktuelles Produkt), zum Vergleich heranzieht. Das aktuelle Produkt des Konsumenten ist für ihn die gegenwärtig beste Bedürfnisbefriedigung bzw. Problemlösung. Gegen dieses Produkt muss sich das neue Produkt auf allen individuell relevanten Dimensionen behaupten. Ein Blindtest mit dem marktführenden Produkt erschien somit wenig sinnvoll.

Nach weiteren Jahren praktischer Erfahrung in Marketing und Werbung gründete Münch 1991 in Frankfurt die ‚tgmr TARGET GROUP Marketing Research

GmbH' (im Folgenden TGMR) und formulierte schließlich ein personenindividuelles Produkt- bzw. Markenwechselkriterium, das Chance-Kriterium. Es besagt, dass ein Produkt- bzw. Markenwechsel nur stattfindet, wenn das neue Produkt als ‚mackenfrei' im Vergleich zum aktuellen Produkt empfunden wird und mindestens einen Wechselanreiz bietet. Anders formuliert lautet das Chance-Kriterium (Münch 2008):

> Ein Produkt hat nur dann eine
> *Chance,*
> an Stelle des jetzigen gewählt zu werden, wenn das Produkt in
> allen (subjektiv) relevanten Kriterien
> als gleich gut,
> in mindestens einem aber als besser erlebt wird.

Auf Basis dieses Kriteriums entwickelte die TGMR dann im Laufe der Jahre die Chance-Methode und führte bis heute über 900 Chance-Studien[37] durch (Münch 2011). Die TGMR besitzt mit der Chance-Methode breit gefächerte Erfahrungen in den klassischen FMCG-Bereichen, aber auch darüber hinaus.[38] Die Chance-Methode eignet sich auch für Gebrauchsgüter und wurde beispielsweise schon im Bereich Automobile oder Mobiltelefone eingesetzt.

Die Chance-Methode kann in jeder Stufe des Produktentwicklungsprozesses eingesetzt werden, also auch schon für Produktkonzepte. Darüber hinaus kann die Methode in leicht abgewandelter Form auch für einzelne zu testende Elemente des Marketing-Mix, wie beispielsweise neuen Marken- oder Produktnamen, Werbespots oder Preise angewendet werden.[39] Weiterhin wird die Chance-Methode zur Absatzprognose in zwei Versionen angeboten. Die große Chance-Methode ist der klassischen TMS am ähnlichsten, da neben der reinen Erfolgs-

---

[37] Eine Chance-Studie bezeichnet die auf ein Produkt angewendete Chance-Methode.
[38] Zu den aktuellen Kunden von TGMR zählen unter anderem die ‚Alfred Ritter GmbH & Co. KG' insbesondere mit ihrer Marke ‚Ritter Sport', die ‚Carl Kühne KG', die ‚Frosta AG', die ‚Birkel Teigwaren GmbH', die HassiaGruppe, die Marke Gutfried der ‚Heinrich Nölke GmbH & Co. KG', die Marke „Joghurt mit der Ecke" der ‚Molkerei Alois Müller GmbH & Co. KG', die Marke Gröbi der ‚DrinkStar GmbH', die ‚Bahlsen GmbH & Co KG', die ‚Mazda Motor Corporation', die ‚frischli Milchwerke GmbH', die ‚Bongrain Deutschland GmbH', die ‚Homann Feinkost GmbH' und die ‚Schwartauer Werke GmbH & Co KGaA' (Münch 2011).
[39] Die folgenden Ausführungen beziehen sich, soweit nichts Gegenteiliges angegeben ist, auf eine Chance-Methode, welche für ein marktreifes Testprodukt durchgeführt wird.

prognose weitere Analysen durchgeführt werden und somit umfangreiche Diagnosen möglich sind. Mit der Durchführung der kleinen Chance-Methode kann dagegen sehr schnell ermittelt werden, ob das neue Produkt überhaupt eine Chance auf Markterfolg hat. Die zusätzlichen Informations- und Diagnosemöglichkeiten sind allerdings beschränkt, da der Stichprobenumfang mit etwa 40 Probanden hier sehr klein ist. Die Chance-Methoden sind kostengünstig, eine kleine Chance-Studie gibt es schon ab 5000 €, eine große Chance-Studie schon für unter 20.000 €. Aus diesem Grund werden sie auch häufig eingesetzt, um das Potential von Konkurrenzprodukten abschätzen zu lassen. Bei der Chance-Methode kommen je nach Aufgabenstellung unterschiedliche Erhebungsmethoden zum Einsatz. Die Bandbreite reicht von klassischen Interviews über telefonische oder Online – Befragung und CAPI[40] bis hin zu Gruppendiskussionen oder Einzelexplorationen (o.V. 2011).

4.2 Beschreibung und Ablauf der Methode

Wie in Kapitel 4.1 beschrieben gibt es die große und die kleine Chance-Methode. Diese werden im Folgenden beschrieben. Zur Auswertung der kleinen Chance-Methode verwendet die TGMR mit der Signifikanzhose ein spezielles statistisches Verfahren, welches in einem eigenem Kapitel kurz vorgestellt wird.

4.2.1 Die große Chance-Methode[41]

Der Aufbau der großen, d.h. umfangreichen Chance-Methode entspricht im Wesentlichen dem Aufbau einer klassischen TMS. Vor der eigentlichen TMS findet aber eine Vorbefragung, die sogenannte Vorstufe statt. Erst danach beginnt die, von der TGMR als ‚Quantitative Stufe' bezeichnete, eigentliche Befragung der Probanden. Sie beginnt mit der Auswahl und einer Vorbefragung der Probanden.

---

[40] CAPI steht für ‚Computer Assisted Personal Interview'. CAPI ist ein Verfahren, bei dem persönliche Interviews mit Computerunterstützung durchgeführt werden, d.h. die Fragen erscheinen auf einem Computerbildschirm und die Antworten werden über die Tastatur oder einen Touchscreen eingegeben.
[41] Das Kapitel basiert neben eigener Erfahrung mit der Durchführung von Chance-Studien und folgendem E-Mail-Verkehr: Münch 2011, im Wesentlichen auf folgender Quelle: Heil & Magin 2006.

Es schließen sich die Haupt- und die Nachbefragung an. Den Abschluss bilden die Datenanalyse und die Prognose der Absatzzahlen.

In der *Vorstufe* werden in qualitativen Interviews mit etwa 20 Probanden[42] die subjektiv relevanten Kaufaspekte bezüglich des Testproduktes ermittelt. Hierzu werden diejenigen Produkte erfragt, welche die Probanden zurzeit nutzen und welche ihnen darüber hinaus bekannt sind, d.h. es wird das Relevant-Set der Probanden ermittelt. Im Anschluss werden die Probanden gebeten, ihr aktuell hauptsächlich verwendetes Produkt mit anderen ihnen bekannten Produkten zu vergleichen. Sie sollen die Attribute oder Aspekte nennen, auf denen ihr aktuelles Produkt besser, gleich gut oder schlechter abschneidet, als die alternativen Produkte. Im Anschluss an diese Fragen wird den Probanden das Testprodukt mit dem geplanten Preis vorgestellt und auf einem Konzeptblatt erläutert. Die Probanden beantworten dann erneut die Fragen nach den Aspekten, auf welchen das Testprodukt im Vergleich zu ihrem aktuellen Produkt besser, gleich gut oder schlechter abschneidet (im Folgenden Chance-Fragen). Im Anschluss können die Probanden das Testprodukt zu Hause ausprobieren.[43] Nach der Home-use-Phase werden den Probanden erneut die Chance-Fragen gestellt.

Mit Hilfe dieser Vorstufe wird nach der Home-use-Phase eine Statement-Liste von entscheidungsrelevanten Produktaspekten des Testproduktes erstellt. Jeder Aspekt bzw. jedes Statement, auch wenn es nur von einem Probanden genannt wurde, wird aufgelistet.[44] Eine solche Statement-Liste könnte beispielsweise für eine Hautcreme wie folgt aussehen:

- Reduziert Falten
- Zeigt schnell eine Verbesserung
- Beugt Falten vor
- Verschönert die Haut
- Zieht schnell ein
- Befeuchtet die Haut

---

[42] Gemeinsam mit dem Auftraggeber wird entschieden, mit welchen Personengruppen diese Interviews durchgeführt werden. Es kommen beispielsweise allgemein Verwender der Produktkategorie oder eine spezifisch definierte Zielgruppe in Frage.
[43] Den Probanden wird so viel Zeit zum Probieren eingeräumt, wie typischerweise zum Verbrauchen der halben Produktpackung benötigt wird.
[44] Die jahrelange Erfahrung zeigt, dass 20 Probanden ausreichend sind, um eine hinreichend vollständige Liste zu erstellen.

- Die Qualität rechtfertigt den Preis
- …

Im zweiten Schritt finden dann auf Basis dieser Statement-Liste die *Quantitative Stufe* mit einer Hauptbefragung vor der Produktverwendung und einer Nachbefragung nach der Produktverwendung statt. Zu diesem Zweck werden etwa 200 neue Probanden, der mit dem Auftraggeber definierten breitesten Zielgruppe, rekrutiert. In der Befragung vor der Produktverwendung bewerten die Probanden das Testprodukt und ihr jeweilig individuelles aktuelles Produkt auf Basis der Statement-Liste. Daneben werden den Probanden noch weitere typische Fragen, wie beispielsweise Fragen zum Kaufverhalten, der Markenbekanntheit oder der Werbeerinnerung und demographische Fragen gestellt.

Die Bewertung des Testproduktes und des aktuellen Produktes findet auf Basis aller ermittelten Statements statt. Die Statements werden hierfür auf einzelne Karten, sogenannten Statement-Karten geschrieben. Die Probanden bewerten zuerst jedes Statement für ihr aktuelles Produkt auf einer 4er Likert-Skala, welche von „trifft überhaupt nicht zu", „trifft weniger zu" und „trifft zu" bis „trifft voll und ganz zu" reicht. Um Reihenfolgeeffekte zu vermeiden, werden die Statement-Karten den verschiedenen Probanden in variierender Reihenfolge präsentiert. Im Anschluss wird das Verfahren für das Testprodukt wiederholt. Hierfür wird den Probanden das Testprodukt so präsentiert, wie es auch in den Markt eingeführt werden soll, d.h. auch inklusive des geplanten Verkaufspreises.

Anschließend wird den Probanden das Testprodukt zum Probieren mitgegeben[45], um sie danach erneut zu befragen. In dieser Nachbefragung werden den Probanden zuerst einige Fragen zur Verwendungshäufigkeit und offene Fragen wie Likes und Dislikes zum Testprodukt gestellt. Im Anschluss findet die Bewertung des Testproduktes wie auch schon im Hauptinterview anhand der Statements statt.

Da die Chance-Methode eine individuelle Produktwechselprognose trifft und somit diejenigen Probanden, welche potentielle Käufer sind, bestimmt werden können, werden im Rahmen der Chance-Methode meist noch weitere Fragen

---

[45] Die Verwendung findet je nach Produktkategorie im Studio während des Hauptinterviews oder im Rahmen einer Home-use-Phase statt.

zum besseren Verständnis der Zielgruppe gestellt. Es wird beispielsweise erfragt, welche Zeitschriften die Probanden regelmäßig lesen, damit später die Printwerbung in den von den potentiellen Käufern bevorzugten Zeitschriften erfolgen kann.

Die anschließende *Datenanalyse* wird intrapersonal für jeden Probanden durchgeführt. Für jedes Statement wird vom erreichten Beurteilungswert des Testproduktes der entsprechende Wert für das Vergleichsprodukt, das jeweilige individuelle aktuelle Produkt, abgezogen. Wird beispielsweise das Testprodukt für das Statement „Reduziert Falten" mit „trifft zu", d.h. einem Wert von 3 bewertet und das aktuelle Produkt des Probanden erhält für dieses Statement dagegen nur den Wert 1, d.h. „trifft überhaupt nicht zu", beträgt der intrapersonale Vergleichswert für dieses Statement 2. Auf dieser Vergleichsskala stellt die 3 den höchstmöglichen und -3 den schlechtesten Wert dar, den das Testprodukt erreichen kann. Um negative Skalenwerte zu vermeiden, wird die intrapersonale Vergleichsskala auf null normiert, d.h. jeder Wert wird mit 4 addiert. Im Ergebnis erhält man eine Skala von 1 bis 7, wobei die 4 bedeutet, dass das entsprechende Statement für beide Produkte gleich bewertet wird (im Folgenden Gleichheitswert). Mit diesen angepassten Werten werden dann die Statements in einer Faktorenanalyse reduziert.[46]

Zur *Prognose* des Absatzes werden die Probanden entsprechend ihrer Faktorwerte in acht Gruppen eingeteilt, wie sie in Tabelle 4-1 dargestellt sind. Die Einteilung der Probanden erfolgt dabei folgendermaßen: Für jeden Faktor werden die Vergleichswerte der zugrundeliegenden Statements einzeln für jeden Probanden summiert. Diese Summe wird mit dem Wert verglichen, die dieser Faktor hätte, wenn das Testprodukt bei allen zugrundeliegenden Statements gleich gut wie das Vergleichsprodukt bewertet würde. Besteht ein Faktor beispielsweise aus drei Statements, dann wäre der Gleichheitswert für diesen Faktor 3 mal 4, also 12. Ist der tatsächliche Wert für einen Faktor größer als sein Faktor-Gleichheitswert, so bevorzugt der Proband das Testprodukt auf diesem Faktor, d.h. das Testprodukt wird auf diesem Faktor als besser erlebt. In die

---

[46] Die gängige Vorgehensweise der Faktorenanalyse, beispielsweise eine Faktorladung von größer 0,5 für zwei Statements auf einem Faktor, kommt hier zum Einsatz.

Gruppe ‚+' kommen somit beispielsweise nur diejenigen Probanden, die bei allen Faktoren den Faktor-Gleichheitswert überbieten.

Gruppe	Definition
+	Probanden, welche das Testprodukt auf allen Faktoren besser bewerten als das Vergleichsprodukt.
+/0	Probanden, welche das Testprodukt auf mindestens einem Faktor besser bewerten als das Vergleichsprodukt und auf allen restlichen Faktoren die beiden Produkte gleich bewerten.
0	Probanden, welche die beiden Produkte auf allen Faktoren gleich bewerten.
++/-	Probanden, welche das Testprodukt auf mehr Faktoren besser bewerten, d.h. auf weniger Faktoren schlechter bewerten, als das Vergleichsprodukt.
+/-	Probanden, welche das Testprodukt auf gleich vielen Faktoren sowohl besser als auch schlechter bewerten als das Vergleichsprodukt.
--/+	Probanden, welche das Testprodukt auf mehr Faktoren schlechter bewerten, d.h. auf weniger Faktoren besser bewerten, als das Vergleichsprodukt.
-/0	Probanden, welche das Testprodukt auf mindestens einem Faktor schlechter bewerten, als das Vergleichsprodukt und auf allen restlichen Faktoren die beiden Produkte gleich bewerten.
-	Probanden, welche das Testprodukt auf allen Faktoren schlechter bewerten als das Vergleichsprodukt.

Tabelle 4-1: Acht Fallgruppen der großen Chance-Methode
(Quelle: Heil & Magin 2006, S. 16)

Mit Hilfe der acht Gruppen wird dann das Produktwechselpotential, d.h. das Potential des Testproduktes ermittelt. Entsprechend dem Chance-Kriterium hat das Testprodukt nur eine Chance von einem Probanden an Stelle seines aktuellen Produktes gewählt zu werden, wenn das Testprodukt in allen subjektiv relevanten Faktoren[47] mindestens als gleich gut und in wenigstens einem als besser bewertet wird. Dieses Kriterium erfüllen nur die ersten beiden Gruppen in Tabelle 4-1, die ‚+'- und die ‚+/0'-Gruppe.

Die Erstkäuferrate bzw. Probierkäuferrate stellt daher den Anteil an Probanden, gemessen an der Gesamtzahl der Probanden dar, welche vor der Home-use-Phase bzw. der Produktverwendung in diese zwei Gruppen fallen. Wenn beispielsweise 25 Prozent der Probanden das Chance-Kriterium in der Befragung vor der Verwendung erfüllen, so beträgt das Erstkaufpotential des Testproduktes 25 Prozent in der Zielgruppe.

Um als potentieller Wiederkäufer zu zählen, muss ein Proband nach der Produktverwendung das Chance-Kriterium erfüllen. Die Wiederkaufrate ist daher der Anteil dieser Probanden an allen Probanden, welche das Produkt verwendet haben.[48]

Zur Berechnung des Absatzes kommt die Formel 3-4 aus Kapitel 3.2.1 zum Einsatz:

$$AV = P \times A \times (T + T \times R \times I) \times D \qquad (4\text{-}1)$$

Die fehlenden Komponenten Marktvolumen, Bekanntheit, Kaufintensität und Distributionsgrad werden auf die übliche Weise ermittelt, d.h. in Absprache mit dem Hersteller oder mithilfe gesonderter Marktforschung.

---

[47] Die Chance-Methode geht davon aus, dass denkbare, individuell nicht-relevante Faktoren von dem entsprechende Probanden für beide Produkte den gleichen Wert erhalten, d.h. der Proband keinen Unterschied wahrnimmt.

[48] Je nach geplantem Marketing-Mix wird die Ermittlung der Wiederkaufrate gegebenenfalls spezifisch modifiziert, d.h. wenn beispielsweise viel Werbung geplant ist, wird das Wiederkäuferpotential auf Basis der Schnittmenge des Potentials vor und nach der Home-use-Phase verwendet.

4.2.2 Die kleine Chance-Methode[49]

Für die kleine Chance-Methode werden circa 40 Probanden mit einer hohen spontanen Probierbereitschaft[50] für das Testprodukt rekrutiert. Hierfür wird im ersten Schritt Probanden der Zielgruppe das Testprodukt inklusive geplantem Verkaufspreis vorgestellt und die Probierkaufbereitschaft auf einer 7er-Skala abgefragt.[51] Probanden, welche eine Probierbereitschaft mit 5 oder höher angeben, werden zum Hauptinterview gebeten. Anderenfalls wird der Proband nach seinen Ablehnungsründen gefragt und das Interview wird beendet.

Im Hauptinterview werden den Probanden zuerst einige gängige Fragen bezüglich der betreffenden Produktkategorie gestellt. Dann wird ihnen das Testprodukt inklusive dem geplanten Verkaufspreis erneut vorgestellt. Die Probanden werden gebeten das Testprodukt mit ihrem aktuellen Produkt zu vergleichen, d.h. es werden ihnen die Chance-Fragen gestellt. Mit Hilfe dieser Fragen wird für jeden Probanden individuell das Erstkaufpotential auf Basis des Chance-Kriteriums ermittelt. Nur Probanden, welche keine Nachteile, aber mindestens einen Vorteil des Testproduktes im Vergleich zu ihrem aktuellen Produkt wahrnehmen, erfüllen das Chance-Kriterium. Zur Ermittlung der Erstkaufrate wird der Anteil an Probanden, welche das Chance-Kriterium erfüllen ins Verhältnis zu allen befragten Probanden gesetzt.

Im Anschluss bekommt der Proband das Produkt zur Verwendung mitgegeben.[52] Nach der Verwendung bzw. dem Probieren des Testproduktes werden dem Probanden erneut die Chance-Fragen gestellt. Zusätzlich werden die Kaufabsicht auf einer 7er Skala sowie die maximale Preisbereitschaft abgefragt. Das Wiederkaufpotential ergibt sich dann wiederum aus dem Anteil an Probanden, welche die drei genannten Kriterien erfüllen, an dem Anteil an Erstkäufern. Zur Berechnung des Absatzvolumens werden die Erstkauf- und Wiederholungskauf-

---

[49] Das Kapitel basiert, sofern nichts anderes angegeben ist, neben folgender Quelle: Heil, Römer & Münch 15.07.2009, im Wesentlichen auf eigenen Erfahrungen mit der Durchführung von Chance-Studien.
[50] Korrekterweise müsste es Probierintention heißen (vgl. Kapitel 3.2.3).
[51] Hierfür muss der Proband folgende Frage beantworten: „Wie gern würden Sie dieses Produkt kaufen und probieren?".
[52] Bei Lebensmittel kann der Produkttest gegebenenfalls im gleichen Interview erfolgen. Ist dagegen eine Home-use-Phase sinnvoll, sollten etwas mehr als 40 Probanden rekrutiert werden, da mit einem Ausfall von Probanden nach der Home-Use-Phase gerechnet werden muss.

frate mittels der Formel 3-4 aus Kapitel 3.1.2 berechnet (vgl. auch Kapitel 4.2.1).

4.2.3 Die Signifikanzhose zur Auswertung der kleinen Chance-Methode

Die Chance-Methode kann im Gegensatz zu den anderen TMS-Ansätzen für jeden Probanden auf Basis des erweiterten Chance-Kriteriums[53] angeben, ob dieser sein aktuelles Produkt oder das Testprodukt bevorzugt. Dieses individuelle Produktwechselkriterium der Chance-Methode ermöglicht das Arbeiten mit sehr kleinen Fallzahlen. Die TGMR verdeutlicht dies in ihren Chance-Studien mit Hilfe der sogenannten Signifikanzhose (im Englischen Sequential-Plan oder Sequential-Test-Plan), wie sie in Abbildung 4-2 dargestellt ist.

Die Signifikanzhose ist die graphische Darstellung eines sequentiellen Signifikanztests[54] für kleine Fallzahlen, welcher für das US-Militär entwickelt wurde und heute insbesondere in der medizinischen Forschung angewendet wird (Bortz, Lienert & Boehnke 2008, S. 503f.; Sachs 1969, S. 217f.; Bauer 1981, S. 83). Die Signifikanzhose eignet sich für Tests oder Befragungen die nur zwei mögliche Ergebnisse haben, d.h. dichotom sind (Bross 1952, S. 189; Anderton, Tudor & Gorton 1976, S. 167). Bei diesem Test ist der Stichprobenumfang nicht fest vorgegeben, sondern eine Zufallsvariable (Büning & Trenkler 1994, S. 317). Es werden solange nacheinander Beobachtungswerte erhoben, bis ein Stichprobenumfang von n erreicht ist, der ausreicht um eine statistische Entscheidung fällen zu können (Bortz, Lienert & Boehnke 2008, S. 503). Dies geschieht unter Festlegung des zu tolerierenden α–Fehlers (Fehler 1. Art) und des zu tolerieren-

---

[53] Um eine sprachliche Ordnung zu schaffen, werden unter dem Begriff ‚erweitertes Chance-Kriterium' alle im Rahmen einer Chance-Studie zu erfüllenden Kriterien zusammengefasst. Beispielsweise müssen zum Erfüllen der erweiterten Wiederkaufschance in der kleinen Chance-Studie neben dem Chance-Kriterium auch das Kriterium der Kaufbereitschaft und der Preisbereitschaft erfüllt sein.

[54] Im Englischen spricht man von Sequential-Analysis. Die Signifikanzhose gehört zu den sequentiellen Quotiententests (kurz SQT). Im Englischen spricht man von ‚Sequential Probability Ratio Test', (im Folgenden SPRT) (Büning & Trenkler 1994, S. 317; Bortz, Lienert & Boehnke 2008, S. 504). Zur allgemeinen Darstellung des Verfahrens vgl. beispielsweise Wald 1957; Bauer, Scheiber & Wohlzogen 1986; Weber 1980; Bortz, Lienert & Boehnke 2008; Gottman & Roy 1990; zur Anwendung im Bereich des Marketing vgl. beispielsweise Anderton, Tudor & Gorton 1976, Anderton, Gorton & Tudor 1980; Bauer 1981; Ruderman 1951; Ferber 1949; Moshman 1964.

den β–Fehlers (Fehler 2. Art), sowie - im Gegensatz zu den konventionellen Verfahren - einer Effektgröße. Diese Größe gibt an, um welchen Wert sich die in H_0 und H_1 angenommenen Parameter mindestens unterscheiden müssen, um von einem bedeutsamen Unterschied ausgehen zu können (Bortz, Lienert & Boehnke 2008, S. 504). Bei konventionellen Testverfahren kann dieser Wert nicht vorgegeben werden. Es lässt sich lediglich sagen, ob ein signifikanter Unterschied besteht, nicht aber, wie groß er ist. Bei den sequentiellen Verfahren wird dieser Unterschied in Form der Effektgröße vorher festgelegt, so dass mit der Fehlerwahrscheinlichkeit von α und β nicht nur ein bzw. kein signifikanter, sondern auch ein bzw. kein bedeutsamer Unterschied konstatiert werden kann (Bauer 1981, S. 87).

Im Falle der Chance-Methode lautet die Ausgangshypothese H_0 des zweiseitigen Testes wie folgt:

H_0: Das Testprodukt wird in 50% der Fälle dem Vergleichsprodukt vorgezogen, d.h. es liegt keine signifikante Bevorzugung des Testproduktes vor.

Die Alternativhypothesen lauten dagegen beispielsweise:

H_{1+}: Das Testprodukt wird in mindestens 70% der Fälle dem Vergleichsprodukt vorgezogen.

H_{1-}: Das Testprodukt wird in maximal 30% der Fälle dem Vergleichsprodukt vorgezogen.

Die Differenz zwischen 30 und 50 Prozent bzw. 70 und 50 Prozent in den Alternativhypothesen stellt dabei die Effektgröße $d = 0{,}20$ dar (Bortz, Lienert & Boehnke 2008, S. 519). In Abbildung 4-1 ist eine entsprechende Signifikanzhose mit einer Irrtumswahrscheinlichkeit von $2\alpha \approx 0{,}10$ und einem β-Fehler mit $\beta \approx 0{,}5$ abgebildet.[55]

---

[55] Die Berechnung der ‚Grenzen' stammt von Bross 1952. Für einen tieferen Einblick in diese Berechnung vgl. Anhang 4.

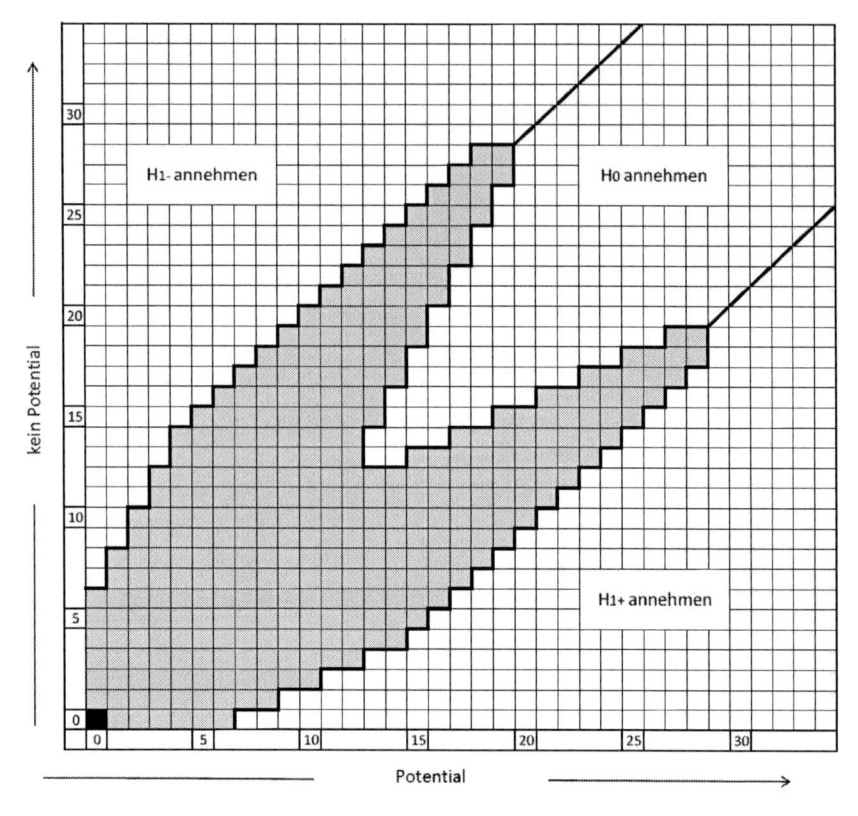

Abbildung 4-1: Beispiel einer Signifikanzhose
(Quelle: eigene Darstellung in Anlehnung an Bross 1952, S. 197)

Im Falle der Potentialschätzung mittels der Chance-Methode wird jeder Proband in der Reihenfolge der Befragung in ein Kästchen eingetragen. Wenn das erweiterte Chance-Kriterium erfüllt ist, wird der Proband nach rechts eingetragen, wenn das Kriterium nicht erfüllt ist, wird er in ein Kästchen nach oben eingetragen. Es entsteht ein sogenannter Treppenzug (Bertram 1960, S. 185). Sobald der dunklere Bereich, die ‚Hose', verlassen wird, kann der Test abgebrochen und von dem Ergebnis der Stichprobe auf die Grundgesamtheit geschlossen werden. Verlässt man die Hose an den äußeren Grenzen, kann man mit einer Irrtumswahrscheinlichkeit von $\alpha = 0{,}05$ die Ausgangshypothese ablehnen. Verlässt man die Hose dagegen in der Mitte kann mit einer Fehlerwahrscheinlichkeit von β = 0,05 die Ausgangshypothese beibehalten werden. Abbildung 4-2 verdeutlicht dieses Vorgehen. Die Abbildung zeigt die Befragung von vierzig Probanden, wobei der erste Proband das erweiterte Chance-Kriterium nicht, der zweite und dritte Proband dagegen erfüllt hat. Schon nach der neunundzwanzigsten Befragung konnte H_0 abgelehnt werden. Insgesamt hat das getestete Produkt daher ein sehr hohes Potential.

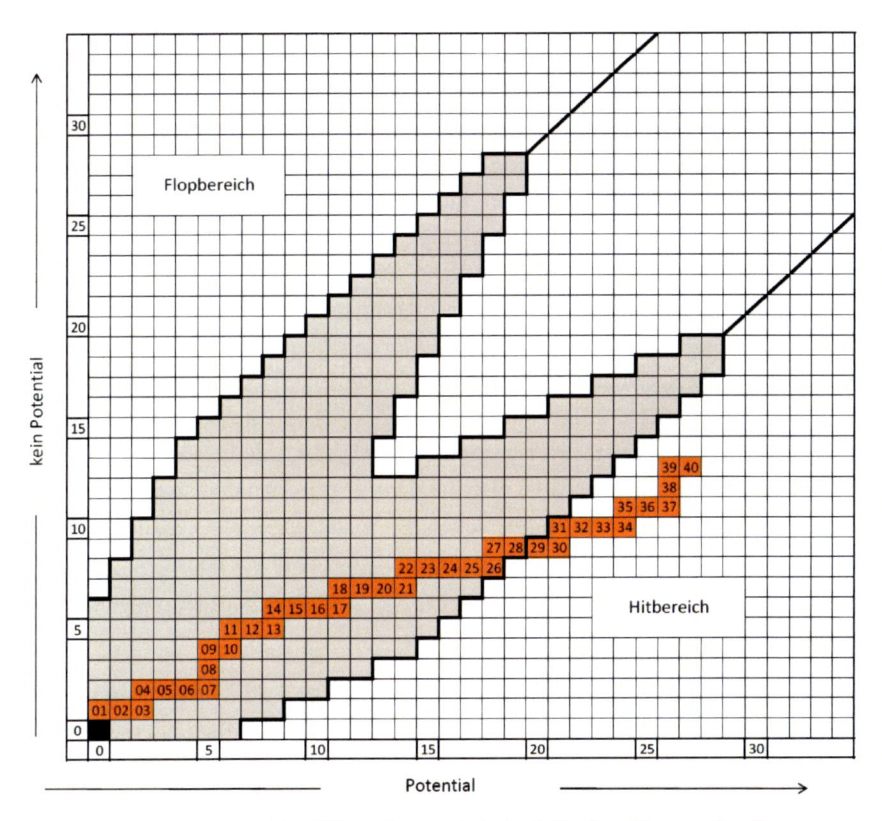

Abbildung 4-2: Signifikanzhose mit beispielhafter Chance-Studie
(Quelle: eigene Darstellung)

4.3 Beurteilung der Chance-Methode

4.3.1 Eigenschaften der Chance-Methode

Da bei der Chance-Methode nur das Testprodukt betrachtet wird, ist sie grundsätzlich den monadischen Verfahren zuzuordnen. Im Gegensatz zu den klassischen monadischen TMS-Verfahren wird das Testprodukt aber nicht für sich genommen beurteilt, d.h. auf Basis von generellen kaufrelevanten Faktoren wie beispielweise Produktwissen oder Produkteinstellung, sondern mittels des konkreten Vergleiches zwischen dem Testprodukt und dem jeweiligen aktuellen Produkt des Probanden. Die Kaufprognose findet daher nicht auf Basis von hypothetischen Kaufbereitschaften, sondern einem konkreten Vergleich statt. Der Vergleich von Produkten ist ein zentrales Element der komparativen TMS-Verfahren. Die Chance-Methode vereint daher Elemente aus monadischen und komparativen Ansätzen. Entsprechend dem komparativen Ansatz können bei der Chance-Methode für Testprodukte, welche eindeutig einer Warengruppe zugeordnet werden können, Verwender der Zielgruppe als Probanden rekrutiert werden. Ist die Zuordnung zu einer Warengruppe dagegen nicht eindeutig, so kann die Rekrutierung aber auch deutlich breiter erfolgen, da in der späteren Befragung kein Produktregal aufgebaut werden muss.[56] Die Chance-Methode weist den Vorteil auf, dass der Konsument selbst entscheidet, mit welchem Produkt er das Testprodukt vergleicht. Es ist also möglich, entsprechend dem monadischen Ansatz, alle haushaltführenden Personen als Zielgruppe anzusehen. Das Erfolgspotential des Testproduktes wird dann entsprechend des zugrunde gelegten Erhebungsverfahrens entweder als Marktanteil oder in konkreten Absatzzahlen ausgewiesen.

Der zentrale Unterschied zwischen den klassischen TMS-Verfahren und der Chance-Methode liegt im Verfahren zur Prognose des Kaufverhaltens, d.h. in der Ermittlung der Erst- und Wiederkaufrate. Das bei der Chance-Methode verwendete Verfahren der Präferenzmessung auf Basis des Chance-Kriteriums ist ein neues Verfahren zur Prognose des Kaufverhaltens. Das Kaufverhalten wird nicht auf Basis von hypothetischen Kaufbereitschaften oder simulierten Kaufverhalten prognostiziert, sondern auf Basis eines Modells des Kaufentschei-

---

[56] Im Falle von echten Innovationen, d.h. wenn der Proband kein aktuelles Produkt zum Vergleich heranziehen kann, wird das Chance-Kriterium auf die Likes und Dislikes des Testproduktes angewendet.

dungsverhaltens. Im Gegensatz zu den bisherigen Methoden der Präferenzmessung werden die Daten nicht aggregiert betrachtet und gegebenenfalls korrigiert, sondern können individuell ausgewertet werden. In Abbildung 4-3 und 4-4 soll dieser Unterschied verdeutlicht werden. In Abbildung 4-3 ist das Prinzip der traditionellen aggregierten Verfahren graphisch dargestellt. Es werden verschiedene Kriterien, wie die Kaufbereitschaft oder Likes und Dislikes erhoben. Die Ergebnisse werden dann aggregiert betrachtet und mit gängigen Benchmarks verglichen bzw. für die Berechnung der Erst- und Wiederkäuferraten verwendet. Abbildung 4-4 zeigt zum Vergleich das Prinzip der Chance-Methode. Für jeden Probanden wird auf Basis des erweiterten Chance-Kriteriums bestimmt, ob er das Testprodukt kaufen wird. Auf Basis dieser personenindividuellen Analyse wird dann der Anteil der Erst- bzw. Wiederkäufer ermittelt.

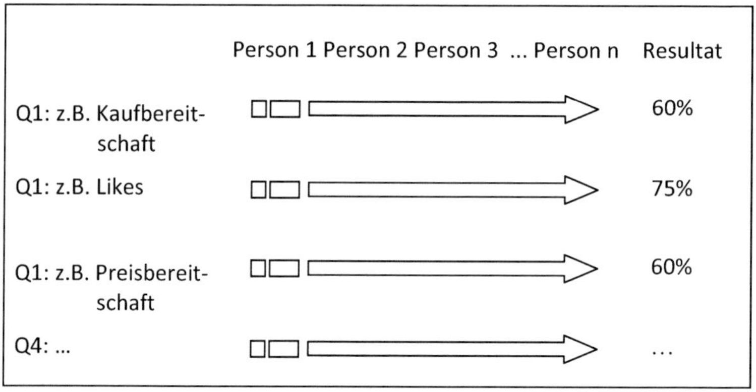

	Person 1 Person 2 Person 3 ... Person n	Resultat
Q1: z.B. Kaufbereitschaft	▢▢ ▭⟶	60%
Q1: z.B. Likes	▢▢ ▭⟶	75%
Q1: z.B. Preisbereitschaft	▢▢ ▭⟶	60%
Q4: ...	▢▢ ▭⟶	...

Abbildung 4-3: Aggregiertes Auswertungsprinzip
(Quelle: In Anlehnung an: Fischer, Heidel & Hofmann 2009, S. 65 und Heil, Römer & Münch 2009)

```
                    Person 1  Person 2  Person 3  ...  Person n
                       ↓         ↓         ↓              ↓
Q1: Kaufbereitschaft

Q2: Preisakzeptanz

Q3: Chance-Kriterium


                      ☺         ⊘        ☺             ⊘

                    Erfüllt    Nicht    Erfüllt        Nicht
                               Erfüllt                 Erfüllt
```

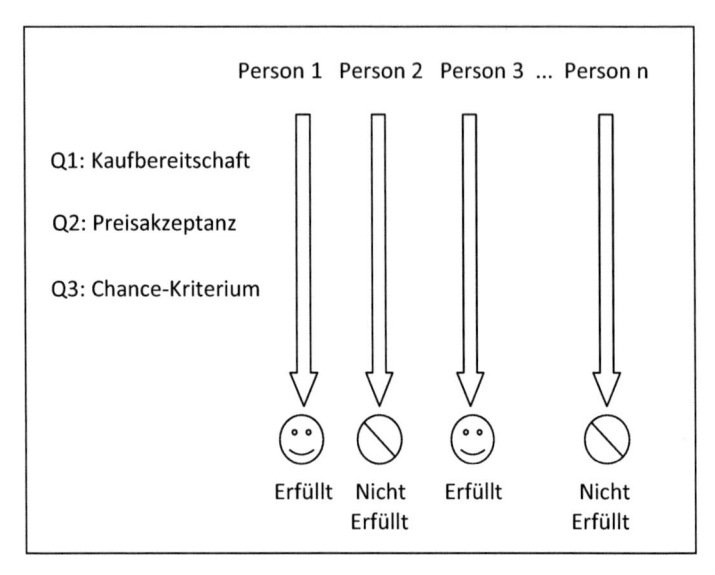

Abbildung 4-4: Auswertungsprinzip der Chance-Methode
(Quelle: In Anlehnung an: Fischer, Heidel & Hofmann 2009, S. 65 und Heil, Römer & Münch 2009)

Das erweiterte Chance-Kriterium ist offensichtlich deutlich konservativer, als die in der klassischen TMS eingesetzten Methoden zur Präferenzmessung. Neben einer hohen Kaufbereitschaft und der Akzeptanz des Verkaufspreises in der kleinen Chance-Methode darf ein Proband nur Vorteile und keine Nachteile bezüglich seines aktuellen Produktes wahrnehmen, damit er dem Erst- oder Wiederkäuferanteil zugerechnet wird. Eine Kompensation von wahrgenommenen Nachteilen ist auch durch ein Vielfaches an Vorteilen nicht möglich. Auf den ersten Blick scheint ein solches Kriterium den gängigen Theorien des Entscheidungsverhaltens zu widersprechen. Das individuelle Entscheidungsverhalten, insbesondere das Kaufentscheidungsverhalten ist daher Gegenstand des zweiten Teiles dieser Arbeit. Aber auch ohne diesen theoretischen Hintergrund ist eine erste Beurteilung der Chance-Methode möglich. Von einer positiven Überschätzung des Kaufverhaltens aufgrund von sozialer Erwünschtheit oder strategischen Antwortverhalten ist nicht auszugehen, da in das verwendete Kaufverhaltensmodell keine Daten aus der direkten Befragung der Probanden nach ihrer Kaufbereitschaft bzw. Kaufintention eingehen. Die im Rahmen der kleinen Chance-Methode erfragte Kaufbereitschaft dient lediglich zur Vorauswahl.

Die Vorteilhaftigkeit eines konservativeren Kriteriums ist deutlich erkennbar. Es sind keine geheimen Korrekturverfahren notwendig, um die in der gängigen TMS ausnahmslos überschätzenden Verfahren der Präferenzmessung nach unten zu korrigieren. Auch scheint ein konservativerer Ansatz den häufig den Produkterfolg überschätzenden klassischen TMS-Verfahren gegenüber im Vorteil zu sein.

4.3.2 Vergleich der Chance-Methode mit den gängigen Verfahren der Testmarktsimulation

In Tabelle 4-2 werden die beiden Chance-Methoden, die große Chance-Methode und die kleine Chance-Methode der TGMR mit den gängigen Verfahren der TMS verglichen. Grundlage dieses Vergleiches ist die Tabelle 3-1 ‚Vergleich der wichtigsten Testmarktsimulationsverfahren' in Kapitel 3.3.

Wie bereits in Kapitel 4.3.1 festgestellt wurde, besteht der wesentliche Unterschied zwischen den gängigen Verfahren der TMS und der Chance-Methode in dem Verfahren der Kaufverhaltensprognose. Das Chance-Kriterium erlaubt eine individuelle Diagnostik, woraus sich die weiteren folgenden Besonderheiten bzw. Vorteile der Methode ergeben. Aufgrund der individuellen Produktwechselprognose lässt sich die potentielle Käufergruppe sehr genau bestimmen. Mit Hilfe der Fallgruppeneinteilung (vgl. Tabelle 4-1) lässt sich der Marketing-Mix auf eine einzigartige Weise optimieren. Man betrachtet die Gruppen, welche an die ersten beiden Gruppen, das Chance-Kriterium erfüllenden Gruppen, angrenzen und versucht nur deren kritische Faktoren zu optimieren. Weiterhin sind beide Chance-Methoden aufgrund des kleinen Stichprobenumfanges und der Einfachheit der Methode vergleichsweise kostengünstig. Das monadische Prinzip der Chance-Methode erlaubt als weiteren Vorteil frühe konzeptbasierte Prognosen. Im Unterschied zu allen anderen TMS-Methoden ist die gesamte Vorgehensweise einer Chance-Studie für den Auftraggeber transparent und nachvollziehbar, da die Chance-Methode ohne Korrekturverfahren auskommt und die TGMR auf eine taktische Geheimhaltung der Methodik verzichtet.

Name (Anbieter)	Datenerhebung (Anzahl Testpersonen)	Methode der Präferenzmessung	Prognosemethode und Diagnose	Besonderheit	Transparenz	Quellen (siehe unten)
Große Chance Methode (TGMR)	Erstbefragung meist im Studio, Nachbefragung persönlich, telefonisch oder online, Einsatz von CAPI (ab 200)	Monadisch: Chance-Kriterium mittels Einstellungsmessung (4er Skala) basierend auf qualitativen Interviews,	Erstkauf-Wiederkauf-Modell, Kannibalisierungsanalyse, umfangreiche Zielgruppenanalyse möglich, Marketing-Mix-Optimierung	Günstig, individuelles Wechselverhalten, frühe Konzeptprognosen	Sehr hoch	1
Kleine Chance Methode (TGMR)	Erstbefragung meist im Studio, Nachbefragung telefonisch oder online, Einsatz von CAPI (ab 40)	Monadisch: Chance-Kriterium, Kaufabsicht (7er Skala) und Preisbereitschaft für Erst- und Wiederkauf	Erstkauf-Wiederkauf-Modell, Kannibalisierungsanalyse,	Sehr günstig, individuelles Wechselverhalten, frühe Konzeptprognosen	Sehr hoch	1
Assessor (M/A/R/C Research)	Im Studio oder online, telefonische Nachbefragung (ca. 300)	Komparativ: Kaufsimulation i.e.S. für Erstkauf, Kaufabsicht für Wiederkauf, Präferenzbefragung und Chip Game für Präferenzmodell	Erstkauf-Wiederkauf-Modell und Präferenzmodell, Kannibalisierungsanalyse, Preissensitivität, Zielmarktanalyse, Konkurrenzreaktion	Veröffentlichte Validierungsstudie, Pionier in Online-Forschung	Hoch	2

Bases II (ACNielsen)	E-Panel (ca. 80%) oder im Studio, online oder telefonische Nachbefragung (ca. 400)	Monadisch: Kaufabsicht (5er Skala) für Erstkauf, Einstellungsskalen und Datenbank für Wiederkauf, Chip Game für Kannibalisierungsanalyse	Erstkauf-Wiederkauf-Modell, Kannibalisierungsanalyse, Zielgruppenanalyse, Preistest möglich	Marktführer (ca. 50%), größte absolute Anzahl an durchgeführten TMS-Verfahren	Gering	2
Designor (Ipsos-Novaction & Vantis)	Online wenn möglich, sonst im Studio, telefonische oder häusliche Nachbefragung (300 – 1000)	Komparativ: Kaufsimulation i.e.S. für Erstkauf, Kaufabsicht für Wiederkauf, Präferenzbefragung und Chip Game für Präferenzmodell	Erstkauf-Wiederkauf-Modell und Präferenzmodell, Kannibalisierungsanalyse, Preissensitivität, Konkurrenzreaktion, Erfolgsfaktoren, Regalpositionierungsanalyse	Erweiterung von Assessor	Mittel	2
Discovery (Copernicus Marketing Consulting)	Online wenn möglich, sonst im Studio, telefonische Nachbefragung (400 – 500)	Komparativ: Kaufsimulation i.e.S. für Erstkauf, Einstellungsmodell für Wiederkauf	Erstkauf-Wiederkauf-Modell, Kannibalisierungsanalyse, Preissensitivität, umfangreiche Zielmarktanalyse, Positionierungsanalyse	Marketing-Plan-Optimierung	Gering	2

MicroTest[4] (Research International / TNS)	Zu Hause, telefonische Nachbefragung, gelegentlich auch Studio- oder Online-Befragung (min 200)	Monadisch: Kaufabsicht (ohne und mit Konkurrenzumfeld) für Erstkauf, Einstellungsskalen für Wiederkauf	Erstkauf-Wiederkauf-Modell, Kannibalisierungsanalyse Preissensitivität, Zielmarktanalyse, Positionierungsanalyse	Gering 2
TESI (GfK)	Studio (Einsatz von Human-Interface-Technologie), telefonische Nachbefragung möglich (ca. 300)	Komparativ: Kaufsimulation i.e.S. für Erstkauf, Chip-Game für Wiederkauf, Präferenz- und Einstellungsfragen	Erstkauf-Wiederkauf-Modell, Kannibalisierungsanalyse, Konkurrenzreaktion, (Preissensitivität möglich)	Hoch 2

Tabelle 4-2: Vergleich der Chance-Methode mit gängigen Testsimulationsverfahren
(Quelle: (1) eigene Darstellung; (2) vgl. Tabelle 3-1)

---

[4] Research International gehört seit 2009 zur TNS-Gruppe. MicroTest wird jetzt unter dem Namen ‚MicroTest Nouveau' angeboten. Die Angaben in Tabelle 3.1 beziehen sich auf das originäre MicroTestverfahren.

4.4 Prognoseeigenschaften der Chance Methode

Eine unabhängige Beurteilung der Prognoseeigenschaften der Chance-Methode liegt wie bei den meisten Verfahren der TMS nicht vor. Im Rahmen einer eigenen Studie hat die TGMR Absatzprognosen der ersten zwanzig Studien basierend auf der großen Chance-Methode mit den Realmarktabsatzzahlen nach einem Jahr ab der Produkteinführung verglichen. Hierzu wurden die Chance-Ergebnisse auf Basis der prognostizierten Erstkauf- und Wiederkaufrate und der geschätzten Kaufintensität sowie des aktuellen Distributionsgrades und der aktuellen Bekanntheit des Testproduktes mit den tatsächlich am Markt erreichten Absatzzahlen verglichen. In Tabelle 4-3 sind die Ergebnisse dieses Vergleiches, welche von den jeweiligen Auftraggebern bestätigt wurden, aufgelistet. Der Genauigkeitsindex wird dabei wie folgt berechnet:

$$Genauigkeitsindex = \frac{Absatz\ auf\ Basis\ der\ ChancePrognose}{Tatsächlicher\ Absatz} \times 100 \qquad (4\text{-}2)$$

Werte über 100 stellen somit eine Überschätzung des Produkterfolges durch die Chance-Methode, Werte unter 100 eine Unterschätzung durch die Chance-Methode dar.

Produkt[57]	Chance-Prognose	Tatsächlicher Absatz	Genauigkeitsindex
Gesichtspflege	Einheiten	Einheiten	
Produkt A	1.040.000	1.017.000	102
Produkt B	30.000	36.500	82
Produkt C	600.000	625.000	96
Produkt D	96.000	105.000	91
Produkt E	540.000	545.000	99
Produkt F	426.000	432.000	99
Produkt G	760.000	825.000	92
Produkt H	450.000	460.000	98
Produkt I	240.000	280.000	86
Produkt J	195.000	185.000	105
Produkt K	540.000	580.000	93
Produkt L	300.000	315.000	95
Kaugummi	Marktanteil	Marktanteil	
Produkt M	8%	7%	114
Schokoladenriegel	Marktanteil	Marktanteil	
Produkt N	7,55%	7,0%	107
Produkt O	5,4%	6,1%	89
Produkt P	8,2%	7,1%	115
Verpackte Schokolade / Pralinen	Tonnen	Tonnen	
Produkt Q	235	250	94
Produkt R	1.275	1.416	90
Produkt S	3.250	3.200	102
Produkt T	170	191	89

Tabelle 4-3: Genauigkeit der Chance-Prognose
(Quelle: Heil & Magin 2006)

---

[57] Die Produkte sind der Autorin bekannt und die Bestätigungen der Zahlen durch die jeweiligen Auftraggeber liegen ihr vor.

Aus der Tabelle geht hervor, dass die Chance-Methode eine sehr gute Prognosegüte aufweist. In 40 Prozent der Fälle lag die Prognosegenauigkeit bei über 95 Prozent, in 70 Prozent der Fälle lag sie noch über 90 Prozent. Insgesamt lag in 90 Prozent der Fälle die Prognosegenauigkeit nicht unter 85 Prozent.

Besondere Aufmerksamkeit ist den Produkten B, D und I zu schenken, da die Chance-Methode für diese Produkte einen Misserfolg vorausgesagt hatte. Die Produkte sind aber dennoch in den Markt eingeführt worden. Die Prognosegenauigkeit der Chance-Methode lag in den drei Fällen zwischen 9 und 18 Prozent, was als hinreichend genau angesehen werden kann. Die Methode hat den Misserfolg in den drei Fällen korrekt vorausgesagt. Da in 14 der 20 Fälle eine Unterschätzung vorliegt, scheint die Chance-Methode im Gegensatz zu den alternativen TMS-Verfahren den Produkterfolg eher zu unterschätzen als zu überschätzen.

Die Prognoseeigenschaften der kleinen Chance-Methode sollen nahezu an die der großen Chance-Methode heranreichen. Bei der kleinen Chance-Methode geht es aber in erster Linie um die Feststellung des Hit- bzw. Flop-Potentiales und nicht um die Prognose konkreter Absatzzahlen.

Auch wenn die vorgestellten Ergebnisse von den Auftraggebern bestätigt wurden, so stammt die Auswahl der Studien von der TGMR selbst. Es spricht aber vieles dafür, dass es sich bei der hohen Prognosegüte nicht um Einzelfälle handelt. Die folgenden theoretischen und empirischen Ergebnisse dieser Arbeit stützen die Angaben der TGMR. Des Weiteren bestätigt eine Studie, welche die Professoren Fischer und Heidel der Hochschule Rhein/Main, gemeinsam mit der TGMR durchgeführt haben, die guten Prognoseeigenschaften der Chance-Methode (Fischer, Heidel & Hofmann 2009). Betrachtet man auch den treuen Kundenstamm der TGMR, so scheint die Prognosefähigkeit der Chance-Methode mit denen alternativer TMS-Anbieter zumindest mithalten zu können, wenn nicht besser zu sein.

4.5 Zusammenfassung und kritische Würdigung der Chance-Methode

Bei der Chance-Methode handelt es sich um eine neue Methode zur TMS. Wie die gängigen Methoden zur TMS, ist das typische Einsatzgebiet der Chance-

Methode der Bereich der Produktinnovationen von FMCG. Die Methode ist aber auch schon erfolgreich für andere Produktbereiche eingesetzt worden. Des Weiteren eignet sich die Methode auch für frühe konzeptbasierte Prognosen. Die kleine Chance-Methode ist schon für unter 5000 € durchführbar, was als vergleichsweise günstig angesehen werden kann.

Die Chance-Methode gehört zu den monadischen Verfahren der TMS. Im Gegensatz zu den traditionellen monadischen Verfahren findet die Kaufverhaltensprognose aber nicht auf Basis von hypothetischen Kaufbereitschaften, sondern auf Basis des Vergleiches zwischen dem Testprodukt und dem aktuellen Produkt des Probanden statt. Das Kaufverhalten wird dann mittels eines Kaufverhaltensmodelles, dem Chance-Kriterium, bestimmt. Dies hat den Vorteil, dass weniger Verzerrungen aufgrund sozialer Erwünschtheit oder strategischen Antwortverhaltens zu erwarten sind. Aus diesem Grund ist eine Korrektur der ermittelten Präferenzdaten nicht notwendig.

Da keine (geheimen) Korrekturfaktoren notwendig sind und die TGMR ihre Studien transparent durchführt, wird die individuelle Vorgehensweise der Chance-Methode jedem Auftraggeber vollständig offengelegt. Dies und die Einfachheit, d.h. die Nachvollziehbarkeit der Methode kann als großer Vorteil für den Auftraggeber gesehen werden.

Ein weiterer Vorteil der Chance-Methode ist die individuelle Produktwechselprognose, die aufgrund des Chance-Kriteriums möglich ist. Sie erlaubt mit kleinem Stichprobenumfang ein repräsentatives Abbild der Gruppe der potentiellen Produktkäufer zu erstellen. Neben der quantitativen Prognose bietet die Chance-Methode daher umfangreiche diagnostische Möglichkeiten. So lassen sich beispielsweise kaufrelevante Faktoren und konkrete Ansätze zur Optimierung des Marketingmix oder zur Markenpositionierung bestimmen.

Da die Chance-Methode nach Angaben des Anbieters in ihrer Prognosegenauigkeit mit den konkurrierenden TMS-Anbietern mithalten kann, wird sie im Folgenden genauer untersucht. Im Fokus steht hier der zentrale Unterschied zwischen der Chance-Methode und den gängigen TMS-Methoden, das Chance-Kriterium.

Zusammenfassend ergibt sich daher die zentrale Frage, ob das Chance-Kriterium ein adäquates Modell des Kaufentscheidungsverhaltens von Konsumenten darstellt.

5 Grundlagen von Kaufentscheidungen

In diesem Kapitel werden die Grundlangen des Kaufentscheidungsverhaltens erörtert. Hierfür wird zuerst das in dieser Arbeit verwendete Modell des Kaufentscheidungsprozesses vorgestellt und die Phase der Produktwahl innerhalb dieses Prozesses eingeordnet. Im Anschluss werden die verschiedenen Arten von Kaufentscheidungen nach dem Ausmaß ihrer kognitiven Steuerung unterschieden. Abschließend wird aufgezeigt, welche Arten von Kaufentscheidungen beim Kauf von FMCG vorherrschen.

5.1 Modell des Kaufentscheidungsprozesses

Das Kaufverhalten bzw. der Kaufentscheidungsprozess ist das Ergebnis eines sehr komplexen Zusammenspieles kultureller, sozialer, persönlicher und psychologischer Faktoren (Kotler, Armstrong & Saunders et al. 2007, S. 331). Sogenannte Totalmodelle[58] der Kaufentscheidung versuchen alle diese relevanten Variablen in allen möglichen Situationen mit einzubeziehen (Pepels 2005, S. 146). In Abbildung 5-1 ist exemplarisch das bekannte Totalmodell von Engel, Blackwell und Kollat[59] (1968) abgebildet.[60] Das Modell besteht aus drei Hauptkomponenten, dem Informationsverarbeitungsprozess, dem Bewertungsprozess und dem Entscheidungsprozess (Pepels 2005, S. 150). Diese stellen zusammen den eigentlichen Entscheidungsprozess dar, welcher durch externe Faktoren beeinflusst wird. Diese Faktoren sind äußere Reize, die allgemeine Motivierung, d.h. Motive und Persönlichkeit des Konsumenten, und wahrgenommene Umwelteinflüsse wie kulturelle Normen und Werte. Des Weiteren sind in diesem

---

[58] Die Totalmodelle gehören zu den Struktur-Ansätzen des Kaufverhaltens, welche im Gegensatz zu den sogenannten ‚Stochastischen Modellen' und den Simulations-Modellen auch die inneren Prozesse des Konsumenten, die sogenannte Black-Box, während des Kaufverhaltens zu beschreiben versuchen. Für einen Überblick über die Ansätze der Erklärung des Kaufverhaltens vgl. beispielsweise Bänsch 2002, S. 8ff.; Abelson & Levi 1985; Pepels 2005, S. 31ff.; Kroeber-Riel, Weinberg & Gröppel-Klein 2009, S. 415f.; Foscht & Swoboda 2009, S. 19ff.

[59] Das Modell wurde 1968 erstmals publiziert und daraufhin wie die meisten Totalmodelle kontinuierlich weiterentwickelt. Man spricht daher heute auch von dem Modell von Engel, Blackwell und Miniard (vgl. Engel, Blackwell & Miniard 1993).

[60] Weitere bekannte Totalmodelle stammen von Howard und Sheth (1969) und Nicosia (1966).

Modell die vielfältigen und komplexen Abhängigkeiten der einzelnen Komponenten zu erkennen.

Das Modell eignet sich zur grundsätzlichen Veranschaulichung der Einflussgrößen auf das Entscheidungsverhalten. Die praktische Relevanz solcher Totalmodelle ist aber wegen ihrer Komplexität sehr begrenzt (Pepels 2005, S. 146). Sie lassen sich aufgrund von Operationalisierungs- und Messproblemen empirisch nicht fundieren (Bänsch 2002, S. 130) und werden in dieser Arbeit zugunsten der Partialmodelle daher nicht weiter betrachtet.[61]

---

[61] Für einen tieferen Einblick in die Totalmodelle und zur Kritik vgl. beispielsweise Schiffman & Kanuk 1991, S. 575ff.; Pepels 2005, S. 145ff.; Meffert, Burmann & Kirchgeorg 2008, S. 137ff.; Weinberg 1981, S. 68ff.

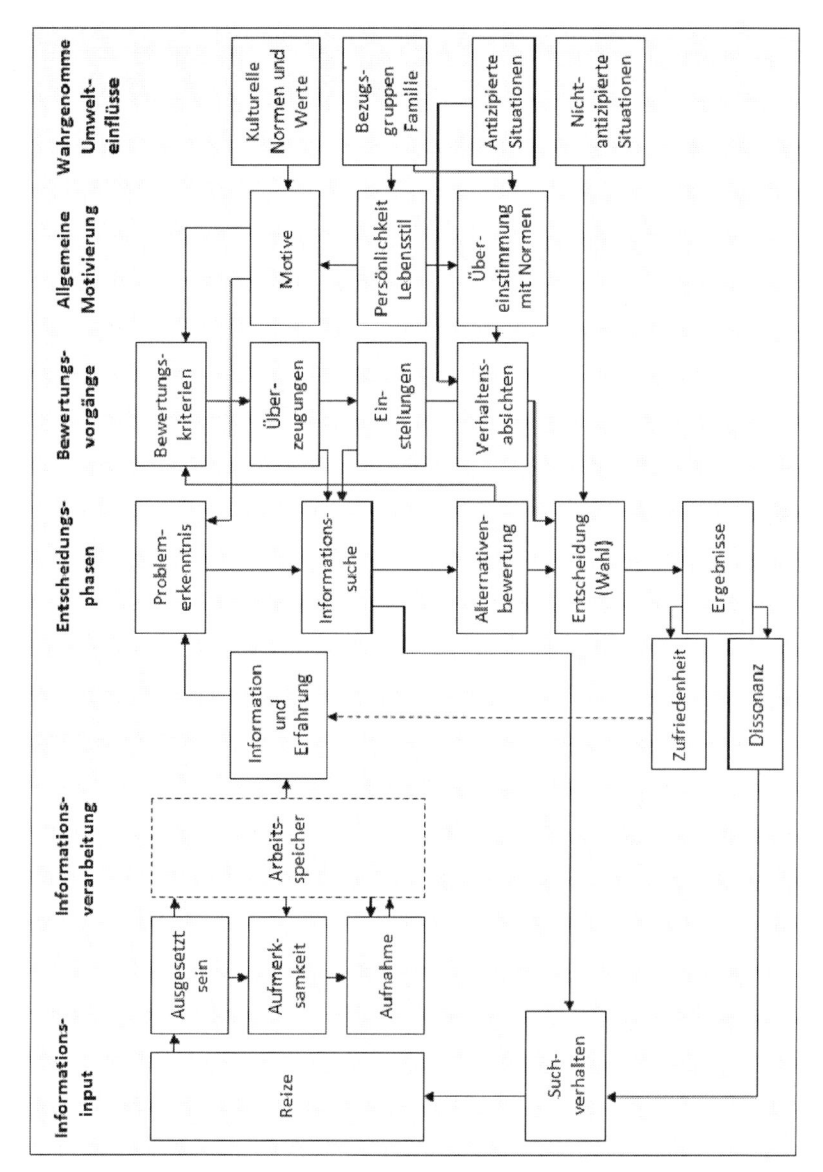

Abbildung 5-1: Erklärungsmodell des Konsumentenverhaltens von Engel,
Blackwell und Kollat
(Quelle: Engel, Blackwell & Kollat 1978, S. 32, zitiert nach Meffert, Burmann
& Kirchgeorg 2008, S. 138)

Partialansätze beziehen sich nur auf bestimmte Ausschnitte des Kaufverhaltens (Meffert, Burmann & Kirchgeorg 2008, S. 106). Zugunsten des besseren Verständnisses bestimmter Komponenten werden diese fokussiert. In der Regel werden die äußeren Reize und der Käuferhintergrund ausgeblendet und so nur der innere Prozess der Kaufentscheidung abgebildet. Bei dieser Art von Partialmodellen des Kaufentscheidungsprozesses handelt es sich um Phasenmodelle (auch Prozessmodelle genannt) (Kroeber-Riel, Weinberg & Gröppel-Klein 2009, S. 416).[62]

In Abbildung 5-2 ist exemplarisch ein partielles Phasenmodell eines Kaufentscheidungsprozesses in idealisierter Form dargestellt. Es soll in dieser Arbeit als Modell für den Kaufentscheidungsprozess dienen. Der Prozess beginnt mit der Problemerkenntnis bzw. der Bedürfniswahrnehmung, woraufhin die Informationssuche beginnt. Teil der folgenden Informationsverarbeitung stellt die Bewertung der Alternativen und schließlich die Auswahl einer Alternative dar. Zur Bewertung und Auswahl stehen dem Konsumenten unterschiedliche Entscheidungsstrategien, wie beispielsweise das Chance-Kriterium zur Verfügung (vgl. Kapitel 6). Es schließt sich der Kauf und der Konsum des Produktes an. Nach dem Konsum kommt es zu einer weiteren Bewertung des Produktes auf Basis der Konsumerfahrung.

In der Grafik wird auch die Kaufentscheidung im engeren Sinne abgegrenzt. Der Begriff der Kaufentscheidung kann weit oder eng verstanden werden (Weinberg 1981, S. 11). Aus der weiten Sicht versteht man unter einer Kaufentscheidung den gesamten Kaufentscheidungsprozess, der je nach Modell mit der Bedürfniswahrnehmung oder der Produktwahrnehmung beginnt und mit dem Produktkauf oder der Produktbewertung nach dem Kauf endet. Unter dem Begriff der

---

[62] Zu den Phasenmodellen zählen auch die Modelle der Innovationsadoption. Sie betrachten den Kaufentscheidungsprozess aus der Sicht der Innovationsforschung, der Diffusion und Adoption von Innovationen. Die Innovationsdiffusion stellt das Aggregat des Adoptionsverhaltens von Innovationen, bzw. Produktinnovationen einzelner Konsumenten dar (Pepels 2005, S. 161). Der Adoptionsprozess wird typischerweise mit den Phasen Erkennen, Interesse, Bewertung, Versuch und Annahme beschrieben (Rogers 2003, S. 168ff.; Binsack & Trommsdorff 2003, S. 7ff.). Da in der TMS der Erfolg von Produktinnovationen untersucht wird, stellen die Modelle und Theorien zur Innovationsadoption eine mögliche alternative Herangehensweise an die Produktwahl und das Chance-Kriterium da. Da aber der Innovationsgrad von neuen FMCG meist gering ist (vgl. Kapitel 2.5.2) und daher weniger wahrgenommene innovative Attribute beim Kauf der neuen FMCG im Vordergrund stehen, wird in dieser Arbeit die Produktwahl über das allgemeine Kaufverhalten betrachtet.

Kaufentscheidung kann aber auch nur das Zustandekommen des Kaufentschlusses für ein bestimmtes Produkt bzw. eine bestimmte Marke verstanden werden, d.h. die Produktbewertung und Produktauswahl (Kroeber-Riel, Weinberg & Gröppel-Klein 2009, S. 410). In dieser Arbeit wird, sofern nichts Gegenteiliges angegeben ist, dem Begriff der Kaufentscheidung die erste, weitere Definition zu Grunde gelegt. Die Kaufentscheidung im engeren Sinne wird in dieser Arbeit als Produktwahl bezeichnet.

Prozess der Kaufentscheidung

- Problemerkenntnis
- ⇩
- Informationssuche
- ⇩
- Informationsverarbeitung
- Bewertung der Alternativen
- Auswahl einer Alternative

⎫
⎬ **Prozess der Kaufentscheidung im engeren Sinne = Prozess der Produktwahl**
⎭

- ⇩
- Kauf
- ⇩
- Konsum
- ⇩
- Bewertung nach dem Konsum

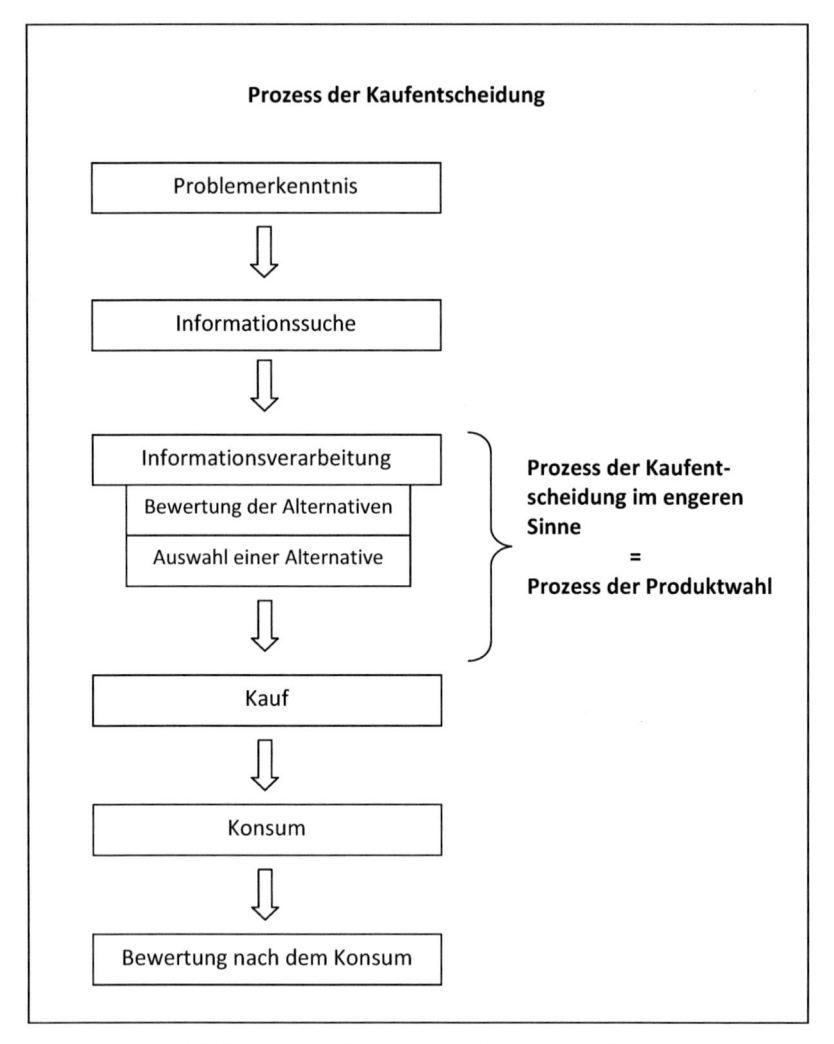

Abbildung 5-2: Prozess der Kaufentscheidung
(Quelle: In Anlehnung an Blackwell, Miniard & Engel 2006, S. 70ff. und Kroeber-Riel, Weinberg & Gröppel-Klein 2009, S. 416)

5.2 Arten von Kaufentscheidungen

Es existiert eine Vielzahl von unterschiedlichen Ansätzen zur Kategorisierung von Kaufentscheidungen von Individuen.[63] Im Mittelpunkt der Analyse des Entscheidungsverhaltens steht bei den meisten Ansätzen das Ausmaß an kognitiver Kontrolle. Kaufentscheidungen werden daher typischerweise nach der Stärke ihrer kognitiven Steuerung, d.h. nach dem Ausmaß an Informationssuche, Informationsaufnahme und Informationsspeicherung unterschieden (Blackwell, Miniard & Engel 2006, S. 88; Kroeber-Riel, Weinberg & Gröppel-Klein 2009, S. 411; Weinberg 1981, S. 12).[64] Kroeber-Riel (2009, S. 411ff.) und Weinberg (1981, S. 12ff.) unterscheiden die vier Kategorien impulsive, habitualisierte, extensive und limitierte Kaufentscheidungen.[65] Während impulsive und habitualisierte Käufe zu den Kaufentscheidungen mit tendenziell geringer kognitiver Steuerung zählen, findet bei extensiven Kaufentscheidungen (auch komplexe oder echte Kaufentscheidung genannt) und limitierten Kaufentscheidungen eine stärkere kognitive Steuerung statt.

Impulsive Kaufentscheidungen zeichnen sich durch ein unmittelbar reaktives, d.h. reizgesteuertes und emotionales Entscheidungsverhalten aus. Sie finden weitgehend automatisch und ohne das Verarbeiten von Informationen statt (Kroeber-Riel, Weinberg & Gröppel-Klein 2009, S. 447; Pepels 2005, S. 21). Impulsive Käufe werden in der Regel durch einen Reiz am POS ausgelöst (Blackwell, Miniard & Engel 2006, S. 91; Piron 1991, S. 513). Der Impulskauf geht auf das Phänomen der ungeplanten Käufe zurück. Diese Definition ist aber verhaltenswissenschaftlich nicht hinreichend genau, da ja nicht jeder ungeplante

---

[63] Für einen Überblick über die Historie der gängigen Ansätze vgl. Kuß 1987, S. 17ff.; Schulte-Frankenfeld 1985, S. 4ff.
[64] Insbesondere in den angelsächsischen Ländern dominieren Ansätze zu kognitivem Problemlösungsverhalten. Zur Kritik an diesem Vorgehen vgl. beispielsweise Kroeber-Riel, Weinberg & Gröppel-Klein 2009, S. 410f.; Schulte-Frankenfeld 1985, S. 12f.
[65] Dieser Ansatz geht zurück auf Katona (1960) und Howard und Seth (1969). Trommsdorff (2009, S. 292) kritisiert die Einteilung von Kaufentscheidungen in vier Kategorien als willkürlich. Für ihn stellen der Impulskauf und die extensive Kaufentscheidung Extremwerte dar. Dazwischen liegen die Käufe mit beschränkter Informationsverarbeitung. Um eine sprachliche Ordnung zu schaffen, wird im Folgenden die kategoriale Differenzierung in die vier genannten Entscheidungstypen verwendet. Für weitere Kategorisierungsansätze vgl. beispielsweise Blackwell, Miniard & Engel 2006, S. 88ff.; Kotler, Keller & Bliemel 2007, S. 292ff.; Mowen 1995, S. 242ff.

Kauf impulsiv getroffen wird (Weinberg 1981, S. 165). Kognitives Entscheidungsverhalten kommt zwar nicht während eines Impulskaufes, dagegen aber durchaus davor oder danach zum Einsatz. So kann ein Impulskauf bewusst geplant werden, wenn man sich beispielsweise ‚verführen' lassen möchte (Kroeber-Riel, Weinberg & Gröppel-Klein 2009, S. 447) oder es kommt nachträglich zu einer kognitiven Rechtfertigung des Kaufes (Weinberg 1981, S. 65). Bei Impulskäufen handelt es sich in der Regel um Kauf-Nichtkauf-Entscheidungen und nicht um Auswahl- bzw. Vergleichsentscheidungen (Lürssen 1989, S. 34).

Habitualisierte Kaufentscheidungen sind ebenfalls von einer geringen kognitiven Belastung durch den Konsumenten gekennzeichnet. Es handelt sich um routinemäßiges und reaktives Kaufverhalten (Solomon 2009, S. 353; Kroeber-Riel, Weinberg & Gröppel-Klein 2009, S. 439f.). Einer habitualisierten Kaufentscheidung kann sowohl ein extensiver Entscheidungsprozess, aber auch beispielsweise ein Impulskauf vorausgegangen sein (Kroeber-Riel, Weinberg & Gröppel-Klein 2009, S. 441f.). Aufgrund von wiederholt zufrieden stellender Erfahrung und zum Zweck der kognitiven Entlastung entsteht dann ein habitualisierter Prozess (Kroeber-Riel, Weinberg & Gröppel-Klein 2009, S. 441; Pepels 2005, S. 20). Es handelt sich bei habitualisierten Käufen daher meist um Wiederholungskäufe. Denkbar ist aber auch, dass die Habitualisierung nicht auf eigener Erfahrung, sondern auf Beobachtung, beispielsweise der Konsumgewohnheiten der Eltern, beruht (Kroeber-Riel, Weinberg & Gröppel-Klein 2009, S. 442). Auch bei habitualisierten Käufen handelt es sich in der Regel nicht um eine Auswahlentscheidung, da der Konsument zum bekannten Produkt greift.

Extensives Entscheidungsverhalten ist gekennzeichnet durch einen Mangel an Kauferfahrung und dem Fehlen von kognitiven Ankern (Kroeber-Riel, Weinberg & Gröppel-Klein 2009, S. 423). Der Entscheidungsprozess wird zum größten Teil gedanklich gesteuert und die Entscheidungszeit ist länger als bei limitierten, habitualisierten oder impulsiven Kaufentscheidungen (Pepels 2005, S. 22). Im Gegensatz zu limitierten oder habitualisierten Kaufentscheidungen sind extensive Kaufentscheidungen durch eine starke emotionale Beteiligung gekennzeichnet. Die Kombination aus starker emotionaler und kognitiver Beteiligung wird auch unter dem Begriff des hohen Involvements zusammengefasst (Kroeber-Riel, Weinberg & Gröppel-Klein 2009, S. 412f.). Im idealtypischen Falle werden bei einer extensiven Kaufentscheidung alle relevanten Informationen betrachtet und es kommt zu einem umfassenden Bewertungsprozess aller Alternativen (Kroeber-Riel, Weinberg & Gröppel-Klein 2009, S. 423f.; Blackwell, Miniard & Engel 2006, S. 89). Extensive Kaufentscheidungen treten vor allem unter mehreren der folgenden, sich gegenseitig beeinflussenden, Bedingungen auf (vgl. beispielsweise Blackwell, Miniard & Engel 2006, S. 89; Kroeber-Riel, Weinberg & Gröppel-Klein 2009, S. 423f.; Foscht & Swoboda 2009, S. 151ff.; Pepels 2005, S. 22; Weinberg 1981, S. 53ff.):

- es handelt sich um einen Erstkauf in der Produktkategorie bzw. es fehlt an Produkterfahrung,

- es handelt sich um ein langlebiges Gebrauchsgut,

- das Produkt wird als teuer empfunden,

- wenn das mit dem Kauf verbundene finanzielle, funktionelle, physische oder psychische Risiko hoch ist,

- wenn die Kaufentscheidung von großer persönlicher Bedeutung ist,

- wenn der Konsument gerne und engagiert einkauft,

- wenn ein neues Produkt eingeführt wird (vor allem langlebige Gebrauchsgüter).

Bei *limitierten Kaufentscheidungen* ist der kognitive Aufwand geringer als bei extensiven Käufen. Sie werden zwar ebenfalls geplant und bewusst gefällt, aber der Aufwand der Informationsaufnahme und Informationsverarbeitung ist deutlich geringer(Blackwell, Miniard & Engel 2006, S. 89; Kroeber-Riel, Weinberg & Gröppel-Klein 2009, S. 424). Emotionale und reaktive Prozesse spielen im Vergleich zu extensiven Prozessen eine untergeordnete Rolle. Der Konsument kann auf Erfahrungen und ein bewährtes Problemlösungsmuster zurückgreifen. Er ruft typischerweise erst interne, also gespeicherte, Informationen ab, bevor er externe Informationen einholt (Weinberg 1981, S. 65f.). Aus der als kaufrelevant wahrgenommenen Alternativmenge, dem Relevant-Set[66], wird mit Hilfe von bewährten Entscheidungsstrategien ausgewählt. Nur wenn die gespeicherten Informationen nicht ausreichen, um eine Entscheidung zu treffen, sucht der

---

[66] Kroeber-Riel und Weinberg (2009, S. 425) verwenden in diesem Zusammenhang den Begriff Evoked-Set (vgl. Anhang 3).

Konsument nach externen Informationen. Ihn interessieren vorrangig Schlüsselinformationen, die sich dazu eignen, einzelne Alternativen aus dem Relevant-Set zu präferieren oder zu eliminieren (Weinberg 1981, S. 99f.; Kroeber-Riel, Weinberg & Gröppel-Klein 2009, S. 425). Limitierte Kaufentscheidungen treten vor allem in folgenden, sich gegenseitig beeinflussenden, Situationen auf (vgl. beispielsweise Weinberg 1981, S. 89ff; Kroeber-Riel, Weinberg & Gröppel-Klein 2009, S. 424ff.; Foscht & Swoboda 2009, S. 153ff.; Blackwell, Miniard & Engel 2006, S. 89f.):

- der Konsument verfügt schon über Produkterfahrung bzw. Erfahrung mit der Produktkategorie,
- der Konsument hat aber noch kein präferiertes Produkt bzw. das präferierte Produkt ist nicht verfügbar,
- das mit der Kaufentscheidung verbundene Risiko ist mittel bis gering,
- wenn ein neues Produkt eingeführt wird (vor allem FMCG),
- der Konsument steht unter Zeitdruck.

5.3 Kaufentscheidungen von neuen FMCG

Da es sich bei dem Chance-Kriterium um eine Entscheidungsstrategie handelt, die im Rahmen von kognitiver Informationsverarbeitung während der Produktwahl angewendet wird, interessiert im Folgenden das Ausmaß an kognitiver Informationsverarbeitung während der Produktwahl von neuen FMCG.

In der Wissenschaft herrscht keine Einigkeit darüber, welche Kaufentscheidungsarten beim Kauf von FMCG dominieren. Mal wird der limitierte (vgl. beispielsweise Höfer 2010, S. 46), mal der habitualisierte (vgl. beispielsweise Kaiser 2007, S. 586; Lürssen 1989, S. 22; Tscheulin & Helmig 2007, S. 542f.) und mal der impulsive Entscheidungsprozess (vgl. beispielsweise Keuper & Hannemann 2009, S. 254; Baumgarth 2008, S. 90) als vorherrschend bei FMCG angenommen.

Bei der im Rahmen von TMS betrachteten neuen FMCG sind zwei Besonderheiten zu beachten. Erstens handelt es sich um Produkte, die neu in den Markt eingeführt werden. Der Konsument hat also noch keine Produkterfahrung, d.h. er kann keine Kauf- und Verwendungserfahrung mit dem betreffenden Produkt haben. Aus diesem Grund ist es für die weitere Betrachtung sinnvoll, wie schon im Rahmen der TMS, den Erst- und Wiederholungskauf getrennt zu betrachten. Zweitens wird für die TMS der Anteil an Konsumenten, die überhaupt auf das neue Produkt aufmerksam werden, d.h. die Wahrnehmung im Rahmen der Informationssuche, gesondert geschätzt. Es reicht daher an dieser Stelle aus, den Kaufentscheidungsprozess erst ab der Phase der Informationsverarbeitung, d.h. der Produktwahl zu betrachten.

Die Erstwahl eines neuen FMCG wird typischerweise mittels eines limitierten oder impulsiven Prozesses getroffen. Der relativ risikoarme Erstkauf eines FMCG erfordert keine extensive Entscheidung. Nur in dem unwahrscheinlichen Fall, dass das neue Produkt einer Produktkategorie angehört, für welche der Konsument ein hohes Involvement mitbringt, aber trotzdem über wenig Erfahrung in dieser Kategorie verfügt, könnte eine extensive Produktwahl stattfinden. Eine habitualisierte Entscheidung ist ebenfalls unwahrscheinlich, aber nicht ganz auszuschließen. Wenn es sich bei dem neuen Produkt beispielsweise um eine Produktrelaunch handelt oder ein Produkt einer bevorzugten Familienmarke in einer neuen Produktkategorie, ist es denkbar, dass der Konsument nur aus Gewohnheit bzw. Loyalität und ohne weiterer kognitive Prozesse dieses Neue Produkt wählt.

Extensive Kaufentscheidungen sind beim Wiederholungskauf noch weniger als beim Erstkauf zu erwarten. Der Wiederholungskauf eines neuen FMCG findet daher typischerweise habitualisiert oder limitiert statt. Auch wenn die einzelne habitualisierte Kaufentscheidung meist durch geringe kognitive Steuerung gekennzeichnet ist, beruht sie dennoch in der Regel auf einer zeitlich vorgelagerten Informationsaufnahme und Informationsverarbeitung (Lürssen 1989, S. 27).[67]

Man kann daher davon ausgehen, dass spätestens die Entscheidung zum wiederholten Kauf eines neuen FMCG normalerweise unter dem Einsatz eines Mindestmaß an kognitiver Informationsverarbeitung sattfindet (Lürssen 1989, S.

---

[67] In diesem Fall ruht die Kaufentscheidung auf einer Einstellung. Für einen tieferen Einblick in den Zusammenhang von Kaufentscheidungen, Einstellungsbildung und Produktwahl vgl. Lürssen 1989, S. 28ff..

22).[68] Im Folgenden wird daher dieses kognitive Produktwahlverhalten genauer betrachtet.

---

[68] Die mögliche Adoption eines neuen FMCG ganz ohne kognitive Informationsverarbeitung, d.h. der wiederholte Impulskauf lässt sich im Rahmen der Testmarktsimulation schlecht abbilden. Spätestens bei der Nachbefragung wird der Proband zu einer Produktbewertung oder zu einem Produktvergleich aufgefordert, der ohne kognitive Prozesse kaum zu vollziehen ist. Da davon auszugehen ist, dass die Adoption eines neuen FMCG ganz ohne kognitive Informationsverarbeitung, d.h. auch ohne Einstellungsbildung nur sehr selten vorkommt und daher in der Regel nur geringe Auswirkungen auf den Erfolg eines neuen FMCG hat, wird sie im Folgenden vernachlässigt.

6 Entscheidungsstrategien der Produktwahl

In diesem Kapitel werden die Entscheidungsstrategien genauer betrachtet werden. Nach einer Einführung werden hierfür zuerst die Aspekte von Entscheidungsstrategien vorgestellt. Im Anschluss werden die wichtigsten Entscheidungsstrategien beschrieben und das Chance-Kriterium innerhalb dieser Strategien eingeordnet. Danach wird der Forschungsstand zum Einsatz von Entscheidungsstrategien in allgemeinen Kaufsituationen zusammengefasst. Dafür werden zunächst kurz die Methoden zur Messung des Einsatzes von Entscheidungsstrategien dargelegt. Abschließend wird die Bedeutung von Entscheidungsstrategien für die Absatzprognose erörtert.

6.1 Grundlagen von Entscheidungsstrategien

Es existiert keine geschlossene Theorie wie Konsumenten Informationen verarbeiten, um Kaufentscheidungen zu treffen (Ben-Akiva & Lerman 1985, S. 31; Lipshitz 1995). Eine Vielzahl unterschiedlicher Ansätze beschäftigt sich mit dem gesamten Entscheidungsprozess (vgl. beispielsweise Kapitel 5.1) oder einem Teil des Prozesses, wie der Produktwahl (vgl. beispielsweise Hansen & Riis Christensen 2007; Herrmann 1992; Hofacker 1985; Kroeber-Riel, Weinberg & Gröppel-Klein 2009, S. 343ff.). Weitere Ansätze nähern sich dem Thema beispielsweise über die Einstellungsbildung (vgl. beispielsweise Day 1970) oder allgemein über die Entscheidungstheorie (vgl. beispielsweise Payne, Bettman & Johnson 1993; Berthoz & Weiss 2006) bzw. die Informationsverarbeitungstheorie (vgl. beispielsweise Anderson 1982; Pras 1978; Bettman 1979; Enders 1997; Bleicker 1983).

Im Hinblick auf die TMS von FMCG interessieren im Folgenden nur individuelle, kognitive Kaufentscheidungen im Sinne einer Produktauswahl innerhalb einer Produktkategorie. Gegenstand solcher Entscheidungen sind Produktalternativen, die sich hinsichtlich verschiedener Eigenschaften, sogenannter Attribute unterscheiden.[69] Eine multiattributive Entscheidungssituation liegt demnach vor,

---

[69] Produktattribute sind in dieser Arbeit sehr weit definiert, sie umfassen alle kaufrelevanten Eigenschaften eines Produktes. So können neben klassischen Produkteigenschaften (engl. Features) beispielsweise auch persönliche Empfehlungen oder der Distributionsgrad dazu

wenn ein Konsument zwischen mindestens zwei Alternativen entscheiden muss, die in der Wahrnehmung des Konsumenten für mindestens ein Attribut unterschiedliche Ausprägungen aufweisen (Lürssen 1989, S. 20).[70]

Nach der normativen ‚Rational Choice Theory' kann der Konsument aufgrund von stabilen und eindeutigen Präferenzen für jede Alternative einen kontextunabhängigen Nutzen bzw. subjektiv erwarteten Nutzen unter der Berücksichtigung aller Informationen berechnen und wählt dann die Alternative mit dem höchsten Wert (für einen tieferen Einblick in die ‚Rational Choice Theory' bzw. deren konkrete Abfassung, die ‚(Subjective) Expected Utility Theory' vgl. beispielsweise von Neumann & Morgenstern 1947; Savage 1954; von Winterfeldt & Edwards 1986; Edwards 1954; Abelson & Levi 1985, S. 243–246; Frisch & Clemen 1994; Skorepa 2011, S. 58ff.). Diese normative Theorie ist empirisch vielfach wiederlegt worden.

Insbesondere die Theorie zur begrenzten Rationalität (‚Bounded Rationality') und die Theorie der Wahrnehmungseffekte versuchen das von den Axiomen der ‚Rational Choice Theory' abweichende Verhalten zu erklären (Teichert 2000, S. 145; Bettman, Luce & Payne 1998). Die begrenzte Rationalität geht zurück auf Simon (1955, S. 99ff. 1978, S. 9). Er hat als erster darauf hingewiesen, dass die kognitive Aufmerksamkeit der Konsumenten eine knappe Ressource darstellt und diese daher meist keine optimale Entscheidung, d.h. eine Entscheidung unter Berücksichtigung aller Informationen treffen können oder wollen. Wahrnehmungseffekte besagen, dass Alternativen nicht isoliert, sondern im Kontext bewertet werden, d.h. dass der Nutzen immer relativ ist (Teichert 2000, S. 146, vgl. auch Kapitel 7).

Man geht daher heute davon aus, dass dem Konsumenten zur Produktbewertung und Produktauswahl ein Repertoire von verschiedenen Entscheidungsstrategien zur Verfügung steht, welches er durch Erfahrung oder Übung gewonnen hat (Payne, Bettman & Johnson 1993, S. 70f.; Abelson & Levi 1985, S. 261). Diese Strategien variieren in ihren Vor- und Nachteilen in Bezug auf die Ziele, welche der Konsument in einer gegebenen Produktwahlsituation erreichen will. Der Konsument wählt aus seinem Repertoire diejenige Strategie aus, mit der er seine

---

zählen. Im Englischen spricht man auch von ‚Product Cues' (vgl. beispielsweise Zhang, Hsee & Xiao 2006, S. 102; Aschenbrenner 1977, S. 23).

[70] Ein Beispiel für eine solche Entscheidungssituation findet sich in Anhang 5.

Ziele am besten realisiert (Bettman, Luce & Payne 1998, S. 187; Payne, Bettman & Johnson 1993, S. 70ff., Payne, Bettman & Johnson 1988; Zhang, Hsee & Xiao 2006, S. 104). Eine mögliche Strategie ist beispielsweise, nur nach einem, dem wichtigsten Attribut auszuwählen. So entscheidet der Konsument beispielsweise ein Produkt einer bestimmten Produktkategorie nach dem günstigsten Preis zu wählen, da er gelernt hat, dass die Produkte dieser Kategorie für ihn keine Qualitätsunterschiede aufweisen. Die Entscheidungsstrategien, mit ihren Entscheidungskriterien werden gegebenenfalls der aktuellen Situation angepasst und durch Erfahrung laufend erweitert. Man spricht daher vom ‚Constructive Consumer Choice Process' (Bettman, Luce & Payne 1998). Wie in den folgenden Kapiteln gezeigt wird, sind Produktpräferenzen nicht immer stabil, sondern können situationsabhängig sein (Bettman, Luce & Payne 1998, S. 188). Gregory, Lichtenstein und Slovic (1993, S. 179) vergleichen die Entstehung von Präferenzen daher mit der Architektur, d.h. der Bildung von Präferenzen, im Vergleich zur Archäologie, das Aufdecken von Präferenzen, die unbewusst schon vorhanden sind.

Die Entscheidungsstrategien bzw. Entscheidungsregeln zur Produktwahl bestehen typischerweise aus zwei Teilprozessen (Kroeber-Riel, Weinberg & Gröppel-Klein 2009, S. 426; Wright 1975, S. 60; Knappe 1981, S. 131). Zuerst nimmt der Konsument eine Bewertung der Alternativen vor und im zweiten Schritt wählt er dann eine bzw. keine oder mehrere Alternativen aus. Diese zwei Schritte sind in Abbildung 6-1 dargestellt.

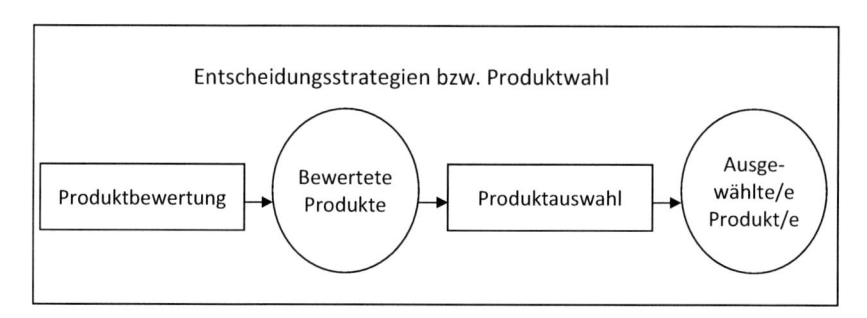

Abbildung 6-1: Teilprozesse von Produkt-Entscheidungsstrategien (Quelle: Eigene Darstellung)

Die beiden Prozesse sind nicht unabhängig voneinander und können nicht immer klar auseinander gehalten werden (Kroeber-Riel, Weinberg & Gröppel-Klein 2009, S. 426). Sie können zeitlich getrennt auftreten, wenn beispielsweise eine habituelle Produktauswahl auf der Produktbewertung einer früheren Kaufentscheidung basiert. Des Weiteren müssen nicht alle Vorgänge bewusst ablaufen (Kuß 1987, S. 31). Die Produktwahl kann auf unterschiedlichen Bewusstseinsebenen ablaufen, Teile davon auch völlig unbewusst.

6.2 Aspekte von Entscheidungsstrategien

Entscheidungsstrategien lassen sich hinsichtlich verschiedener Aspekte differenzieren bzw. charakterisieren. Im Folgenden werden die Aspekte Attributsverknüpfung, Auswahlkriterium, Verarbeitungsweise der Informationen, sowie Wertefunktion und Gewichtung der Attribute genauer betrachtet.[71]

Kompensatorische und nicht-kompensatorische Attributsverknüpfung
Eines der wesentlichen Unterscheidungsmerkmale von Entscheidungsstrategien ist, ob bei ihrer Anwendung positiv und negativ bewertete Attributsausprägungen einer Alternative verrechnet, d.h. kompensiert werden oder nicht (Bettman, Johnson & Payne 1991, S. 60; Enders 1997, S. 18; Schiffmann & Kanuk 1991, S. 566; Pras 1978, S. 145f.). Wie in Abbildung 6-2 dargestellt unterscheidet man demnach kompensatorische und nicht-kompensatorische Strategien. Bei den kompensatorischen Strategien bildet der Konsument aus allen Einzelbewertungen der relevanten Attribute einer Alternative eine Gesamtbewertung für diese Alternative. Kompensatorische Entscheidungsstrategien führen also jeweils zu einer bestimmten Einstellung[72] gegenüber allen betrachteten Alternativen (Bleicker 1983, S. 33). Bei den nicht-kompensatorischen Entscheidungsstrategien verrechnet der Konsument die Werte der verschiedenen Attributsausprägungen dagegen nicht zu einem Gesamtwert

---

[71] Für weitere Aspekte von Entscheidungsstrategien vgl. beispielsweise Bettman, Johnson & Payne 1991, S. 60; Enders 1997, S. 10ff.; Hofacker 1985, S. 60ff.
[72] Da es bei der Anwendung von nicht-kompensatorischen Entscheidungsstrategien nicht zu einer Einstellungsbildung bezüglich der betrachteten Produkte kommen muss und der Begriff der Einstellungsbildung häufig im Zusammenhang mit dem Begriff der Urteilsbildung verwendet wird, wird in dieser Arbeit von Produktbewertung und nicht von Produktbeurteilung als Oberbegriff des Teilprozesses der Produktwahl gesprochen.

(Enders 1997, S. 18). Eine schlecht bewertete Attributsausprägung einer Alternative kann nicht kompensiert werden und führt zum Ausschluss dieses Produktes. Der Konsument muss also keine Austauschraten, sogenannte Trade-offs, für die einzelnen Ausprägungen der verschiedenen Attribute finden (Eisenführ, Weber & Langer 2010, S. 140). Es entfällt somit auch die Notwendigkeit, unterschiedlich dimensionierte Produktattribute vergleichbar zu machen (Enders 1997, S. 18).

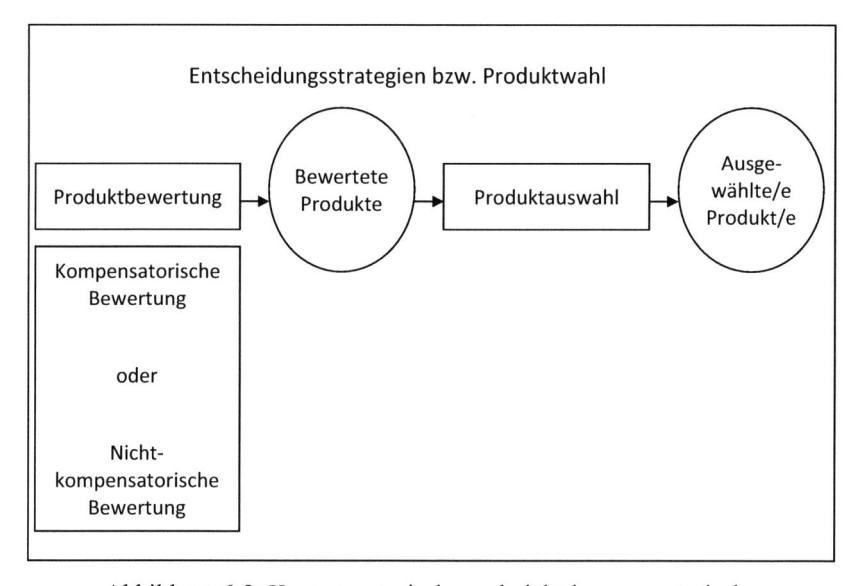

Abbildung 6-2: Kompensatorische und nicht-kompensatorische
Produktbewertung
(Quelle: Eigene Darstellung)

Maximierendes und satisfizierendes Auswahlkriterium
Ein weiterer Aspekt zur Differenzierung von Entscheidungsstrategien ist das Auswahlkriterium. Im zweiten Schritt der Produktwahl wählt der Konsument aus den bewerteten, bzw. aus denen nach dem Bewertungsprozess übrig gebliebenen Alternativen, eine bzw. keine oder mehrere Alternativen aus. Wie in Abbildung 6-3 dargestellt kann diese Auswahl einer Alternative entweder nach maximierenden oder satisfizierenden Kriterien erfolgen (Hofacker 1985, S. 61;

Wright 1975, S. 60). Bei kompensatorischen Entscheidungsstrategien findet eine maximierende Auswahl statt, wenn nach der Anweisung „Wähle die beste Alternative von allen", d.h. die Alternative mit dem höchsten absoluten oder relativen Gesamtwert, gewählt wird (Hofacker 1985, S. 60). Bei der Anwendung von nicht-kompensatorischen Entscheidungsstrategien liegt maximierendes Verhalten vor, wenn der Konsument den Sieger eines Eliminationsprozesses wählt (Hofacker 1985, S. 61). Der Konsument vergleicht bei maximierenden Entscheidungsstrategien also die zur Wahl stehenden Alternativen gegeneinander. Demgegenüber vergleicht der Konsument bei satisfizierenden Entscheidungsstrategien die Alternativen gegen ein bestimmtes Kriterium (Wright 1975, S. 61). Es wird die Alternative gewählt, die einem subjektiven Anspruchsniveau genügt (Hofacker 1985, S. 61). Das satisfizierende Auswahlkriterium „Wähle die erste zufriedenstellende Alternative", geht zurück auf Simon (Simon 1955, S. 104ff.). Für diese beiden Verhaltensmuster wird auch die gängige Abkürzung Best-Regel bzw. First-Regel verwendet (vgl. beispielsweise Wright 1975; Bleicker 1983, S. 33).

Entscheidungsstrategien bzw. Produktwahl

Produktbewertung → Bewertete Produkte → Produktauswahl → Ausgewählte/e Produkt/e

Kompensatorische Bewertung

oder

Nicht-kompensatorische Bewertung

Maximierendes Kriterium

oder

Satisfizierendes Kriterium

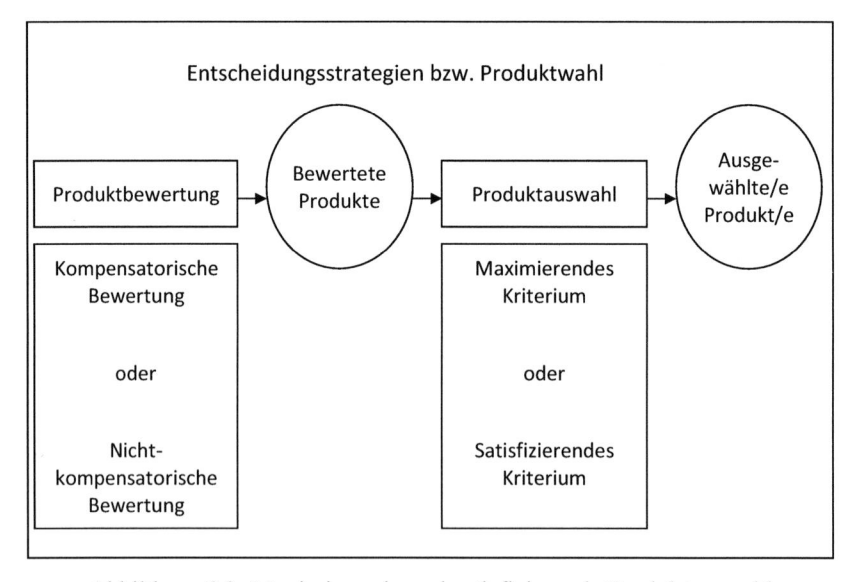

Abbildung 6-3: Maximierende und satisfizierende Produktauswahl (Quelle: Eigene Darstellung)

Alternativenweise oder attributsweise Verarbeitung der Informationen
Ein weiteres Differenzierungsmerkmal von Entscheidungsstrategien ist die Verarbeitungsweise der Informationen. Die zur Auswahl stehenden Alternativen können entweder alternativenweise oder attributsweise bewertet werden (Bettman, Luce & Payne 1998, S. 198; Bettman, Johnson & Payne 1991, S. 60; Bleicker 1983, S. 45). Bei der alternativenweisen Bewertung betrachtet der Konsument zuerst alle relevanten Attribute einer Alternative, bevor er die nächste Alternative betrachtet. Bei der attributsweisen Bewertung vergleicht der Konsument dagegen zuerst die Ausprägungen der Alternativen auf einem, dem wichtigsten Attribut (Bettman, Luce & Payne 1998, S. 198). Der Konsument betrachtet beispielsweise zuerst den Preis bei allen Produkten, ohne andere Informationen zu berücksichtigen. Falls dies zu keinem eindeutigen Ergebnis führt, betrachtet er im nächsten Schritt das zweitwichtigste Attribut. Diesen Prozess setzt er, wenn nötig, so lange fort, bis nur noch eine Alternative eindeutig präferiert wird (Enders 1997, S. 12; Bleicker 1983, S. 45).

Eine weitere Form bei der Vorgehensweise der Alternativenbewertung ist der Paarvergleich (Enders 1997, S. 13). Hier vergleicht der Konsument über alle relevanten Attribute immer nur zwei Alternativen gegeneinander. Der Sieger wird im nächsten Schritt mit einer weiteren Alternative verglichen. Bei diesem Vorgehen muss der Konsument zwingend alle Alternativen bewerten. Er kann den Prozess der Bewertung nicht vorzeitig abbrechen, da er die Alternativen nicht gegen ein bestimmtes Kriterium vergleicht, bzw. keinen Mindeststandard festlegt, sondern eine Alternative nur relativ zu einer anderen Alternative betrachtet (Enders 1997, S. 14).

Wertefunktion und Gewichtung der Attribute
Die Produktbewertung erfordert vom Konsumenten die Erstellung von Wertefunktionen der Attributsausprägungen und gegebenenfalls auch eine Gewichtung der Attribute (Aschenbrenner 1977, S. 25). Die Wertefunktion beschreibt den Grad der subjektiven Attraktivität einer objektiven Attributsausprägung (Hofacker 1985, S. 62; Montgomery & Svenson 1976, S. 284; Svenson 1979, S.

87). Es lassen sich drei Arten von Wertefunktionen unterscheiden: dichotome, ordinale und kardinale.[73]

Eine dichotome Wertefunktion kann nur einen von zwei Werten annehmen (Aschenbrenner 1977, S. 25). Im Falle der Produktbewertung liegt eine dichotome Wertefunktion vor, wenn der Konsument Attributsausprägungen lediglich in akzeptable und inakzeptable Ausprägungen unterscheidet. In der Literatur spricht man häufig von einem Mindestwert oder einem Mindestanspruch, welcher eine Ausprägung erreichen muss (Enders 1997, S. 19ff.).

Bei einer ordinalen Wertefunktion werden die verschiedenen Ausprägungen eines Attributes in eine Rangfolge gebracht (Aschenbrenner 1977, S. 25). Dies ist besonders bei kontinuierlichen Attributen, wenn die Bevorzugung monoton mit der Ausprägung steigt, leicht vorzunehmen. Ist dagegen die Bevorzugung über ein kontinuierliches Attribut eingipflig, wie beispielsweise die Menge Zucker im Kaffee, dann muss der Konsument alle Ausprägungen gegeneinander vergleichen. Das gleiche gilt für qualitative Attribute (Aschenbrenner 1977, S. 25).

Bei der kardinalen Wertefunktion sind zusätzlich Informationen über die Abstände zwischen den Nutzenwerten mehrerer Attributsausprägungen interpretierbar (Hofacker 1985, S. 62). Kardinale Wertefunktionen müssen nicht linear mit der Maßeinheit eines Attributes übereinstimmen. Beispielsweise empfinden die meisten Menschen die Differenz zwischen einer 80 m^2 und einer 100 m^2 Wohnung größer, als die Differenz zwischen einer 180 m^2 und einer 200 m^2 Wohnung (Aschenbrenner 1977, S. 25).

Einige Entscheidungsstrategien verlangen, dass der Konsument, zusätzlich zur Wertefunktion, auch eine Gewichtungsfunktion erstellt. Die Gewichtung der Attribute drückt aus, in welchem Ausmaß sie die Entscheidung beeinflussen (Aschenbrenner 1977, S. 26; Hofacker 1985, S. 62). Dabei lässt sich zwischen keiner, ordinaler und kardinaler Gewichtung unterscheiden.[74] Liegt keine Gewichtung der Attribute vor, beeinflussen sie alle im gleichen Ausmaß die Ent-

---

[73] Zur Veranschaulichung der unterschiedlichen Wertefunktionen und ihrem kognitiven Anspruch, wird im Anhang 5 für jede Wertefunktion ein konkretes Beispiel dargestellt.
[74] Hofacker (1985, S. 62) gibt als vierte Kategorie eine dichotome Gewichtung an, d.h. eine Unterscheidung in relevante und irrelevante Attribute. Diese Kategorie wird in dieser Arbeit nicht explizit aufgegriffen, weil davon ausgegangen wird, dass der Konsument grundsätzlich eine Einteilung in relevante und irrelevante Attribute vornimmt.

scheidung (Hofacker 1985, S. 62). Eine ordinale Gewichtung gibt Auskunft über die Reihenfolge, in der die verschiedenen Attribute zur Entscheidung herangezogen werden (Aschenbrenner 1977, S. 26). Kardinale Gewichte geben zusätzlich die Größe des Unterschiedes zwischen den einzelnen Attributen an. Sie werden benötigt, um bei kompensatorischen Strategien die Wertedifferenz zwischen nicht direkt vergleichbaren Attributen vergleichbar zu machen (Aschenbrenner 1977, S. 26).

6.3 Entscheidungsstrategien[75]

6.3.1 Kompensatorische Entscheidungsstrategien

Additives Modell
Das additive Modell ist die älteste und von Entscheidungs- und Einstellungsforschern am meisten untersuchte Entscheidungsstrategie (Payne 1976b, S. 361; Pras 1978, S. 146ff.).[76] In der Marktforschung bildet es die Grundlage der meisten Verfahren zur kompositionellen Einstellungsermittlung und zur dekompositionellen Präferenzabschätzung (Bettman, Luce & Payne 1998, S. 190). Ihre Bedeutung für das alltägliche Konsumentenverhalten ist aber eher gering (Aschenbrenner 1977, S. 30; Trommsdorff 2009, S. 286).

Bei der Anwendung des additiven Modelles muss der Konsument die Wichtigkeit von jedem relevanten Attribut und von jeder auftretenden Attributsausprägung bestimmen können (Bettman, Luce & Payne 1998, S. 190). Das Gesamturteil ergibt sich dann aus der Summe dieser Einzelbewertungen. Das gängigste und bekannteste additive Modell ist das lineare Modell von Fishbein und Ajzen (1975, S. 29), bei welchem der Konsument sowohl die Wahrscheinlichkeit für eine bestimmte Attributsausprägung als auch eine Bewertung der Wichtigkeit dieses Attributes vornimmt (Enders 1997, S. 23; Frisch & Clemen 1994, S. 147f.).

---

[75] Jede Entscheidungsregel wird in Anhang 6 mit Hilfe eines Beispiels veranschaulicht.
[76] Das additive Modell dient sowohl als Modell des Entscheidungsverhaltens als auch als Modell der Einstellungsbildung. Für einen tieferen Einblick vgl. Etter 1975; Bass, Pessemier & Lehmann 1972; Gierl 1995, S. 33ff..

Eine bekannte Variante dieses Modelles stellt jenes von Trommsdorff (1975, S. 72ff.) dar. Ausgangspunkt ist hierbei das vom Konsumenten als ideal betrachtete Produkt. Das Produkturteil wird dann als Abstand zwischen den jeweils tatsächlichen Attributsausprägungen und denen des idealen Produktes ermittelt (Kuß 1987, S. 151). Weitere Varianten des additiven Modelles sind nicht-lineare oder multiplikative Verknüpfungen zwischen den Einzelbewertungen.

Mit Hilfe einer additiven Bewertung kommt der Konsument für jedes betrachtete Produkt zu einem Gesamturteil, also zu einer Einstellung (Enders 1997, S. 23). Nach der Best-Regel wählt der Konsument dann das Produkt mit dem besten Urteil bzw. dem höchsten Gesamtwert aus. Unter Verwendung der First-Regel wird der Bewertungsprozess vorzeitig abgebrochen, sobald eine Alternative einen a priori definierten Gesamtschwellenwert erreicht (Bleicker 1983, S. 33; Wright 1975, S. 60f.).

In der Regel werden die Einzelbewertungen, wie bei dem Fishbein-Modell, vor der Verknüpfung gewichtet (Kuß 1987, S. 150). In der englischsprachigen Literatur unterscheidet man aber neben der Weighted-Additive-Rule auch die Equal-Weight-Heuristic (Bettman, Johnson & Payne 1991, S. 58f.). Die Equal-Weight-Heuristic ist eine starke Vereinfachung des additiven Modelles. Alle Attributsausprägungen werden ungewichtet summiert, d.h. alle Attribute sind für den Konsumenten gleich wichtig.

Additives Differenzmodell
Das additive Differenzmodell von Tversky (1969, S. 41ff.) ist eine weitere kompensatorische Entscheidungsstrategie. Die zur Auswahl stehenden Produkte werden paarweise anhand ihrer Attributsausprägungen verglichen. Der Vergleich jeder Attributsausprägung wird als Differenzwert gespeichert. Die Summe dieser Differenzwerte stellt dann die Präferenz für eines der beiden gegenübergestellten Produkte dar (Bleicker 1983, S. 34; Enders 1997, S. 24). Im folgenden Schritt wird das präferierte Produkt mit dem nächsten zu beurteilenden Produkt verglichen. Dieser Vorgang wiederholt sich, bis nur noch ein Produkt übrig bleibt. Bei der Anwendung des additiven Differenzmodelles entfällt somit eine Trennung in Produktbewertung und Produktauswahl (Enders 1997, S. 26). Eine Gewichtung der Differenzen wird beim additiven Modell in der Regel nicht angenommen. Der beim additiven Differenzmodell gebildete Gesamteindruckswert ist, im Gegensatz zum additiven Modell, nur ein relativer Wert (Bleicker

1983, S. 35). Aus diesem Grund kann das additive Differenzmodell bei mehr als zwei Alternativen zu intransitiven Präferenzen führen (Bettman 1979, S. 183f.; Tversky 1969, S. 41ff.; Enders 1997, S. 26).

Eine kognitiv vereinfachte Variante des additiven Differenzmodelles stellt die ‚Majority of Confirming Dimensions Heuristic' (im Folgenden MCD-Heuristic) von Russo und Dosher (1983) dar. Die Alternativen werden ebenfalls paarweise nach ihren Attributsausprägungen verglichen. Die Differenz zwischen den Ausprägungen wird allerdings nur als besser bzw. schlechter wahrgenommen, die Größe des Unterschiedes wird ignoriert. Diejenige Alternative mit der Mehrheit an besseren Attributsausprägungen wird dann präferiert (Russo & Dosher 1983, S. 683).

6.3.2 Nicht-kompensatorische Entscheidungsstrategien

Lexikografische Entscheidungsstrategie
Bei der lexikografischen Produktbewertung betrachtet der Konsument die Produkte attributsweise. Zuerst werden alle Produkte nach ihrem wichtigsten Attribut verglichen (Aschenbrenner 1977, S. 25). Das Produkt mit der besten Attributsausprägung wird ausgewählt, unabhängig von seinem Abschneiden bei allen anderen Attributen. Gibt es mehrere Produkte, welche die beste Attributsausprägung aufweisen, wird im nächsten Schritt das zweitwichtigste Attribut dieser Produkte verglichen (Bleicker 1983, S. 41). Die übrigen Produkte werden aus dem Bewertungsprozess eliminiert und nicht weiter betrachtet. Dieser Vorgang wird, wenn nötig, solange wiederholt, bis nur ein Produkt eindeutig präferiert wird (Fishburn 1974, S. 1443; Pras 1978, S. 153). Eine deutliche Trennung von Produktbewertung und Produktauswahl findet nicht statt (Enders 1997, S. 35).

Eine Modifikation dieses Modelles ist die lexikografische Semiordung (Tversky 1969, S. 32; Pras 1978, S. 153f.). Hier wird nur dann nach dem wichtigsten Attribut gewählt, wenn eine Alternative um einen bestimmten Betrag besser ist, als die nächstbeste Alternative auf diesem Attribut (Aschenbrenner 1977, S. 29).

Eine weitere Variante der lexikografischen Entscheidungsstrategie stellt die aspektweise Elimination von Tversky (1972) dar. Die Alternativen werden ebenfalls zuerst auf dem wichtigsten Attribut verglichen. Alle Produkte, die einen gesetzten Mindestanspruch nicht erreichen, werden eliminiert. Falls mehrere Produkte diesen Mindestanspruch erreichen, wird im nächsten Schritt das zweitwichtigste Merkmal betrachtet. Auch hier definiert der Konsument wieder einen Schwellenwert, der für den Verbleib der Produkte mindestens erreicht werden muss. Dieser Prozess wird solange fortgesetzt, bis nur noch ein Produkt übrig ist (Enders 1997, S. 37f.).

Konjunktive Entscheidungsstrategie
Bei der konjunktiven Entscheidungsstrategie bestimmt der Konsument für jedes relevante Attribut einen Mindestanspruch, den die Alternativen jeweils erfüllen müssen, um als akzeptabel zu gelten (Dawes 1964; Aschenbrenner 1977, S. 28). Unterschreitet eine Alternative diesen kritischen Wert auf mindestens einem Attribut, so wird sie eliminiert, und zwar unabhängig von ihrem Abschneiden auf den anderen Attributen (Hofacker 1985, S. 69).

Die konjunktive Strategie führt nur zu einem eindeutigen Ergebnis, wenn lediglich eine Alternative alle Mindestanforderungen erfüllt. Falls dies nicht der Fall ist, kann der Konsument die Mindestansprüche sukzessive erhöhen, bis nur noch ein Produkt präferiert wird. Dies entspricht der Anwendung der Best-Regel. Eine weitere Möglichkeit zu einem eindeutigen Ergebnis zu gelangen besteht darin, den Bewertungsprozess vorzeitig nach der First-Regel abzubrechen, sobald ein Produkt alle Mindestanforderungen erfüllt (Wright 1975, S. 61).

Disjunktive Entscheidungsstrategie
Die disjunktive Strategie, geht wie die konjunktive Strategie, zurück auf Dawes (1964) und Coombs (1964). Die beiden Strategien sind sich strukturell sehr ähnlich (Enders 1997, S. 37). Die Konsumenten legen im ersten Schritt ebenfalls Mindestansprüche für jedes Produktattribut fest. Im zweiten Schritt werden die Attributsausprägungen des jeweiligen Produktes mit diesen Mindestansprüchen verglichen. Ein Produkt wird akzeptiert, wenn es für wenigstens ein Attribut dem Mindestanspruch genügt. Zur Elimination einer Alternative kommt es nur, wenn diese keiner der Mindestansprüche erfüllen kann (Dawes 1964).

Nur wenn lediglich ein Produkt einen Mindestanspruch erfüllt, ist das Ergebnis des disjunktiven Modelles eindeutig (Enders 1997, S. 29). Wenn mehrere Produkte wenigstens einen Mindestanspruch erfüllen, hat der Konsument die gleichen Optionen wie beim konjunktiven Modell. Er kann entweder nach der First-Regel das erste Produkt wählen, das einen Mindestanspruch erfüllt oder er kann entsprechend der Best-Regel die Mindestansprüche sukzessive erhöhen, bis nur noch ein Produkt übrig bleibt.

Dominanzstrategie
Die Dominanzstrategie ist ein Grundprinzip des rationalen Entscheidens (Montgomery & Svenson 1976, S. 285). Nach der Dominanzstrategie wählt der Konsument diejenige Alternative, die wenigstens bei einem Attribut besser bewertet wird als bei allen anderen Alternativen, wobei die übrigen Attribute mindestens gleich bewertet werden. Ein Produkt wird also nur dann ausgewählt, wenn es kein weiteres Produkt gibt, was ihm bei allen Attributen ebenbürtig und bei mindestens einem überlegen ist (Nieschlag, Dichtl & Hörschgen et al. 2002, S. 612). Montgomery (1983, S. 344) hält das Dominanzprinzip für eine fundamentale Entscheidungsstrategie, da der Entscheider immer auf der Suche nach Dominanz ist. Er merkt jedoch kritisch an, dass diese Strategie in realen Entscheidungssituationen nur mit einer geringen Wahrscheinlichkeit zu einer eindeutigen Lösung führt (vgl. auch Hofacker 1985, S. 67).

Chance-Kriterium / Chance-Strategie
Wendet man die Dominanzstrategie auf den Spezialfall der Entscheidung zwischen dem aktuellen Produkt eines Konsumenten und ein für den Konsumenten neue(s) Produkt(e) an, so entspricht sie dem Chance-Kriterium. Ein neues Produkt wird nur gewählt, wenn es das aktuelle Produkt völlig dominiert, d.h. auf allen relevanten Attributen besser oder gleich abschneidet. In dieser Situation führt die Dominanzstrategie immer zu einer Entscheidung, sofern das aktuelle Produkt verfügbar ist. Ist das aktuelle Produkt nicht verfügbar, kann gegebenenfalls der Einsatz weiterer Entscheidungsstrategien notwendig sein.

Das Chance-Kriterium ist also die Abbildung einer nicht-kompensatorischen Dominanzstrategie und gehört zu den einfachen Heuristiken, da keine Trade-offs erforderlich sind. Die Produktauswahl erfolgt satisfizierend, da die neue Alternative im Prinzip gegen bestimmte Kriterien, nämlich die Mindeststandards, welche die aktuelle Alternative vorgibt, verglichen wird. Die Verarbeitungsweise der Informationen ist alternativenweise, da jede neue Alternative einzeln bewertet wird. Zur Bewertung ist lediglich eine dichotome Wertefunktion erforderlich, welche die Attributsausprägungen in besser bzw. schlechter als die jeweilige Ausprägung der aktuellen Alternative einteilt. Eine Gewichtung der Attribute wird gar nicht vorgenommen. Der kognitive Aufwand der Chance-Strategie kann also als vergleichsweise gering angesehen werden.

6.4 Stand der Forschung zu Entscheidungsstrategien der Produktwahl

6.4.1 Methoden zur Erforschung der Anwendung von Entscheidungsstrategien

Die Nutzung und Verarbeitung von Informationen zur Produktwahl, d.h. Entscheidungsstrategien und deren Einsatz, wurden bis in die 70er Jahre nur durch Input-Output-Analysen erforscht (Bleicker 1983, S. 57f.). Bei diesem Ansatz wird durch Gegenüberstellung von Produktangebot (Input) und Produktwahl (Output) mittels statistisch-mathematischer Methoden, wie beispielsweise Regressionsanalyse oder Korrelationsanalyse auf die zugrundeliegenden Entscheidungsstrategien geschlossen (Bleicker 1983, S. 57f.; Aschenbrenner 1977, S. 33). Diesen ergebnisorientierten Verfahren stehen die prozessorientierten Ansätze gegenüber, bei welchen die Informationsaufnahme und Informationsverarbeitung unmittelbar erfasst wird (Enders 1997, S. 67). Hier kommen unterschiedliche Methoden, wie beispielsweise die Blickbewegungsaufzeichnung, die Informations-Display-Matrix und Denkprotokolle zum Einsatz (Kuß 1987, S. 73ff.; Enders 1997, S. 67ff.; Knappe 1981, S. 60; Aschenbrenner 1977, S. 39f.; Bettman 1977).

Bei der *Blickbewegungsaufzeichnung* werden unter Hilfe verschiedener Techniken, wie versteckte Spiegel, Kameras oder Blickaufzeichnungsbrillen die Blicke der Probanden auf die angebotenen Informationen während eines Entscheidungsprozesses dokumentiert (Bettman 1977, S. 344; Knappe 1981, S. 65f.; Russo & Leclerc 1994, S. 275; Aschenbrenner 1977, S. 40). Die Methode der *Informations-Display-Matrix* wurde unabhängig voneinander von Jacoby und seinen Mitarbeitern (Jacoby, Szybillo & Busato-Schach 1977) sowie Payne (1976a) entwickelt (Knappe 1981, S. 61; Aschenbrenner 1977, S. 39). Bei dieser Methode werden dem Probanden die Informationen der verschiedenen Alternativen in einer Matrix dargeboten. Die einzelnen Felder der Matrix sind verdeckt. Um diese einsehen zu können, muss der Proband aktiv, beispielsweise durch das

Abheben einer Karte oder am PC-Bildschirm durch einen Mausklick (Payne, Bettman & Johnson 1993, S. 264ff.), die Einzelinformation freigeben. Zur Erstellung von *Denkprotokollen* wird der Proband aufgefordert, seinen Entscheidungsprozess laut auszusprechen. Man nennt die Methode daher auch ‚Lautes Denken' (Knappe 1981, S. 64f.).

Diese Methoden können den tatsächlichen inneren Entscheidungsprozess, d.h. die konkret angewendete Entscheidungsstrategie nur modellhaft abbilden. Zum Ersten weist jede Methode individuelle Schwächen auf (Kuß 1987, S. 73ff.). Bei der Blickaufzeichnung kann man kritisieren, dass nicht jeder Blick auf eine Information auch eine Informationsverarbeitung zur Folge haben muss. Bei der Anwendung einer Informations-Matrix besteht die Hauptkritik in der realitätsfernen wohlgeordneten Anordnung der Informationen, welche beispielsweise eine attributsweise Verarbeitung erleichtert. Bei verbalen Protokollen werden eventuell unbewusste Vorgänge nicht erfasst, bzw. Vorgänge, welche in der Realität unbewusst ablaufen, werden aufgrund der Laborsituation bewusst durchgeführt (Nisbett & Wilson 1977). Zum Zweiten muss bei diesen Methoden, wie bei allen Labormethoden, damit gerechnet werden, dass die Probanden aufgrund der Beobachtung von ihrem realen Verhalten abweichen. Es ist anzunehmen, dass die Probanden unter Beobachtung tendenziell mehr Informationen aufnehmen als gewöhnlich. Außerdem ist ein Laborkauf nicht mit den gleichen Konsequenzen verbunden, wie ein Kauf in der Realität (Kuß 1987, S. 118; Elrod, Johnson & White 2004, S. 1). Drittens ist davon auszugehen, dass Konsumenten selten nur eine Entscheidungsstrategie in Reinform verwenden. Vielmehr wird angenommen, dass Konsumenten häufig die verschiedenen Entscheidungsstrategien miteinander kombinieren und zwischen den verschiedenen Informationsverarbeitungsmöglichkeiten hin und her wechseln (Abelson & Levi 1985, S. 264). Sie bilden dabei jeweils individuelle, neue Entscheidungsstrategien (Bettman & Park 1980a, S. 148). Die in Kapitel 6.3 vorgestellten Entscheidungsstrategien sind daher nur als Modelle des realen Entscheidungsverhaltens anzusehen.

6.4.2 Auswahl und Anwendung von Entscheidungsstrategien

Zwei der wichtigsten Kriterien, welche die bewusste oder unbewusste Auswahl einer Entscheidungsstrategie durch den Konsumenten bestimmen, sind der kognitive Aufwand, welchen eine Strategie erfordert und die Entscheidungsgenauigkeit, die durch eine Strategie erreicht wird (Payne 1982, S. 382f.; Bettman, Luce & Payne 1998, S. 192ff.). Dieser so genannte Cost-Benefit-Ansatz[77] geht davon aus, dass Konsumenten mit der Wahl der Entscheidungsstrategie einen möglichst geringen kognitiven Aufwand (Costs) und eine möglichst hohe Entscheidungsgenauigkeit (Benefits) erreichen wollen (Payne 1982, S. 382). Ungünstigerweise führen Entscheidungsstrategien, welche weniger kognitiven Aufwand erfordern, auch zu geringerer Entscheidungsgenauigkeit (Payne, Bettman & Johnson 1993, S. 73). Der Konsument muss also einen Kompromiss zwischen dem Treffen einer genauen Entscheidung und dem damit verbundenen kognitiven Aufwand finden (Payne, Bettman & Johnson 1993, S. 73).

Der mit den verschiedenen Entscheidungsstrategien verbundene kognitive Aufwand ist nicht eindeutig messbar. In der Literatur finden sich verschiedene Ansätze mit unterschiedlichen Ergebnissen (vgl. beispielsweise Bettman, Johnson & Payne 1990; Enders 1997, S. 9–41; Knappe 1981, S. 168–174; Montgomery & Svenson 1976, S. 284–287; Payne, Bettman & Johnson 1993, S. 75–99; Shugan 1980). Erschwerend kommt hinzu, dass der kognitive Aufwand einer Entscheidungsstrategie auch immer von der Entscheidungssituation abhängt. So kann beispielsweise die lexikografische Entscheidungsstrategie nach nur einem Attributsvergleich eine Auswahl ermöglichen. Im Extremfall führt sie erst nach dem letzten Attributsvergleich oder überhaupt nicht zu einem Ergebnis, was dann die Anwendung einer weiteren Strategie erfordert. Einig sind sich Forscher darüber, dass kompensatorische Entscheidungsstrategien deutlich mehr Aufwand erfordern, als nicht-kompensatorische Strategien. Nach Knappe (1981, S. 174) kommen nicht-kompensatorische Entscheidungsstrategien mit ca. 30 Prozent der für die kompensatorischen Strategien benötigten Operationen aus.

Die Entscheidungsgenauigkeit bzw. Entscheidungsqualität, die mit einer bestimmten Strategie erreicht werden kann, ist ebenfalls nicht eindeutig bestimmbar (vgl. beispielsweise Ueckert et al. 1979; Johnson & Payne 1985; Payne, Bettman & Johnson 1993, S. 93–99; Paquette & Kida 1988). Das Problem liegt hier aber nicht nur, wie beim kognitiven Aufwand, in der Messbarkeit, sondern

---

[77] Dieser Ansatz wird auch als Effort-Accuracy-Ansatz bezeichnet und geht zurück auf Russo und Dosher (1983) und Beach und Mitchell (1979). Einen zusammenfassenden Überblick geben beispielsweise Payne 1982, S. 382–384; Payne, Bettman & Johnson 1993, S. 70–116; Bettman, Luce & Payne 1998; zur Kritik an diesem Ansatz vgl. aber auch Langer 1994.

vielmehr in der Definition (Payne, Bettman & Johnson 1993, S. 88f.). Die meisten Forscher sehen das gewichtete additive Modell als normatives Entscheidungsmodell zur Erreichung von Entscheidungsgenauigkeit.

Da die Möglichkeiten der exakten Bestimmung von Entscheidungsgenauigkeit und Entscheidungsaufwand einer Entscheidungsstrategie nur unzureichend sind und darüber hinaus die valide Bestimmung von Entscheidungsstrategien schwierig ist, wird im Folgenden nur eine Unterscheidung in kompensatorische und nicht-kompensatorische Strategien vorgenommen. Kompensatorische Strategien führen zu einer höheren Entscheidungsgenauigkeit, verursachen aber auch mehr kognitiven Aufwand, als nicht-kompensatorische Strategien.

Die Frage ist nun, wann der Konsument eher Elemente kompensatorischen Entscheidungsverhaltens anwendet, bzw. wann der Konsument, zu Gunsten einer kognitiven Entlastung, von nicht-kompensatorischen Verhalten Gebrauch macht. Die Forschung zu diesem Thema ist sehr umfangreich.[78] Im Folgenden sollen diejenigen Forschungsergebnisse zusammengefasst werden, welche der Autorin im Rahmen dieser Arbeit relevant erscheinen. Zuerst werden hierfür die personenbezogene Faktoren Wichtigkeit des Kaufes, Erfahrung mit der Produktkategorie und Zeitdruck betrachtet. Anschließend wird noch kurz auf die aufgabenbezogenen Faktoren Anzahl der verfügbaren Attribute und Informationsformat eingegangen.

Die Hypothese, je wichtiger ein Entscheidungsproblem für den Konsumenten, desto mehr kognitiven Aufwand ist er auch bereit zu investieren, ist eine schlüssige Implikation des Effort-Accuracy-Ansatzes (Payne, Bettman & Johnson 1993, S. 95). Der Grad der Irreversibilität und der persönlichen Verantwortlichkeit, die mit einer Entscheidung verbunden sind, stellen weitere Faktoren dar, welche zu einer Betonung der Genauigkeit des Entscheidungsprozesses führen (Payne, Bettman & Johnson 1993, S. 95). Dies bedeutet aber nicht zwangsläufig, dass der Konsument auch besser, d.h. genauer entscheidet (Payne, Bettman & Johnson 1993, S. 95). Der Konsument benutzt zwar mehr Informationen und lässt sich mehr Zeit (Bleicker 1983, S. 169f.); Untersuchungen mit kognitiv oder emotional schwierigen Trade-off-Entscheidungen zeigen aber, dass die Proban-

---

[78] In Anhang 7 findet sich ein Überblick über diese Forschung.

den den oder die notwendigen Trade-off(s) zu vermeiden versuchen (vgl. Kapitel 7.3.3).

Die Produkterfahrung und der wahrgenommene Zeitdruck sind dagegen Faktoren, welche die Notwendigkeit bzw. Bereitschaft des Einsatzes einer kognitiv aufwendigeren Entscheidungsstrategie reduzieren. Die Erfahrung bzw. Vertrautheit mit einem Produkt ergibt sich im Wesentlichen aus den drei Faktoren Informationsstand, Kaufhäufigkeit und Ge- bzw. Verbrauchshäufigkeit (Enders 1997, S. 48). Ein produkterfahrener Konsument kann auf frühere Produktbewertungen bzw. Produktentscheidungen zurückgreifen und ist daher weniger motiviert, eine kognitiv aufwendige Entscheidung zu treffen (Bettman & Park 1980b, S. 244).

Muss sich ein produktunerfahrener Konsument zwischen mehr als zwei oder drei Alternativen entscheiden, nimmt er einen zweistufigen Entscheidungsprozess vor (Lussier & Olshavsky 1979, S. 159ff.; Olshavsky 1979, S. 313; Bettman, Luce & Payne 1998, S. 199). In der ersten Stufe reduziert er die Anzahl der Alternativen, indem er eine Einteilung in akzeptable und inakzeptable Alternativen vornimmt. Dies macht er mit Hilfe einer nicht-kompensatorischen Entscheidungsstrategie, die sich an Mindeststandards orientiert (Laroche, Kim & Matsui 2003; Bleicker 1983, S. 313). Im zweiten Schritt bewertet der Konsument die verbliebenen Alternativen mit Hilfe einer kompensatorischen Entscheidungsregel und wählt die Alternativen mit dem besten Einstellungswert (Bleicker 1983, S. 131).

Im Falle eines Wiederholungskaufes muss der Konsument keine Einteilung in akzeptable und inakzeptable Alternativen vornehmen. Aufgrund früherer Alternativenbewertungen kann er auf ein Relevant-Set zurückgreifen. Die Auswahl aus diesen akzeptierten Alternativen findet aber nicht, wie beim Erstkauf, zwangsläufig mit Hilfe von kompensatorischen Strategien statt. Produkterfahrene Konsumenten verwenden auch nicht-kompensatorische Strategien (Bettman & Park 1980b, S. 234f.).

Die subjektiv wahrgenommene Entscheidungszeit ist ein weiterer Faktor, welcher die Wahl einer Entscheidungsstrategie beeinflusst. Konsumenten, die unter Zeitdruck stehen, ist es wichtig eine Entscheidungsstrategie anzuwenden, bei der sie alle Alternativen über wenige Attribute so schnell wie möglich vergleichen können (Payne, Bettman & Johnson 1988, S. 541). Sie tendieren daher zu nichtkompensatorischen, attributsweisen Entscheidungsregeln (Bettman, Luce & Payne 1998, S. 200, Payne, Bettman & Luce 1996).

Die Anzahl der verfügbaren Attribute scheint keinen Einfluss auf die Wahl der Entscheidungsstrategie zu haben (Lussier & Olshavsky 1979, S. 162). Es lassen sich nur Effekte hinsichtlich der Quantität der genutzten Informationen finden. Mit steigender Attributszahl nutzt der Konsument zwar absolut gesehen mehr Attribute, gemessen an der zur Verfügung stehenden Attributszahl nimmt die Nutzung jedoch ab (Bleicker 1983, S. 133f.).

Das dargebotene Informationsformat hat einen starken Einfluss auf die Wahl der Entscheidungsstrategie. Produktinformationen können in drei Darbietungsformen angeboten werden: alternativenweise, attributsweise oder in Matrixform (Bleicker 1983, S. 109). Konsumenten neigen offensichtlich dazu, die Informationen in der Weise zu verarbeiten, wie sie dargeboten werden (Bettman & Kakkar 1977; Lussier & Olshavsky 1979; Bleicker 1983, S. 111). Untersuchungen darüber, welche Verarbeitungsstrategie der Konsument anwendet, wenn er die Informationen sowohl alternativenweise als auch attributsweise, also in Matrixform, dargeboten bekommt, führen dagegen zu keinem eindeutigen Ergebnis (vgl. beispielsweise Arch, Bettman & Kakkar 1978, S. 588; Bettman & Kakkar 1977, S. 237; Payne 1976a, S. 375ff.; Rosen & Rosenkoetter 1976, S. 750; Gerdts, Aschenbrenner & Jeromin et al. 1979). Ein häufig genannter Faktor zur Wahl der Verarbeitungsstrategie bei Matrixpräsentation ist die allgemeine Kauferfahrung (Arch, Bettman & Kakkar 1978, S. 558; Bettman & Park 1980b, S. 244; Bleicker 1983, S. 113). In der Realität werden Informationen hauptsächlich alternativenweise, d.h. auf Produktpackungen, Anzeigen oder Werbespots präsentiert und daher vom Konsumenten auch alternativenweise verarbeitet (Arch, Bettman & Kakkar 1978, S. 555f.; Bettman & Park 1980b, S. 244). Konsumenten mit viel Kauferfahrung, d.h. viel Erfahrung in alternativenweiser Produktbewertung, tendieren daher bei der Präsentation in Matrixform auch eher zu alternativenweiser Bewertung.

6.5 Entscheidungsstrategien in der Absatzprognose

Wie in den vorangegangenen Kapiteln dargelegt, ist die exakte Bestimmung der tatsächlich ablaufenden Informationsverarbeitungsprozesse kaum möglich, auch weil sie sehr kontextabhängig sind. Aus diesem Grund haben kompositionelle multiattributive Modelle in der Absatzprognose für neue FMCG nur eine geringe Bedeutung.[79] Bei diesen Verfahren werden die Einzelurteile über die relevanten Attribute und ihrer Ausprägungen mittels Befragung erhoben und dann zu einem Gesamturteil zusammengefasst (Huber, Wittink & Fiedler et al. 1993, S. 105; Green, DeSarbo & Kedia 1980, S. 439). Aus diesen Urteilen bzw. den Einstellungen wird dann auf das Entscheidungsverhalten geschlossen.

Die Verknüpfung der Teilurteile wird bei den multiattributiven Modellen in der Regel, entsprechend der additiven Strategie, linear kompensatorisch vorgenommen (Gierl 1995, S. 42; Teichert 2000, S. 146; Pras & Summers 1975, S. 276). Dies liegt vor allem daran, dass kompensatorische Strategien deutlich einfacher zu modellieren sind als nicht-kompensatorische Strategien (Elrod, Johnson & White 2004, S. 1). „Kennt man nicht die genauen Kriterien, die ein Entscheidender in einer nicht-kompensatorischen Regel verwendet, so ist es durchaus möglich, dass das additive Modell eine bessere Vorhersage des Wahlverhaltens liefert, als die tatsächlich verwandte Regel mit den falschen Kriterienwerten" (Aschenbrenner 1977, S. 45f.). Außerdem hofft man, dass die individuell von der additiven Strategie abweichenden Verhaltensweisen auf der aggregierten Ebene nicht zu systematischen Verzerrungen führen (Johnson & Meyer 1984, S.

---

[79] Im Gegensatz zu den kompositionellen Verfahren ist die dekompositionelle Conjoint-Analyse ein gängiges Instrument zur Präferenzbestimmung (Wind et al. 2005, S. 117–230; Teichert 2000, S. 145; Wilkie & Pessemier 1973, S. 428). Bei diesem Verfahren werden zuerst die Gesamturteile über die Produkte ermittelt, aus denen dann auf die Bedeutung der einzelnen Attributsausprägungen für den Konsumenten geschlossen wird. Die Conjointanalyse ist also weniger ein Instrument zur Prognose der Produktwahl, als vielmehr ein Instrument zur Analyse von Wirkungen, die sich aus der Veränderung absatzpolitischer Variablen ergeben (Erichson 1979, S. 236, Fußnote 19). Wie bei den kompositionellen Verfahren wird bei der Conjoint-Analyse eine linear additive Verknüpfung der Teilnutzenwerte unterstellt (Green & Srinivasan 1978; Hammann & Erichson 2000, S. 404). Diese Verknüpfung spiegelt hier aber nicht das tatsächliche individuelle Entscheidungsverhalten wider, sondern stellt vielmehr eine Approximation an das aggregierte Entscheidungsverhalten aller potentiellen Konsumenten dar (Gensch & Javalgi 1987, S. 71). Die aus den Gesamturteilen berechneten Teilurteile mögen zwar mit den tatsächlichen Urteilen der Konsumenten übereinstimmen, die tatsächliche Wahl des Konsumenten kann aber eine ganz andere sein (Huber, Wittink & Fiedler et al. 1993, S. 105).

529; Teichert 2000, S. 146). Da aber auch bei der additiven Strategie mit der Wahl einer bestimmten Verknüpfungsregel der Teilwerte jeder beliebige Gesamtwert errechnet werden kann, kommen in der Absatzprognose daher hauptsächlich eindimensionale Messverfahren, wie die Kaufbereitschaft zum Einsatz (Gierl 1995, S. 60; vgl. auch Kapitel 3.2.3).

Das Chance-Kriterium stellt in der individuellen Absatzprognose daher ein Novum dar. Es ersetzt das additive Modell. Die Besonderheit des Chance-Kriteriums besteht allerdings in der Wahlsituation, welche vorausgesetzt wird. Es wird nicht davon ausgegangen, dass der Konsument aus einer Vielzahl von Produkten einer Kategorie entscheidet, sondern dass er lediglich sein aktuelles Produkt mit dem neuen, zu prognostizierenden Produkt vergleicht. In dieser Situation stellt das Chance-Kriterium eine einfache Entscheidungsstrategie dar, die sich im Gegensatz zu anderen nicht-kompensatorischen Strategien auch einfach und eindeutig modellieren lässt.

7 Das Chance-Kriterium als Entscheidungsstrategie zwischen dem Status quo und einer neuen Alternative

In diesem Kapitel soll die Eignung des Chance-Kriteriums als Instrument zur Kaufprognose beurteilen werden. Hierfür wird zuerst die Produktwahlsituation, die dem Chance-Kriterium zu Grunde gelegt wird genauer untersucht. Im Anschluss wird der Status quo-Effekt, welcher in dieser Situation häufig auftritt vorgestellt. Danach werden dann die diesem Effekt zugrunde gelegten Phänomene genauer untersucht. Nacheinander werden die Verlustaversion und der Endowment-Effekt, die Regret-Aversion, die Trade-off-Vermeidung und rationale Gründe als Erklärungen für den Status quo-Effekt vorgestellt. Eine Zusammenfassung und kritische Würdigung des zweiten Teils dieser Arbeit schließt dieses Kapitel ab.

7.1 Die Produktwahlsituation von neuen FMCG

Die Produktwahlsituationen, welche bei der Ermittlung von Entscheidungsstrategien und bei den komparativen Methoden zur Präferenzmessung typischerweise zur Anwendung kommen, sind Situationen, in denen der Konsument zwischen vielen Alternativen auswählt. In der Realität des Kaufalltages von FMCG sind solche Entscheidungen aber relativ selten, da lediglich ein Konsument ohne Produkterfahrung oder ein Konsument, dessen Bedürfnisse sich geändert haben, sich zwischen vielen Alternativen entscheiden muss. In den meisten Situationen besitzt der Kunde aber schon Produkterfahrung. Er kann auf ein Relevant-Set von Produkten zurückgreifen (vgl. Kapitel 5.2). In diesem Fall wird der Konsument nicht alle Produkte neu bewerten, nur weil er mit einer neuen Produktalternative konfrontiert wird. Die Chance-Methode geht daher davon aus, dass der Konsument nur sein aktuelles Produkt mit der neuen Alternative vergleicht. Er muss sich entscheiden, ob er bei seinem aktuellen Produkt bleibt oder die neue Alternative kauft, d.h. das Produkt wechselt.

Es gilt also zu überprüfen, wie der Konsument in diesen Situationen entscheidet. Nach der ‚Rational Choice Theory' müsste der Konsument für das neue Produkt eine kompensatorische Bewertung entsprechend der additiven Strategien vornehmen. Er betrachtet alle relevanten Informationen, d.h. Attribute, bewertet und gewichtet sie, um sie zu einem Gesamtwert zu verrechnen. Der so ermittelte Wert wird mit der Beurteilung des aktuellen Produktes verglichen. Ist dieser Wert höher, wählt der Konsument die neue Alternative, ansonsten bleibt er bei seinem aktuellen Produkt, dem Status quo.

Die Erkenntnisse aus Kapitel 5 und 6 zeigen aber, dass der Konsument nicht bereit ist, in dieser Situation eine kognitiv aufwändige Entscheidung zu treffen. Wenn er nicht habituell den Status quo wiederwählt, so wird er impulsiv oder limitiert zwischen den beiden Alternativen entscheiden (vgl. Kapitel 5.3). Bei der Wahl zwischen zwei Alternativen ohne Status quo lässt sich unter Laborbedingungen sowohl kompensatorisches als auch nicht-kompensatorisches Verhalten finden (vgl. Kapitel 6.4.2). Bei der Wahl zwischen einem Status quo und einer Alternative zeigt sich allerdings sehr häufig ein Phänomen, der sogenannte Status quo-Effekt, welcher gegen eine kompensatorische Informationsverarbeitung spricht und das Chance-Kriterium stützt.

7.2 Der Status quo-Effekt bei der Produktwahl

Kahneman und Tversky (1979; 1982) waren die ersten, die mit der Prospect-Theory eine mathematisch modellierbare Alternative zur ‚Expected Utility Theory' (im Deutschen auch Erwartungsnutzentheorie) präsentierten, welche Abweichungen vom Rationalprinzip berücksichtigte. Ursprünglich untersuchten Kahneman und Tversky das Verhalten bei einfachen, d.h. uniattributiven Entscheidungssituationen unter Risiko. Typische Entscheidungssituationen waren sogenannte Lotterieentscheidungen, bei welchen zwischen Lotteriescheinen mit unterschiedlichen Gewinnchancen und Gewinngrößen gewählt wurde. Sie konnten zeigen, dass Individuen nicht absolut, sondern relativ zu einem Referenzpunkt entscheiden.[80] Ausgehend von diesem Referenzpunkt werden neue Alternativen bzw. Entscheidungsmöglichkeiten beurteilt (Puto 1987, S. 301).[81]

---

[80] In den Lotterieexperimenten stellten die unterschiedlichen Startbeträge, die den Probanden zu Beginn hypothetisch zur Verfügung standen, die jeweiligen Referenzwerte dar.
[81] Diese Theorie war nicht vollständig neu. Schon Helsons (1947; 1964) ‚Adaption Level Theory' zur Wahrnehmung besagt, dass ein neuer Stimulus nicht absolut, sondern in Relation zu einem Adaptionsniveau beurteilt wird (Gierl & Höser 2002, S. 56).

Dieser Referenzpunkte-Effekt konnte aber später auch in multiattributiven Entscheidungssituationen unter Unsicherheit und unter Sicherheit nachgewiesen werden (Kahneman & Tversky 1984, S. 346, Tversky & Kahneman 1991). So dient im Falle von FMCG-Kaufentscheidungen meist das aktuelle Produkt eines Konsumenten als dieser Referenzpunkt zur Bewertung neuer Alternativen (Samuelson & Zeckhauser 1988; Hardie, Johnson & Fader 1993, S. 382; Munro & Sugden 2003, S. 408; Chernev 2004, S. 557; Tsiros & Mittal 2000, S. 401). „First, after Samuelson und Zeckhauser (1988), we argue that the currently held alternative serves as the status quo and thus offers a natural candidate for comparison. Any other brand is encoded as change […] from this brand." (Hardie, Johnson & Fader 1993, S. 382).

Nimmt der Konsument eine neue Produktalternative wahr, vergleicht er die entscheidungsrelevanten Attribute. Dazu werden die Attributsausprägungen der neuen Alternative mit den Ausprägungen seines aktuellen Produktes verglichen. Attribute, die bei der neuen Alternative besser abschneiden als beim Status quo, werden als Gewinne, Attribute, welche schlechter abschneiden, als Verluste wahrgenommen (für einen tieferen Einblick in die Theorie der Referenzpunkteffekte vgl. neben den genannten Quellen auch McFadden 1999; Chatterjee & Heath 1996; Tversky & Simonson 1993; Klein & Oglethorpe 1987; Baron & Ritov 1994).

Es findet also keine absolute und unabhängige Bewertung der neuen Alternative statt, sondern eine relative im Vergleich zum Status quo. So kann die Entscheidung eines Konsumenten zwischen dem Status quo und einer Alternative anders ausfallen, wie die Entscheidung zwischen den gleichen Alternativen, wenn keine davon einen Status quo darstellt. Es zeigt sich, dass Konsumenten dazu tendieren, den Status quo im Sinne der ‚Rational Choice Theory' über zu bewerten. „Faced with new options, decision makers often stick with the status quo alternative, for example, to follow customary company policy, to elect an incumbent to still another term in office, to purchase the same product brands, or to stay in the same job" (Samuelson & Zeckhauser 1988, S. 8).

Samuelson und Zeckhauser (1988) haben als erstes diesen Effekt nachgewiesen, den sie Status quo-Bias nannten (auch Status quo-Effekt; im Folgenden SqE). In Entscheidungssituationen, in welchen Individuen vor der Wahl stehen, bei einer ursprünglichen Wahl zu bleiben oder eine neue Alternative zu wählen, verharren sie oft im Status quo, obwohl eine Entscheidung nach rationalen Kriterien anders ausfallen müsste. Dieser Effekt gilt als sehr robust, da er bis heute in zahlreichen unterschiedlichen Experimenten bestätig wurde (vgl. beispielsweise Samuelson & Zeckhauser 1988; Kempf & Ruenzi 2006; Yen, Chuang & Shih-Chieh 2008; Knetsch 1989; Rubaltelli, Rubichi & Savadori et al. 2005; Highhouse & Johnson 1996; für klassische Kaufentscheidungen vgl. beispielsweise Chernev 2004; Hardie, Johnson & Fader 1993; Schweitzer 1994; Luce 1998; Hartman, Doane & Woo 1991; Johnson, Hershey & Meszaros et al. 1993; siehe auch Quellen zu Omission-Bias und Endowment-Effekt).

So konnten Samuelson und Zeckenhauser (1988) den SqE auch für typische Kaufentscheidungen nachweisen. In einem Experiment wurde beispielsweise der SqE bei der Entscheidung über die Farbe eines Automobiles nachgewiesen.

Darüber hinaus lassen sich auch in Studien, die sich nicht originär mit dem SqE beschäftigen, Hinweise für diesen Effekt finden. So sind beispielsweise in der Regel Pionierprodukte erfolgreicher als ihre Nachfolger (Kalyanaram & Urban 1992; Robinson & Fornell 1985; Robinson 1988; Carpenter & Nakamoto 1989; Lieberman & Montgomery 1988). Als Grund wird angenommen, dass das Pionierprodukt zum Referenzpunkt wird. „(...) customer may use it as a cognitive referent and the brand can gain accessibility advantages in memory" (Kalyanaram & Urban 1992, S. 247).

Der SqE ist vom Omission-Bias abzugrenzen (Schweitzer 1994, S. 457; Ritov & Baron 1992, S. 49f.). Der Omission-Bias (im Deutschen auch Unterlassungseffekt) besagt, dass Individuen dazu neigen, das ‚Nichtstun' bzw. die Unterlassung (im Englischen Inaction oder Omission) gegenüber einer aktiven Handlung, die zum gleichen Ergebnis führt wie die Unterlassung, zu bevorzugen (für einen tieferen Einblick vgl. beispielsweise in zeitlicher Reihenfolge: Viscusi, Magat & Huber 1987; Spranca, Minsk & Baron 1991; Ritov & Baron 1992, Baron & Ritov 1994; Schweitzer 1994; Haidt & Baron 1996; Ritov & Baron 1999; Anderson 2003; Baron & Ritov 2004; für eine kritische Auseinandersetzung vgl. aber auch Fischer 1997; Connolly & Reb 2003). Weil beide Effekte meist gemeinsam auftreten, d.h. die Unterlassung auch den Status quo darstellt, werden sie meist auch nicht eindeutig voneinander abgegrenzt (Schweitzer 1994, S. 457; Baron & Ritov 1994, S. 477). Einige Autoren sehen den Omission-Bias auch als

Teil des SqE an (vgl. beispielsweise Ritov & Baron 1992, S. 60; Inman & Zeelenberg 2002, S. 116).

Im Falle der Erfolgsprognose von neuen FMCG ist eine eindeutige Trennung dieser beiden Effekte unbedeutend, da erstens der Status quo in der Regel auch die Unterlassung, d.h. den Nicht-Wechsel des Produktes darstellt.[82] Zweitens scheinen für beide Effekte im Wesentlichen die gleichen Gründe bzw. Erklärungen vorzuliegen (Anderson 2003; Yen, Chuang & Shih-Chieh 2008, S. 523).

Der SqE wird traditionell dem Phänomen der Verlustaversion zugerechnet. Es besagt, dass ausgehend vom Status quo Verluste stärker gewichtet werden als Gewinne. Der sogenannte Endowment-Effekt unterstützt diese Theorie. Neben dieser kognitiven Fehlkalkulation gibt es aber noch zwei weitere Erklärungen für den SqE. Die Bevorzugung des Status quo aufgrund der Vermeidung von Regret, d.h. Bedauern über eine falsche Entscheidung ist u.a. im ‚Counterfactual Thinking' zu finden. Des Weiteren kann die Vermeidung eines Trade-offs aus kognitiven oder emotionalen Gründen zum SqE führen. Schließlich sind Transaktionskosten und Unsicherheit Gründe für die Bevorzugung eines Status quo, die mit der ‚Rational Choice Theory' vereinbar sind.

Die genannten Effekte sind nicht unabhängig voneinander. Sie beeinflussen sich gegenseitig. Einige gelten teilweise sowohl als Beschreibung aber auch als Erklärung eines weiteren dieser Effekte. Auch sind die Effekte nicht immer eindeutig voneinander abzugrenzen. Trotzdem werden sie im Folgenden aus Gründen der Übersichtlichkeit unabhängig voneinander und einzeln als mögliche Erklärungen für den SqE genauer untersucht.

---

[82] Nur in seltenen Fällen ist für die Erhaltung des Status quo, also für den Wiederkauf des aktuellen Produktes eine Handlungsveränderung erforderlich. Dies könnte beispielsweise der Fall sein, wenn das aktuelle Produkt im bevorzugten Geschäft nicht mehr erhältlich ist. In diesem Fall müsste sich der Konsument zwischen der aktiven Veränderung des Geschäftes zur Erhaltung des Status quo und dem Wechsel des Produktes unter Beibehaltung des bisherigen Geschäftes entscheiden. Für einen tieferen Einblick in das Verhältnis zwischen Handlung bzw. Unterlassung und Bewahrung bzw. Veränderung des Status quo vgl. beispielsweise Jungermann, Pfister & Fischer 2010, S. 325ff.

7.3 Erklärungen für den Status quo-Effekt

7.3.1 Verlustaversion und Endowment-Effekt

Die erste Erklärung für den SqE lässt sich ebenfalls in der Prospect-Theory finden. So kann neben der Referenzpunktetheorie, auch die zweite[83] zentrale Annahme der Prospect-Theory, die Verlustaversion (im Englischen ‚Loss Aversion') auf Kaufentscheidungen angewendet werden (Samuelson & Zeckhauser 1988, S. 36). Individuen scheinen auf Verluste sensibler zu reagieren als auf Gewinne (Kahneman & Tversky 1979, S. 279). Ausgehend von einem Status quo, der als Referenzpunkt für die Bewertung von neuen Alternativen dient, gewichten Individuen mögliche Verluste durch einen Wechsel von diesem Status quo höher, als äquivalente Gewinne (Kahneman & Tversky 1984, S. 324, Tversky & Kahneman 1991; für abweichende Befunde vgl. aber auch Erev, Ert & Yechiam 2008; Harinck, van Dijk & van Beest et al. 2007). Dieses Verhalten führt zu der bekannten asymmetrischen S-förmigen Wertefunktion, wie sie in Abbildung 7-1 dargestellt ist. Aufgrund der Verlustaversion ist die Funktion für Verluste steiler, als für Gewinne.

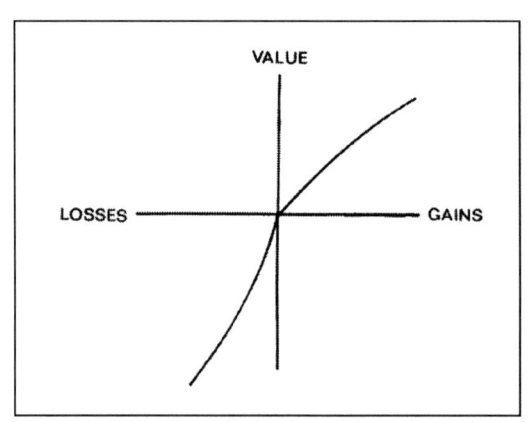

Abbildung 7-1: Wertefunktion der Prospect-Theory
(Quelle Kahneman & Tversky 1979, S. 278)

---

[83] Die dritte zentrale Annahme ist die ‚abnehmende Sensitivität', d.h. der marginale Wert der Gewinne oder Verluste sinkt mit ihrer Größe (Tversky & Kahneman 1991, S. 1040).

Auf Basis der Prospect-Theory konnte Thaler (1980) zeigen, dass Individuen den Wert eines Objektes höher einschätzen, wenn sie es verkaufen sollen, als wenn sie es kaufen sollen. Dieses von Thaler Endowment-Effekt[84] genannte Phänomen konnte bis heute in vielen Experimenten bestätigt werden (vgl. beispielsweise in zeitlicher Reihenfolg: Thaler 1980; Knetsch & Sinden 1984; Coursey, Hovis & Schulze 1987; Kahneman, Knetsch & Thaler 1990; Ortona & Scacciati 1992; Tietz 1992; Casey 1995; Strahilevitz & Loewenstein 1998; Hoorens & Remmers 1999; Carmon & Ariely 2000; Mandel 2002).

In einem Experiment von Kahneman, Knetsch und Thaler (1990) beispielweise wurden Probanden zufällig entweder der Gruppe der Verkäufer oder der Gruppe der Käufer zugeordnet. Die Verkäufer erhielten einen Kaffeebecher geschenkt und sollten angeben, welchen Preis man ihnen mindestens zahlen müsste, um den Becher zu verkaufen. Die Käufer dagegen sollten angeben, welchen Preis sie maximal bereit wären zu zahlen, um einen solchen Becher zu erwerben (Novemsky & Kahneman 2005, S. 119). Der Willingness-to-Accept-Preis (im Folgenden WTA) betrug durchschnittlich $5,78, der Willingness-to-Pay-Preis (im Folgenden WTP) betrug dagegen durchschnittlich nur $2.21 (Kahneman, Knetsch & Thaler 1990, S. 1338). Der Endowment-Effekt, d.h. die Differenz zwischen WTA und WTP entsteht nach Thaler aufgrund von Verlustaversion (Thaler 1980, S. 44).

Die Überbewertung von Objekten, die sich im Besitz befinden, zeigt sich auch in Tauschsituationen (vgl. beispielsweise in zeitlicher Reihenfolge Knetsch 1989; Purohit 1995; van Dijk & van Knippenberg 1996; Sen & Johnson 1997; Chapman 1998; van Dijk & van Knippenberg 1998; vgl. auch Carmon, Wertenbroch & Zeelenberg 2003; Novemsky & Kahneman 2005). So haben in einem Experiment von Knetsch (1989), bei welchem jeweils die Hälfte der Teilnehmer entweder einen Kaffeebecher oder Schokolade geschenkt bekamen, nur ca. 10 Prozent ihre Geschenke gegen das andere Objekt getauscht.

Die Forschung hat weiterhin gezeigt, dass der Endowment-Effekt umso größer ist,

---

[84] Der Endowment-Effekt wird auch ‚Reluctance to Trade Phenomenon' genannt. Weiterhin ist eine trennscharfe Abgrenzung zum SqE häufig nicht möglich (Chapman 1998, S. 47).

- je länger sich das betreffende Objekt im Besitz befindet (Strahilevitz & Loewenstein 1998);
- je stärker man sich mit dem Objekt identifiziert (Beggan 1992);
- je unähnlicher mögliche Tauschalternativen sind (Chapman 1998; van Dijk & van Knippenberg 1998);
- je weniger Erfahrung man mit dem Handel des betreffenden Objektes besitzt (List 2003).

Da sich der Endowment-Effekt nicht zeigt, wenn von den Probanden beim Verkauf oder Tausch keine Verluste wahrgenommen werden, ist Verlustaversion eine mögliche Erklärung für den Endowment-Effekt (Novemsky & Kahneman 2005; Chapman 1998, S. 48).[85]

In anderen Experimenten konnte gezeigt werden, dass sich eine Alternative nicht zwangsläufig im Besitz befinden muss, um den Endowment-Effekt bzw. den SqE auszulösen. Einfache Manipulationen reichen aus, um eine Alternative als Ausgangspunkt, d.h. Referenz für die Bewertung zu machen. So konnten beispielsweise Dhar und Simonson (1992) zeigen, dass bei der Wahl zwischen zwei Alternativen die Alternative als attraktiver bewertet und wahrscheinlicher gewählt wird, die künstlich in den Aufmerksamkeitsfokus des Probanden gebracht wird (vgl. auch Park, Jun & MacInnis 2000; Levin, Schreiber & Lauriola et al. 2002). Andere Experimente zeigen beispielsweise, dass in einer Entscheidungssituation oft die zuerst präsentierten oder getesteten Alternativen zu einem bevorzugten Status quo werden (vgl. beispielsweise Daniels & Lawford 1974; Welch & Swift 1992; Gierl & Höser 2002)[86]. Carlson, Meloy und Russo (2006; vgl. auch Russo, Meloy & Medvec 1998) konnten zeigen, dass bei der Wahl zwischen gleich attraktiven Alternativen diejenige Alternative bevorzugt wird, die auf dem ersten Attribut dominiert und damit einen ‚Führungsvorsprung' hat.

---

[85] Eine weitere Erklärung ist im Mere-Ownership-Effekt oder Mere-Possession-Effekt zu finden (Beggan 1992; Sen & Johnson 1997). Dieser Effekt besagt, dass Individuen Objekte besser bewerten, wenn sie diese besitzen, weil sie sich mit ihnen identifizieren (für einen tieferen Einblick vgl. auch Morewedge, Shu & Gilbert et al. 2009). Eine trennscharfe Abgrenzung dieses Effektes zum SqE oder Endowment-Effekt ist häufig nicht möglich bzw. wird häufig nicht vorgenommen.

[86] Bei Geschmackstests von Lebensmittel tritt auch der gegenläufige Effekt auf, nämlich dass das zuletzt probierte Produkt bevorzugt wird (vgl. beispielsweise Penny, Hunt & Twyman 1972, S. 23f.; Biswas, Grewal & Roggeveen 2010).

Diese Ergebnisse stärken auch die Annahme, dass das aktuelle Produkt, also das Produkt, welches der Konsument eigentlich kaufen wollte bevor er die neue Alternative wahrgenommen hat, den Referenzpunkt zur Bewertung der neuen Alternative darstellt. „Subjects placed a higher value on an object with which they had been endowed moments before than they did on an alternative object" (Chapman 1998, S. 47).

Das Phänomen der Verlustaversion zeigt sich also in unserer Produktwahlsituation, der Wahl zwischen dem Status quo und einer neuen Alternative, wie folgt: Die relevanten Attributsausprägungen des neuen Produktes werden mit denen des Referenzproduktes verglichen. Ausgehend von diesen Teilbewertungen nimmt der Konsument eine asymmetrische Gesamtbewertung vor, bei der er die Verluste stärker gewichtet werden als die Gewinne (Chernev 2004, S. 557).

7.3.2 Regret-Aversion

Eine weitere Erklärung für SqE ist im psychologischen Commitment[87] zu finden, die Regret-Aversion, d.h. die Vermeidung bzw. Minimierung von potentiellem Regret (Samuelson & Zeckhauser 1988, S. 38; Tetlock 1992, S. 367). Individuen tendieren bei negativen Ergebnissen einer Entscheidung zu Counterfactual-Thinking, d.h. zum Vergleich dieser Ergebnisse mit Ergebnissen von Entscheidungsalternativen (Roese 1997, S. 133; Gleicher, Kost & Baker et al. 1990). Dabei müssen die Informationen über die alternativen Ergebnisse nicht vorliegen. Sie können auch mental erstellt und dann mit den tatsächlichen Ergebnissen verglichen werden. Einfach formuliert handelt es sich bei Counterfactual-Thinking um die jedem bekannten „Hätte ich nur…" oder „Was

---

[87] Das Commitment (im Deutschen auch Bindung oder Verpflichtung) ist ein angloamerikanischer Begriff aus der Soziologie und Psychologie (Bryant 2010, S. 21). Commitment kann als Kognition definiert werden, die ein Individuum an eine Verhaltensdisposition bindet (Kiesler 1971, S. 25ff.; Bryant 2010, S. 21). Im Marketing ist die Abgrenzung des Konstruktes Produktcommitment zum Konstrukt Produktloyalität nicht vollständig überschneidungsfrei. Die Stärke des Commitment hängt von Faktoren wie Entscheidungsfreiheit, Kontrolle und Verantwortung, sowie Normabweichung und investierten ‚Sunk Costs' ab (Nitzsch 2006, S. 105). Den Sunk-Cost-Effekt sehen Samuelson und Zeckhauser (1988, S. 37) als eine weitere eigenständige Erklärung für den SqE an. Er wird an dieser Stelle aber nicht weiter erläutert, weil er im Zusammenhang mit FMCG kaum relevant scheint (für einen tieferen Einblick vgl. beispielsweise Arkes & Blumer 1985; Brockner & Rubin 1985; Thaler 1980). Die weiteren Faktoren des Commitments werden in den beiden folgenden Kapiteln vertieft.

wäre wenn" -Gedanken (für eine tieferen Einblick vgl. beispielsweise Roese et al. 1995; Roese 1997; Mandel et al. 2005). Bei diesem Vorgang kann Regret (im Deutschen Bedauern) entstehen, wenn nach Meinung des Entscheiders die Wahl für eine Alternative vorteilhafter gewesen wäre. Der Ökonom Sugden (1985, S. 77), ein Entwickler der Regret-Theorie[88] definiert Regret als „(...) the painful sensation of recognizing that ʻwhat isʼ compares unfavorably with ʻwhat might have beenʼ."

Regret besteht nach der ‚Decision Justification Theoryʻ von Connolly und Zeelenberg (2002) aus zwei unabhängigen Komponenten. Die erste Komponente stellt den komparativen Vergleich der Ergebnisse dar (‚Poor-Outcome Componentʻ), die zweite Komponente den Grad der Selbstvorwürfe (‚Self Blame Componentʻ). Das insgesamt empfundene Regret ergibt sich aus der Kombination dieser beiden Komponenten (Wunderle 2006, S. 82). Sie müssen aber nicht zwangsläufig zusammen auftreten. So kann beispielsweise eine Entscheidung oder Handlung bedauert werden, obwohl das Ergebnis nicht schlechter ist, als es bei einer alternativen Entscheidung gewesen wäre. Als Beispiel nennen Connolly und Zeelenberg (2002, S. 213) eine Autofahrt unter Alkoholeinfluss, die zwar gut gegangen ist, am nächsten Morgen aber bedauert wird. Es ist auch möglich, das Ergebnis einer Entscheidung zu bedauern, ohne aber die Entscheidung selbst zu bedauern. Als Beispiel dient hier die sehr sorgfältig abgewägte Entscheidung, sein Kind impfen zu lassen. Wenn es trotz des geringen Risikos nach der Impfung zu Komplikationen kommt, ist es möglich, diesen Ausgang zu bedauern, sich aber keine Vorwürfe über die zugrundliegende Entscheidung zu machen.

Regret und sein Gegenpart, das Rejoicing (im Deutschen Freude), sind von Unzufriedenheit (im Englischen Disappointment) bzw. Zufriedenheit (im Englischen Satisfaction) abzugrenzen (Tsiros 1998, S. 50f.; Inman, Dyer & Jia 1997, S. 97; Tsiros & Mittal 2000, S. 402; Zeelenberg 1996, S. 15). Wie in Abbildung 7-2 dargestellt, entsteht Enttäuschung bzw. Zufriedenheit durch den Vergleich der Ergebnisse einer Entscheidung oder eines Ereignisses mit den erwarteten Ergebnissen. Regret entsteht dagegen durch den Vergleich der Ergebnisse einer

---

[88] Die Regret-Theorie versucht die Erwartungsnutzentheorie um das Regret-Phänomen zu erweitern. Sie wurde unabhängig von Bell (1982), Loomes und Sugden (1982) und Fishburn (1982) entwickelt (Sugden 1985, S. 77). Die Auswirkungen von Regret auf Entscheidungen wird damit nicht mehr zwangsläufig als ‚nicht-rationalʻ angesehen (Wunderle 2006, S. 2; vgl. auch Kapitel 7.3.4).

Entscheidung mit den Ergebnissen der ausgeschlagenen Entscheidungsalternative(n). Der Referenzpunkt zum Vergleich ist bei Enttäuschung bzw. Zufriedenheit also intern, bei Regret dagegen extern (Tsiros & Mittal 2000, S. 402). Regret und Enttäuschung können zusammen auftreten, müssen es aber nicht. Es ist sogar möglich, mit einem Produkt zufrieden zu sein, die Entscheidung zum Kauf des Produktes aber trotzdem zu bedauern, weil die Wahl eines anderen Produktes noch besser gewesen wäre (Tsiros & Mittal 2000, S. 401).

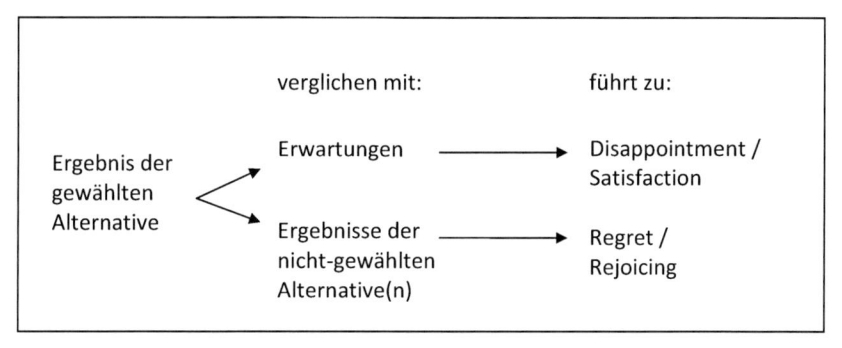

	verglichen mit:	führt zu:
Ergebnis der gewählten Alternative	Erwartungen	Disappointment / Satisfaction
	Ergebnisse der nicht-gewählten Alternative(n)	Regret / Rejoicing

Abbildung 7-2: Vergleich von Regret und Disappointment
(Quelle: In Anlehnung an Seilheimer 2001, S. 22)

Die Regret-Forschung belegt fast einheitlich, dass die Ergebnisse eines Wechsels bzw. eine aktive Handlung mehr bedauert werden, als die gleichen Ergebnisse der Beibehaltung eines Status quo bzw. einer Unterlassung[89] (vgl. beispielsweise Kahneman & Tversky 1982; Landman 1987; Inman & Zeelenberg 2002; Tsiros & Mittal 2000; Simonson 1992; Reb & Connolly 2009; Tykocinski & Pittman 2001, Tykocinski & Pittman 1998; Gleicher, Kost & Baker et al. 1990; Spranca, Minsk & Baron 1991; Ritov & Baron 1995; Wells & Gavanski 1989; vgl. aber auch die gegenläufige Meinung von Feldman, Miyamoto & Loftus 1999). Das wohl bekannteste Beispiel, welches dieses Phänomen beschreibt stammt von Landmann (1987, S. 529). Bei diesem Experiment wurden den Probanden zwei Szenarien beschrieben. Im ersten Szenario denkt eine Familie, wel-

---

[89] Man spricht hier auch vom Action-Effekt, Exaggertation-Effekt oder ‚Emotional Amplification' (Anderson 2003, S. 144; Zeelenberg, van Dijk & van den Bos et al. 2002, S. 314; Fischer 1997, S. 70).

che seit zehn Jahren an den gleichen Urlaubsort fährt, darüber nach, den Urlaubsort in diesem Jahr zu wechseln. Schließlich fahren sie aber doch wieder in das gewohnte Ziel. Dort regnet es den ganzen Urlaub über. Das Alternativziel hätte deutlich besseres Wetter geboten. Das zweite Szenario ist ähnlich, nur dass die Familie sich dafür entscheidet, den Urlaubsort zu wechseln. Auch an diesem Ort regnet es den ganzen Urlaub über. An ihrem gewohnten Urlaubsziel wäre das Wetter deutlich besser gewesen. Obwohl das Ergebnis in beiden Fällen das gleiche ist, finden 81 Prozent der Befragten, dass die Familie, welche den Urlaubsort gewechselt hatte, mehr Regret empfinden würde.

Ähnliche Ergebnisse lassen sich auch für Kaufentscheidungen aufzeigen. So haben beispielsweise Inman und Zeelenberg (2002) ein Regret-Experiment für die Wahl eines Rucksackes durchgeführt. Sie stellten den Versuchspersonen verschiedene Szenarien vor, in denen entweder eine den Status quo bewahrende Entscheidung oder eine Wechselentscheidung bezüglich eines Produktes getroffen wurde. Das Ergebnis der Entscheidung wurde nicht bekannt gegeben. Die Befragten sollten möglichst viele Gründe angeben, die sie sich für diese Entscheidungsszenarien gewünscht hätten. Für die Wechselentscheidung gaben sie signifikant mehr Gründe an, als für die bewahrende Entscheidung. Simonson (1992) zeigte, dass die Entscheidung zwischen Markenprodukt und günstigerem No-Name-Produkt mit Fragen nach möglichen Gefühlen, wenn sich der Kauf im Nachhinein als Fehler herausstellt, manipuliert werden kann. Die Probanden tendierten in diesem Fall zu den vermeintlich sicheren Markenprodukten.

Erklärungen für dieses Phänomen sind in der Attributionstheorie, in der Normtheorie und im Counterfactual-Thinking zu finden. Nach der Attributionstheorie[90] wird die Beibehaltung eines Status quo bzw. die Unterlassung eher extern attribuiert, d.h. externen Faktoren zugeschrieben (Wunderle 2006, S. 69ff.; Landman 1987, S. 526). Für die Ergebnisse einer solchen Entscheidung wird daher keine Verantwortlichkeit empfunden. Das subjektive Empfinden von Verantwortlichkeit, zumindest im Sinne einer ‚Illusion of Control' nach Langer (1975), ist aber eine Grundvoraussetzung für das Entste-

---

[90] Unter dem Begriff der Attributionstheorie werden verschiedene Theorien zusammengefasst, welche sich mit Attributionen, d.h. den Wahrnehmungen oder Zuschreibung von Kausalbeziehungen, beschäftigen (Wunderle 2006, S. 66). Sie geht zurück auf Heider (1944).

hen von Regret (Wunderle 2006, S. 7; Zeelenberg, van Dijk & Manstead 1998, S. 254; Ordóñez & Connolly 2000, S. 139; Sugden 1985, S. 79).

Vereinfacht formuliert besagt die Normtheorie, welche auf Kahneman und Miller (1986) zurückgeht, dass die Beibehaltung eines Status quo bzw. eine Unterlassungen als normaler angesehen wird, als ein Wechsel bzw. eine aktive Handlung (Gleicher, Kost & Baker et al. 1990, S. 285; Landman 1987, S. 526; Simonson 1992, S. 105). Das empfundene Regret ist umso geringer, je mehr ein Individuum seine Entscheidung vor sich selbst als angemessen oder ‚normal' verteidigen kann (Sugden 1985, S. 86).

Im Rahmen des Counterfactual-Thinking ist es für Entscheider einfacher eine aktive Handlung bzw. ein Wechsel ungeschehen zu machen, d.h. mit einer Unterlassung zu vergleichen, als der umgekehrte Fall. Das Ergebnis einer ‚unnormalen' aktiven Handlungsalternative mental zu konstruieren bereitet dagegen erhebliche Probleme (1982, S. 142; Wunderle 2006, S. 73; Gleicher, Kost & Baker et al. 1990, S. 285f.). „It is thus easier to imagine not having done something than to imagine changing the status quo by taking a new action" (Gleicher, Kost & Baker et al. 1990, S. 286).

Da Regret vom Entscheider auch antizipiert werden kann, d.h. er mögliches Regret schon in die Entscheidung mit einbezieht, hat es auch Auswirkungen auf die Wahl (Zeelenberg & Pieters 2007, S. 3; Zeelenberg 1999, S. 96; Simonson 1992; Connolly & Zeelenberg 2002, S. 213; Park, Jun & MacInnis 2000; Loomes & Sugden 1982, S. 808; Seilheimer 2001, S. 25ff.; vgl. aber auch gegenteilige Ergebnisse Di Cagno & Hey 1988; Kelsey & Schepanski 1991; für einen detaillierten Überblick über die Forschung vgl. Anderson 2003, S. 149f.). In unserem Fall bedeutet dies, dass die Wahl eines aktuellen Produktes im Vergleich zum Wechsel des Produktes als normaler angesehen wird und besser gerechtfertigt werden kann. Diese Entscheidung stellt die Unterlassung dar, welche im Vergleich zur aktiven Handlung weniger Gefahr des späteren Bedauerns birgt und daher bevorzugt wird. Da die Wahl des Status quo also weniger Regret-Potential birgt, wird die Regret-Aversion als mögliche Erklärung für den SqE angesehen.

7.3.3 Trade-off-Vermeidung

7.3.3.1 Gründe für Trade-off-Vermeidung

Die Vermeidung von Trade-offs ist eine weitere Erklärung für den SqE. Unter einem Trade-off wird ein Zielkonflikt verstanden, der auftritt, wenn ein wünschenswerter Aspekt nur unter Inkaufnahme eines nicht oder weniger wünschenswerten Aspektes erreicht werden kann. Ein Trade-off kann innerhalb einer Alternative bestehen. Man spricht hier vom sogenannten Approach-Avoidance-Conflict (Miller 1944). Eine Produktalternative kann beispielsweise eine hohe Qualität aber auch einen hohen Preis haben. Trade-offs können aber auch zwischen mehreren Alternativen auftreten. Man spricht vom ‚Embeded Approach-Avoidance-Conflict' (Chatterjee & Heath 1996, S. 145), wenn keine Alternative in einem Alternativen-Set die anderen Alternativen auf allen relevanten Attributen dominiert.[91]

In unserem Fall liegt ein Trade-off vor, wenn ein neues Produkt im Vergleich zu seinem Status quo aus Sicht des Konsumenten sowohl Verbesserungen als auch Verschlechterungen mit sich bringt. Der Konsument muss in diesem Fall entscheiden, ob die besseren Attributsausprägungen, beispielsweise der niedrigere Preis, die schlechteren Attributsausprägungen, wie beispielsweise der schlechtere Geschmack, ausgleichen können. Er muss also berechnen können, wie viel günstiger das neue Produkt sein muss, um den schlechteren Geschmack zu kompensieren.

Einige Autoren gehen davon aus, dass Auswahlentscheidungen immer durch das Auftreten von Trade-offs definiert sind (vgl. beispielsweise Luce, Bettman & Payne 2001, S. 3). Befindet sich in einem Alternativen-Set eine dominante Alternative, d.h. eine Alternative, die jede weitere Alternative dominiert, liegt demnach keine Entscheidungssituation vor. Da diese Dominanz aber nicht unbedingt erkannt wird, beispielsweise bei der Anwendung einer nichtkompensatorischen Entscheidungsstrategie, und die Dominanz immer subjektiv von der Wahrnehmung und Bewertung des Entscheiders abhängig ist, wird diese

---

[91] Sind die Alternativen relativ gesehen attraktiv, beispielsweise wenn alle Alternativen besser sind als der Referenzwert, spricht man vom Approach-Approach-Conflict. Sind die Alternativen relativ gesehen unattraktiv spricht man von Avoidance-Avoidance-Conflict (Miller 1944; Baron & Weber 2001, S. 2, vgl. auch Anhang 8).

Meinung im Folgenden nicht vertreten. Ein Trade-off kann, muss aber nicht in einer Entscheidungssituation vorhanden sein.

Die Forschung zeigt, dass Individuen dazu tendieren, das Lösen solcher Trade-offs zu vermeiden, wenn es möglich ist (Frisch & Clemen 1994, S. 51; Montgomery 1983; Anderson 2003, S. 144f.; Hogarth 1989, S. 71; Tetlock 1992, S. 340ff.; Luce & Bettman 1997, S. 388; Luce, Payne & Bettman 1999, S. 143, Bettman, Luce & Payne 1998, S. 197; vgl. auch Kapitel 6.4.2). Es finden sich sowohl kognitive als auch emotionale Gründe für dieses Verhalten.

Aus kognitiver Sicht ist es für Individuen häufig schwierig, Trade-offs zwischen verschiedenen Attributen zu lösen (Montgomery 1983, S. 348f.; Hogarth 1989, S. 66ff.; Payne, Bettman & Johnson 1993, S. 70ff.; Luce, Payne & Bettman 1999, S. 146; Kahn & Baron 1995). In dem oben genannten Beispiel müssen die Attribute Preis und Geschmack verglichen werden. Der Konsument muss also deren Wichtigkeit, d.h. mindestens eine ordinale Gewichtung bestimmen können. Darüber hinaus muss er aber auch noch für die Ausprägung dieser Attribute eine ordinale oder kardinale Wertefunktion erstellen können. Im Ergebnis muss der Konsument also in der Lage sein, für sich bestimmen zu können, dass beispielsweise der Geschmack doppelt so wichtig ist wie der Preis und wie stark diese beiden Attribute jeweils ausgeprägt sind (vgl. die Anwendung der kompensatorischen Entscheidungsregeln Anhang 6). Kahn und Baron (1995) konnten daher selbst für wichtige Entscheidungen, unter welchen die kognitive Bereitschaft hoch ist, zeigen, dass sich die Probanden spontan für nicht-kompensatorische Strategien entschieden. Interessanterweise erwarteten die Probanden aber von Personen, welche Entscheidungen für sie treffen, beispielsweise Finanzberatern oder Ärzte, dass sie in den gleichen Situationen kompensatorisch entscheiden sollten.

Das Lösen eines solchen Trade-offs kann aber auch emotionale Probleme bereiten. Schon Shepard[92] (1964, S. 277) schrieb, dass es ein wichtiges Ziel eines Entscheiders in einer Trade-off-Situation ist, diesem „unpleasant state of conflict induced by the decision problem itself" zu entkommen. Insbesondere Luce und ihre Kollegen (Luce & Bettman 1997; Luce 1998; Luce, Payne & Bettman 1999,

---

[92] Der Psychologe Roger Shepard war einer der ersten Forscher, der sich intensiv mit der Messung von Trade-off-Austauschraten zwischen zwei Attributen beschäftigte (Baron & Weber 2001, S. 6).

Luce, Bettman & Payne 2001, Luce, Payne & Bettman 2001) beschäftigen sich mit diesem emotionalen Aspekt von Entscheidungen.[93] Sie (Luce, Payne & Bettman 1999, S. 144) definieren die emotionale Trade-off-Schwierigkeit wie folgt: „(...) the level of subjective threat a decision maker associates with making an explicit trade-off between two attributes."

Die emotionale Trade-off-Schwierigkeit ist von der speziellen Paarung der Attribute abhängig (Beattie & Baron 1991, S. 571; Luce, Payne & Bettman 1999, S. 144; Luce 1998, S. 411). So scheint ein Trade-off emotional umso schwieriger, je größer die Trade-offs und je wichtiger die betroffenen Attribute sind. Ein Trade-off zwischen Komfort und Preis eines Autos ist beispielsweise emotional nicht so schwierig, wie ein Trade-off zwischen Sicherheit und Preis eines Autos (Luce, Payne & Bettman 1999, S. 144, Luce, Bettman & Payne 2001, S. 1).

So konnte Luce (1998) in einem Experiment zeigen, dass hohe emotionale Trade-off-Schwierigkeit häufiger zur Trade-off-Vermeidung führt, als vergleichsweise geringere Trade-off-Schwierigkeit. Die Probanden sollten in diesem Experiment zwischen verschieden Automobilen wählen, die jeweils auf wichtigen Attributen, wie Preis und Sicherheit und weniger wichtigen Attributen, wie Aussehen und Sound-System beschrieben waren. In der Gruppe mit den emotional schwierigeren Trade-offs war die Wahrscheinlichkeit der Wahl einer Trade-off-Vermeidungsoption (siehe Kapitel 7.3.3.2) höher, als in der Gruppe mit den leichteren Trade-offs. Außerdem waren in den beiden Kontrollgruppen, in welchen keine Trade-off-Vermeidungsoptionen zur Verfügung standen, die rückblickend geäußerten negativen Emotionen größer, als in den Vermeidungsoptionsgruppen.

7.3.3.2 Arten der Trade-off Vermeidung

Das Anwenden von nicht-kompensatorischen Entscheidungsstrategien ist eine Möglichkeit, solche Trade-offs zu vermeiden (Hogarth 1989, S. 72; Tversky,

---

[93] Die Forschung von Luce und ihren Kollegen geht über den emotionalen Aspekt des Regrets hinaus. Sie untersuchen generell alle negativen bzw. bedrohlichen Emotionen in Trade-off-Situationen. „We take a more general perspective, nothing that the desire to minimize or cope with negative emotion may sometimes act as a meta-goal influencing decision strategy selection (...)" (Luce, Payne & Bettman 2001, S. 88).

Sattath & Slovic 1988, S. 372; Bettman, Luce & Payne 1998, S. 197). Kommt diese Möglichkeit nicht in Frage, weil sie sich beispielsweise nicht rechtfertigen lässt, gibt es auch die Möglichkeit des Reframings (Montgomery 1983; Svenson 1992).

Montgomerys ‚Search for Dominace Theory'[94] (1983; 1989; 1995) geht nämlich davon aus, dass Individuen grundsätzlich nur dominante Alternativen wählen. Sind keine vorhanden, wird die Wahl entweder aufgeschoben oder die Entscheidungssituation mental so verändert, beispielsweise durch die Veränderung einer Attributsgewichtung, dass keine Trade-offs mehr zu lösen sind. Dieser Ansatz ist dem Konzept des Bolsterings, welche auf Festingers (1957) ‚Theorie der kognitiven Dissonanz' zurückgeht, sehr ähnlich. Um kognitive Dissonanz zu reduzieren, tendieren Individuen dazu, eine gewählte Alternative mental zu stärken (im Englischen ‚to bolster') und die nicht gewählten Alternativen abzuwerten (Janis & Mann 1979, S. 82ff.). Bei diesem Vorgang werden die Nachteile, bzw. Verluste der gewählten Alternative ‚heruntergespielt'. Montgomery und andere Forscher (vgl. beispielsweise Janis & Mann 1979, S. 88; Svenson 1992, S. 151; McElroy 2007; Shepard 1964, S. 277; einen Überblick gibt Brownstein 2003) gehen davon aus, dass dieser Prozess schon während der Informationsverarbeitung vor der Wahl, d.h. vor dem Entstehen von Commitment beginnt.

Neben diesen beiden Möglichkeiten werden vor allem noch drei weitere Verhaltensweisen als klassische Trade-off-Vermeidungsstrategien angesehen (Anderson 2003, S. 145; Luce 1998, S. 409). Die erste Verhaltensweise ist die Nicht-Wahl, d.h. die Entscheidung zu verschieben und nach weiteren Alternativen zu suchen. Zweitens werden Trade-offs umgangen, indem eine asymmetrisch dominante Alternative gewählt wird, d.h. eine Alternative die mindestens eine weitere Alternative im Alternativen-Set dominiert. Die Wiederwahl bzw. Beibehaltung eines Status quo kommt als dritte Möglichkeit für die Vermeidung eines Trade-offs in Fragen.

Nicht-Wahl
Das Verhalten der Nicht-Wahl im Sinne des Aufschiebens oder Weitersuchens bei Kaufentscheidungen ist besonders von Dhar und seinen Kollegen (Dhar

---

[94] Montgomerys Theorie ähnelt der Image-Theory von Beach und Mitchell (1987; Beach 1990 vgl. auch Montgomery 1987; Jungermann, Pfister & Fischer 2010, S. 131f.).

1996, 1997a 1997b; sowie Dhar & Sherman 1996; Dhar & Nowlis 1999; Dhar & Simonson 2003; Dhar & Nowlis 2004; vgl aber auch Tversky & Shafir 1992) untersucht worden. Im Gegensatz zu den üblichen Entscheidungsexperimenten ließ er den Probanden die Möglichkeit, keine der angebotenen Alternativen zu wählen. Nach der ‚Rational Choice Theory' dürfte diese Option nur gewählt werden, wenn keine Alternative attraktiv genug ist oder wenn durch das Aufschieben Vorteile zu erwarten sind (Karni & Schwartz 1977, S. 40; Dhar 1997a, S. 215). Bei den Experimenten zeigte sich aber beispielsweise, dass die Wahrscheinlichkeit der Wahl einer ‚No-Choice Option' ansteigt,

- wenn eine weitere attraktive Alternative dem Alternativen-Set hinzugefügt wird (Tversky & Shafir 1992; Dhar 1997a),
- wenn die Alternativen alternativenweise, d.h. gleichzeitig und nicht nacheinander, präsentiert werden (Dhar 1996; Dhar & Nowlis 2004),
- und je geringer die Unterschiede zwischen den Alternativen sind (Dhar 1997a).

Die niedrigste Wahrscheinlichkeit für einen Entscheidungsaufschub findet sich, wenn das Alternativen-Set eine dominante Alternative enthält, die allen anderen Alternativen überlegen ist (Tversky & Shafir 1992).

Das Verschieben bzw. Weitersuchen kostet zusätzlich Zeit und Aufwand. Außerdem birgt es die Gefahr, dass zu einem späteren Zeitpunkt nicht mehr alle Alternativen zur Verfügung stehen (Tversky & Shafir 1992, S. 358). Dass diese Option trotzdem gewählt wird, ist mit Vermeidung von Trade-offs und Unsicherheit bezüglich der Präferenzen[95] zu begründen (Tversky & Shafir 1992, S. 358; Dhar 1997a, S. 215, Dhar 1997b, S. 121ff.; Anderson 2003, S. 146). Die oben genannten Beispiele scheinen den Entscheidungskonflikt und somit die Entscheidungsschwierigkeit im Sinne der Trade-off-Schwierigkeit zu erhöhen (Anderson 2003, S. 144). So zeigt sich beispielsweise auch, dass in von Probanden als schwierig eingestuften Entscheidungssituationen, die Wahl der No-Choice-Option unter Zeitdruck abnimmt (Dhar & Nowlis 1999). Da Individuen unter Zeitdruck dazu tendieren mithilfe von trade-off-vermeidenden, nicht-

---

[95] Unsicherheit bezüglich der Präferenzen ist neben Trade-off-Vermeidung ein weiterer Grund, Entscheidungen aufzuschieben. Dhar (1997a, S. 215) ist der Meinung, dass eine Trade-off-Entscheidungssituation vom Entscheider fordert sich stärker bzw. sorgfältiger mit seinen Präferenzen zu beschäftigen. Dies erzeugt Unsicherheit.

kompensatorischen Strategien zu entscheiden (vgl. Kapitel 6.4.2), spricht dies für die These der Trade-off-Vermeidung (Anderson 2003, S. 145).

Wahl einer asymmetrisch dominanten Alternative
Eine weitere Verhaltensweise, die das Lösen von Trade-offs vermeidet, ist die Wahl einer Alternative, welche zumindest eine weitere Alternative im Auswahlset dominiert. Huber, Payne und Puto (1982, vgl auch Huber & Puto 1983) zeigten als erste, dass das Hinzufügen einer inferioren Alternative zu einem Auswahlset, d.h. das Hinzufügen einer Alternative die von mindestens einer weiteren Alternative dominiert wird, die Wahrscheinlichkeit der Wahl der dominierenden Alternative erhöht.

In Abbildung 7-3 ist ein einfaches Beispiel für eine solche Entscheidungssituation dargestellt. Ursprünglich stehen dem Entscheider Alternative A und Alternative B zur Auswahl. Beide Alternativen sind auf dem Attribut 1 und dem Attribut 2 beschrieben, wobei die Attraktivität der Ausprägung nach oben bzw. nach rechts zunimmt. Die Entscheidung erfordert das Lösen eines Trade-offs, da Alternative A bei Attribut 1 besser und bei Attribut 2 schlechter abschneidet, als Alternative B. Wenn allerdings Alternative C, welche sowohl bei Attribut 1 als auch bei Attribut 2 schlechter abschneidet, als Alternative B, der Auswahl hinzugefügt wird, steigt die Tendenz, Alternative B zu wählen. Dieser sogenannte Attraction-Effekt oder ‚Asymmetrischer Dominanzeffekt' ist in verschiedenen weiteren Experimenten bestätigt worden (vgl. beispielsweise Ratneshwar, Shocker & Stewart 1987; Simonson 1989; Tversky & Simonson 1993; Ariely & Wallsten 1995; Wedell 1991). Nach der ‚Rational Choice Theory' sollte das Hinzufügen einer unterlegenen Alternative die Bewertung und Wahl der anderen Alternativen natürlich nicht beeinflussen. Aber gerade in Situationen mit schwierigen Trade-offs, stellt die Wahl einer Alternative, welche eine weitere Alternative dominiert, eine rechtfertigbare Wahl dar, welche das Lösen des Trade-offs vermeidet (Simonson 1989). Die Rechtfertigbarkeit der Entscheidung vor sich selbst oder anderen wird als zentrales Motiv in konfliktären Entscheidungssituationen angesehen (Simonson 1989, S. 159; Tetlock 1985, Tetlock 1992, S. 364; Anderson 2003, S. 144).

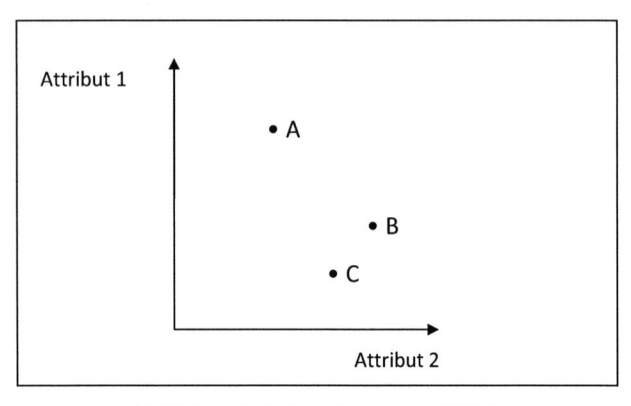

Abbildung 7-3: Der Attraction-Effekt
(Quelle: in Anlehnung an Simonson 1989, S. 160)

Beibehaltung des Status quo
Kann die Wahl nicht aufgeschoben werden und besteht keine asymmetrische Dominanz, stellt schließlich die Wiederwahl eines Status quo eine weitere Möglichkeit dar, Trade-offs in einer Entscheidungssituation zu umgehen. So stieg die Wahl einer Automobilalternative in dem in Kapitel 7.3.3.1 genannten Experiment von Luce stark an, wenn sie als Status quo gekennzeichnet war. Trade-off-Konflikte werden daher als weiterer Grund für den SqE angesehen.

Der SqE kann aber auch auftreten, wenn das aktuelle Produkt nicht als Status quo-Referenz zur Bewertung einer neuen Alternative herangezogen wird. Die Wahrnehmung von relativen Gewinnen und Verlusten ausgehend vom Status quo ist nicht zwingend erforderlich. Wenn zwischen zwei Produkten ein Trade-off wahrgenommen wird der für den Konsumenten nur schwer zu lösen ist, kann das aktuelle Produkt die rechtfertigbarere Alternative darstellen, um den Trade-off zu vermeiden.

Folgendes Zitat von Hogarth (1989, S. 69) fasst die Ergebnisse dieser beiden Kapitel gut zusammen und soll daher hier als Fazit dienen: „An important aspect of the *status quo* is that it often acts as an aspiration level. Thus, no action is precipitated unless alternatives are definitely perceived as better (witness the common saying 'if it works, don't fix it')".

7.3.4 Rationale Gründe

Die bisher beschriebenen Phänomene standen, zumindest früher, im Widerspruch zu dem Axiomen des rationalen Entscheidens und werden teilweise auch heute noch als Entscheidungsfehlverhalten oder Entscheidungsvermeidungsverhalten angesehen. Es gibt aber auch zwei Phänomene, welche zur Bevorzugung des Status quo beitragen, die nicht im Widerspruch zur ‚Rational Choice Theory' stehen. Mit Transaktionskosten und Unsicherheit kann die Beibehaltung eines Status quo auch rational erklärt werden. Diese Phänomene lassen sich in der Praxis aber nicht immer vollständig von den bisher genannten ‚irrationalen' Phänomenen abgrenzen.

So verursacht ein Wechsel weg vom Status quo häufig Transaktionskosten (Samuelson & Zeckhauser 1988, S. 34f.). Diese Kosten sind beispielsweise Suchkosten, d.h. Kosten zur Identifizierung von Alternativen und Kosten zur Entscheidungs- und Wechselmotivation, sowie Analyse- und Entscheidungskosten an sich (Sen & Johnson 1997, S. 105; Schweitzer 1994, S. 458). Da bei der TMS die Aufmerksamkeit gesondert geschätzt wird, werden Such- und Motivationskosten im Rahmen dieser Arbeit nicht weiter behandelt. Als Analyse- und Entscheidungskosten sollen in dieser Arbeit vor allem Trade-off-Konflikte gelten (vgl. Kapitel 7.3.3). Der kognitive und emotionale Aufwand zur Lösung dieses Konfliktes stellt Kosten dar, welche eine Verzerrung zu Gunsten des Status quo verursachen (Luce 1998, S. 428).

Im Sinne der ‚Rational Choice Theory' lässt sich daher festhalten, dass eine Bevorzugung eines Status quo, obwohl eine andere Alternative an sich den höheren Nutzen stiftet, entsteht, wenn Transaktionskosten die möglichen Gewinne durch einen Wechsel zu dieser Alternative übersteigen (Samuelson & Zeckhauser 1988, S. 34f.).

Ein weiterer Grund für die Status quo Bevorzugung kann im Faktor Unsicherheit gefunden werden (Samuelson & Zeckhauser 1988, S. 34; Anderson 2003, S. 144). Der Status quo ist dem Entscheider vertrauter als eine mögliche Alternative. In vielen Fällen kann diese Informationsasymmetrie erst durch eine Entscheidung für diese Alternative aufgehoben werden. So kann ein neues FMCG in der Regel erst durch den Erwerb und dem anschließenden Konsum vollständig mit dem Status quo verglichen werden. Vor der Entscheidung zum Kauf des Produktes herrscht somit Unsicherheit bezüglich seines Nutzens bzw. seiner Fähigkeit zur Bedürfnisbefriedigung. „There is more ambiguity and risk in switching, than in maintaining the status quo" (Schweitzer 1994, S. 458). Dieses vom Konsumenten empfundene Unsicherheit bzw. Risiko beim Produktkauf kann nach Jacoby und Kaplan (1972 zitiert nach Murphy & Enis 1986, S. 34) in folgende Untergruppen unterschieden werden (vgl. auch {Snoj 2004 #593: 159):

- Finanzielles Risiko, d.h. Risiko des Geldverlustes, wenn das Produkt die Erwartungen nicht erfüllt;
- Physisches Risiko, d.h. Risiko dass das Produkt dem Konsumenten schadet;
- Soziales Risiko, d.h. Risiko, dass das Produkt den sozialen Status des Konsumenten verändert;
- Psychologisches Risiko, d.h. Risiko von negativen Auswirkungen auf das Ego des Konsumenten, wenn sich eine Entscheidung als Fehler herausstellt.

Diese Risiken sind vor allem beim Erstkauf eines Produktes von Bedeutung. Zusammen mit den bisherigen Ergebnissen lässt sich daher für die Erstkaufentscheidung Folgendes schließen: Wird ein Konsument auf eine neues FMCG aufmerksam, vergleicht er es mit seinem aktuellen Produkt. Nur wenn das neue Produkt schon vor dem Konsum dominant erscheint, d.h. es weist keine Verschlechterung im Vergleich zum aktuellen Produkt auf und bietet zusätzlich einen Wechselanreiz, wird das mit dem Erstkauf verbundene Risiko in Kauf genommen, um das neue Produkt zu testen.

Nach Samuelson und Zeckhauser (1988, S. 34) sieht eine optimale Strategie für den Kauf vom FMCG sogar noch konservativer aus: „An optimal decision task takes the form of a cutoff strategy: individuals stick with their current choice if their utility from it is sufficiently high; otherwise, they try another brand".

7.4 Zusammenfassung und kritische Würdigung des Chance-Kriteriums

Wenn ein Konsument mit einem neuen FMCG konfrontiert ist, wird er in der Regel keinen kognitiv komplexen Entscheidungsprozess starten. Er wird mittels einfacher Entscheidungsstrategien das neue Produkt bewerten und entscheiden, ob das neue Produkt das aktuelle ersetzten kann oder nicht.

Bei diesem Prozess stellt das aktuelle Produkt den Referenzpunkt dar. Von diesem ausgehend werden die für den Konsumenten wichtigen, d.h. relevanten Attribute verglichen. Wendet der Konsument eine einfache Entscheidungsstrategie, wie die lexikographische Strategie an, betrachtet und bewertet er vielleicht nur ein einziges Attribut. So entscheidet er beispielsweise nur nach dem Preis. In diesem Fall prognostiziert das Chance-Kriterium die Wahl des Konsumenten richtig. Ist der Preis des neuen Produktes beispielsweise niedriger als der Preis des aktuellen Produktes, stellt dies eine Verbesserung dar und das Chance-Kriterium ist erfüllt, da keine Verschlechterungen genannt werden.

Betrachtet der Konsument dagegen mehrere Attribute, gibt es drei Möglichkeiten. Das neue Produkt ist auf allen relevanten Attributen besser oder gleich gut. In diesem Fall dominiert das neue Produkt das Aktuelle. Der Konsument entscheidet sich entsprechend dem Dominanzprinzip für das neue Produkt. Die zweite Möglichkeit ist, dass das neue Produkt auf allen relevanten Attributen schlechter oder gleich gut abschneidet, d.h. das neue Produkt wird vom aktuellen Produkt dominiert. Entsprechend dem Dominanzprinzip entscheidet sich der Konsument gegen das neue Produkt. Das Chance-Kriterium prognostiziert auch hier in beiden Fällen richtig.

Die dritte Möglichkeit ist, dass der Konsument sowohl Verbesserungen als auch Verschlechterung wahrnimmt. In diesem Fall stellen Attribute, die bei dem neuen Produkt besser abschneiden Gewinne dar; schlechtere Attribute stellen Verluste dar. Diese Verluste werden nach der Verlustaversion stärker gewichtet als gleiche Gewinne. Es entsteht eine Verzerrung zugunsten des aktuellen Produktes. Eine Erklärung für dieses Verhalten ist in der Regret-Aversion zu finden, da das Regret der Verluste durch den Wechsel größer wäre, als das Regret, das durch die entgangenen Gewinne entstehen könnte. Darüber hinaus bergen weitere potentielle negative Ereignisse die Gefahr des späteren Regrets. Dies trägt zusätzlich zur Verzerrung zugunsten des aktuellen Produktes bei. Des Weiteren stellen die Gewinne und Verluste des neuen Produktes den Konsumenten vor die Herausforderung einen Trade-off zu lösen. Dieser kann für den Konsumenten sowohl kognitiv als auch emotional[96] schwierig sein zu lösen. Mit der Entschei-

---

[96] Auch im Bereich der FMCG kommen emotional schwierige Trade-offs vor. Schwierige Trade-off-Attribute sind beispielsweise Gesundheitsrisiken, Umwelteigenschaften oder in der Kritik stehende Firmenimages.

dung für das aktuelle Produkt kann der Konsument diesen Trade-off umgehen. Diese Tendenz zur Trade-off-Vermeidung stärkt ebenfalls die Entscheidung zu Gunsten des aktuellen Produktes.

Das nachfolgende Szenario aus dem Waschmittelbereich soll diesen Sachverhalt anhand eines konkreten Beispiels verdeutlichen. Ein Konsument nutzt ein bestimmtes Waschmittel, mit dem er zufrieden ist und seine Bedürfnisse bezüglich Waschmittel haben sich auch nicht geändert. Der Konsument bekommt eine Probe eines neuen Waschmittels. Nach der Verwendung dieser Probe muss er entscheiden, ob er beim nächsten Einkauf sein aktuelles oder das neue Waschmittel kaufen will. Der Konsument vergleicht daher die beiden Produkte und kommt zu folgendem Ergebnis. Das neue Waschmittel hat eine bessere Reinigungsleistung, aber einen schlechteren Duft als sein gewohntes Waschmittel. Die übrigen subjektiv relevanten Attribute unterscheiden sich für ihn nicht. Der schlechtere Wäscheduft stellt also einen Verlust dar, den der Konsument hinnehmen müsste, wenn er sich für das neue Waschmittel entscheidet. Dieser Verlust wird von dem Konsument überbewertet, d.h. stärker gewichtet, als wenn er einen Gewinn darstellen würde. Des Weiteren birgt dieser Verlust das Risiko des späteren Bedauerns. Wenn der Konsument beispielsweise nach dem Kauf des neuen Waschmittels in eine Situation gerät, in der er sich wünscht, er hätte seinen alten Wäscheduft, wird er dies meist mehr bedauern, als wenn er bei seinem aktuellen Waschmittel geblieben wäre und in einer bestimmten Situation ein Waschmittel mit besserer Reinigungsleistung gebraucht hätte. Zusätzlich zu dem bekannten Verlust besteht auch die Gefahr, dass der Wechsel zum neuen Waschmittel aus weiteren unvorhersehbaren negativen Ereignissen bedauert wird. So könnte beispielsweise Stiftung Warentest dem neuen Waschmittel sehr schlechte Umwelteigenschaft attestieren. Schließlich stellt das Abwägen von Reinigungsleistung gegen Wäscheduft eine kognitiv und eventuell emotional schwierige Trade-off-Situation dar. Der Konsument muss entscheiden, ob eine bessere Reinigungsleistung einen schlechteren Duft rechtfertigt bzw. um wie viel die Reinigungsleistung besser sein muss, um den schlechteren Duft zu kompensieren. Der kognitive und emotionale Aufwand mag zwar in dieser Situation gering erscheinen, aber bei ca. 30.000 Neuprodukteinführungen im Jahr summiert sich der Aufwand solcher Entscheidungen für den Konsumenten stark auf. Es ist daher sehr wahrscheinlich, dass der Konsument den Verlust, den das neue Waschmittel mitbringt, nicht eingehen wird und er bei seinem aktuellen Produkt bleibt. Das Chance-Kriterium prognostiziert die Wahl des Konsumenten daher auch hier im Allgemeinen richtig.

Die Anwendung des Chance-Kriteriums scheint aber nicht nur wie im Beispiel beschrieben für die Entscheidung des Wiederholungskaufes plausibel, sondern auch für die Erstkaufentscheidung. Hier spielt insbesondere die Unsicherheit über die Leistung des neuen Produktes eine Rolle. Wenn der Konsument vor dem ersten Konsum eines neuen Produktes schon Nachteile gegenüber seinem aktuellen Produkt wahrnimmt, ist daher davon auszugehen, dass diese Nachteile den gleichen Prozess auslösen, wie oben beschrieben. Zusätzlich ist aufgrund der Unsicherheit das Regret-Risiko im Falle des Erstkaufes größer, als beim Wiederholungskauf. Stellt sich das neue FMCG als unbefriedigend heraus, kann es für den Käufer sehr ärgerlich sein. Er muss sich entscheiden, ob er es trotzdem aufbraucht oder wegwirft.

So ist der Preis für die Packung Waschmittel aus unserem Beispiel für viele Konsumenten nicht gleichgültig. Wenn dieses neue Waschmittel dann die Bedürfnisse nicht befriedigt, hat der Konsument eine volle Packung Waschmittel, die er nicht gebrauchen kann. Es ist daher davon auszugehen, dass das Chance-Kriterium in den meisten Fällen auch den Erstkauf richtig prognostiziert.

Ein Problem der TMS kann allerdings auch die Chance-Methode nicht lösen. Der Erstkauf neuer Produkte kann auch impulsiv stattfinden. Da die kognitiven Prozesse dabei sehr reduziert sind, ist es fraglich, ob in diesem Fall überhaupt ein Vergleich stattfindet. Impulsives Verhalten lässt sich aber generell schwer im Labor nachstellen. Das Chance-Kriterium ist daher nicht schlechter geeignet, als andere Verfahren der Präferenzmessung.

Die Ergebnisse bedeuten aber nicht, dass Konsumenten von FMCG niemals Trade-offs lösen. Wenn ein Konsument beispielsweise noch keinen Status quo hat oder dieser nicht mehr zur Verfügung steht, kann er mögliche Trade-offs auch nicht durch die Wiederwahl des Status quo umgehen. Das gleich gilt, wenn sich die Präferenzen des Konsumenten verändern. Beispielsweise kann durch eine Schwangerschaft der Gesundheitsaspekt wichtiger werden. Lässt sich die Entscheidung in diesen Situationen nicht weiter aufschieben, muss der Konsument entweder Trade-offs lösen oder im Sinne von Montgomery die mentale Repräsentation des Problems anpassen, bis keine Trade-offs mehr vorhanden sind. Bei diesem Reframing oder Bolstering werden zur Vermeidung kognitiver Dissonanz bei der gewählten Alternative keine Verluste wahrgenommen. Da diese Situationen aber nur bei einem sehr kleinen Anteil der Konsumenten im Falle einer Produkteinführung vorkommen, spielen sie für die Prognose des Produkterfolges i.d.R. keine Rolle. Außerdem würde die Chance-Methode die Produktwahl im Falle des Reframings oder Bolsterings auch hier richtig prognostizieren, da der Konsument bei der gewählten Alternative keine Verluste äußert.

Es kann daher zusammengefasst werden, dass das Chance-Kriterium eine sehr gute Approximation an das tatsächliche menschliche Entscheidungsverhalten beim Kauf von neuen FMCG darstellt. Nur in wenigen Situationen, wenn der Konsument tatsächlich einen Trade-off macht und Verluste in Kauf nimmt, wird das konservative Chance-Kriterium den Produktwechsel zum neuen Produkt nicht prognostizieren. Da aber auch in wenigen Fällen damit gerechnet werden muss, dass der Produktwechsel trotz Dominanz nicht stattfindet, beispielsweise weil die Dominanz von Kunden nicht wahrgenommen wird oder sich die Präferenzen ändern, ist davon auszugehen, dass sich diese beiden Effekte meist kompensieren.

8 Empirische Untersuchungen zum Chance-Kriterium

In diesem Kapitel werden zwei Experimente beschrieben. Zuerst wird eine kleine Chance-Studie mit anschließender Kaufverhaltensabfrage vorgestellt. Sie verdeutlicht die Problematik der hypothetischen Kaufbereitschaftsmessung und stellt die Schwierigkeit der Validierung des Chance-Kriteriums heraus.

Das zweite Experiment untersucht den SqE bzw. Endowment-Effekt, wobei es das klassische Tauschexperiment aufgreift und erweitert. Es zeigt, dass das Wahlverhalten mit dem Chance-Kriterium sehr gut vorhergesagt werden kann.

8.1 Kleine Chance-Studie mit anschließender Kaufverhaltensabfrage

8.1.1 Einführung

Im November 2009 wurde eine kleine Chance-Studie für einen Schokoriegel am Fachbereich 03 der Johannes Gutenberg-Universität Mainz (im Folgenden JGU) durch die Autorin durchgeführt. Dieses Experiment diente der Autorin dazu, bei der Durchführung und Anwendung die Chance-Methode vollständig kennen und verstehen zu lernen. Der Schokoriegel wurde im Anschluss an die Studie für 4 Monate in der Cafeteria des Hauptgebäudes des Fachbereichs 03 verkauft. Die Probanden dieser Studie wurden sowohl zu Beginn als auch nach Ablauf der viermonatigen Verkaufsphase des Schokoriegels befragt.

8.1.2 Ablauf

Im November 2009 wurden 380 Studierende verschiedener Studiengänge schriftlich bezüglich eines ihnen neuen Schokoriegels befragt. Die Teilnahme war freiwillig und fand im Rahmen von Vorlesungen an der JGU statt. Gegenstand der Befragung war der Schokoriegel ‚Jacques Biscuité 100' der Marke Jacques.[97] Dieser Riegel wird nur in Belgien und in den Niederlanden verkauft, er ist also in Deutschland nicht bekannt.

---

[97] Eine Abbildung des Riegels befindet sich in Anhang 9.

Den Studierenden wurden zuerst Fragen zu ihrem Kaufverhalten gestellt. Noch vor dem Probieren des Riegels, der inklusive des zukünftigen Verkaufspreises vorgestellt wurde, sollte dieser erstmals beurteilt werden. Als nächstes konnte der Riegel probiert werden. Im Anschluss wurden die Chance-Fragen gestellt, d.h. der neue Schokoriegel sollte mit dem Schokoriegel, welchen die Probanden am häufigsten in der Cafeteria kaufen, verglichen werden. Außerdem wurde die Kaufbereitschaft auf einer Skala von 1, mit „bestimmt nicht kaufen", bis 7, mit „bestimmt kaufen", und der Maximalpreis erfragt. Abschließend wurden die Studierenden gebeten, entweder eine E-Mail-Adresse oder eine Telefonnummer für eine mögliche Rückbefragung anzugeben.[98]

Nach Abschluss der Befragungen wurde der Schokoriegel dann bis Ende Februar in der Cafeteria zum Kauf angeboten. Nach Ablauf dieser Zeit wurden die Teilnehmer entweder per E-Mail oder telefonisch um eine Nachbefragung gebeten. Die Teilnehmer wurden gefragt, ob sie während des Versuchszeitraums Schokoladenprodukte in der Cafeteria gekauft haben, ob sie den neuen Riegel dort wahrgenommen haben und wie häufig sie ihn gekauft haben.[99]

8.1.3 Ergebnisse und Fazit

Ergebnisse

337 der 380 Teilnehmer kauften zumindest gelegentlich Schokoladenprodukte in der Cafeteria, haben den Fragebogen bis zum Schluss ausgefüllt und den Schokoriegel im Rahmen der Befragung probiert. 67,26 Prozent dieser Teilnehmer sind Frauen und entsprechend 32,74 Prozent sind Männer. Das Durchschnittsalter dieser Teilnehmer betrug 23,35 Jahre, bei einer Standardabweichung von 3,11 Jahren.[100]

Wie in Tabelle 8-1 dargestellt verkleinert sich der Stichprobenumfang von 337 Probanden auf letztlich 126 Probanden. Der Rest wurde entweder erfolglos wiederkontaktiert (103 Probanden) oder der Wiederkontakt war erfolgreich, aber während des Versuchszeitraums hat der Proband keine Schokoladenprodukte in der Cafeteria gekauft (44 Probanden). Ebenfalls aussortiert wurden die Proban-

---

[98] Der gesamte Fragebogen ist in Anhang 10 abgedruckt.
[99] Der gesamte Fragebogen ist in Anhang 11 abgedruckt.
[100] Eine Person machte keine Angaben bezüglich Alter und Geschlecht.

den, welche den Riegel in der Cafeteria nicht wahrgenommen haben (64 Probanden). Die verbleibenden 126 Probanden haben also in der Cafeteria während des Versuchszeitraums Schokoladenprodukte gekauft und den zum Kauf angebotenen Testriegel wahrgenommen. Mit diesen 126 Probanden findet die Auswertung des Kaufverhaltens statt. So ist in Tabelle 8-1 zu erkennen, dass von den 126 potentiellen Käufern nur 31 den Riegel tatsächlich mindestens einmal gekauft haben.

Kaufbereitschaft	Teilnehmer erste Befragung (absolut)	Potentielle Käufer des Riegels (absolut)	Nicht-Käufer des Riegels (absolut)	Käufer des Riegels (absolut und in Prozent)
7	61	19	6	13 (68,4%)
6	61	28	16	12 (42,9%)
5	55	→ 19 →	15	4 (21,1%)
4	40	15	14	1 (0,06%)
3	31	11	11	0 (0%)
2	46	19	18	1 (0,05%)
1	43	15	15	0 (0%)
Summe	337	126	95	31 (26,3%)

Tabelle 8-1: Anzahl der Käufer nach Kaufbereitschaft
(Quelle: eigene Darstellung)

Aus Tabelle 8-1 geht auch hervor, wie sich der Kauf über die Kaufbereitschaft verteilt. So haben beispielsweise 61 der 337 Teilnehmer für den Schokoriegel nach dem Probieren eine Kaufbereitschaft von 7 angegeben. Von diesen 61 sind 19 potentielle Käufer des Riegels. Von diesen 19 Probanden haben während des viermonatigen Verkaufszeitraums aber nur 13 den Riegel in der Cafeteria tatsächlich erworben. Das entspricht 68,4 Prozent der potentiellen Käufer. Für eine Kaufbereitschaft von 6 sind es 42,9 Prozent und für die Kaufbereitschaft von 5 noch 21,1 Prozent der Probanden die letztlich den Schokoriegel ‚Jacques Biscuité 100' gekauft haben.

Tabelle 8-2 zeigt die Auswertung nach dem Chance-Kriterium. Von den 14 Probanden, welche das Chance-Kriterium[101] erfüllt haben und als potentielle Käufer in Frage kommen, haben 11 den Riegel tatsächlich gekauft. Das entspricht 78,6 Prozent. In der Tabelle 8-2 wird weiterhin dargestellt, dass eine Diskontierung der Kaufbereitschaft unbedingt notwendig ist. Nur 43,3 Prozent der Probanden, welche eine Kaufbereitschaft von 4 oder höher angegeben haben, haben den Schokoriegel später tatsächlich gekauft. Von den Probanden, welche eine Kaufbereitschaft von 4 oder weniger angeben haben und somit das Chance-Kriterium nicht erfüllten, haben nur 0,03 Prozent den Schokoriegel gekauft. Weitere Analysen sind aufgrund der geringen Fallzahlen nicht sinnvoll möglich.

---

[101] Das Chance-Kriterium für den Wiederkauf hat erfüllt, wer nach dem Probieren mindestens einen Vorteil, aber keine Nachteil bezüglich seines aktuellen Produktes nennt und wer eine Kaufbereitschaft von 5 oder höher angibt. Außerdem darf der Preis, den die Probanden maximal bereit sind zu zahlen, nicht unter dem geplanten Verkaufspreis liegen (vgl. Kapitel 4.2).

Fälle	Teilnehmer erste Befragung (absolut und in Prozent)	Potentielle Käufer des Riegels (absolut)	Nicht-Käufer des Riegels (absolut)	Käufer des neuen Riegels (absolut und in Prozent)
Chance-Kriterium erfüllt	34 (10,1%)	14	3	11 (78,6%)
Kaufbereitschaft 5-7 (inklusive Chance-Kriterium erfüllt)	177 (52,5%) →	66 →	37	29 (43,9%)
Kaufbereitschaft 1-4	160 (47,5%)	60	58	2 (0,03%)
Summe der Teilnehmer	337 (100%)	126	95	31 (26,3%)

Tabelle 8-2: Anzahl der Käufer nach Chance-Kriterium und Kaufbereitschaft (Quelle: eigene Darstellung)

Fazit

Auch wenn die Ergebnisse aufgrund der kleinen Fallzahlen nur begrenzt belastbar sind, lassen sich doch die erheblichen Probleme der hypothetischen Kaufbereitschaftsmessung erkennen. Obwohl man davon ausgehen muss, dass

- die Befragung die Probanden aufgrund von Commitment eher dahingehend beeinflusst hat, den Schokoriegel in der Cafeteria mindestens einmal wiederzukaufen;
- eine ‚Self-Generated Validity'[102] die Kaufrate positiv beeinflusst hat,
- und bei der Beantwortung der Rückfragen eher mit einem Overreporting[103] gerechnet werden muss,

---

[102] Unter der ‚Self-Generated Validity' wird das Problem verstanden, dass bei der Validierung von Intentionserhebungen, wie beispielsweise der Messung der Kaufbereitschaft, das Erheben an sich das spätere Verhalten beeinflussen und somit verzerren kann (Chandon, Morwitz & Reinartz 2005; Feldman & Lynch Jr. 1988).

überschätzt die Prognose mit der gemessenen Kaufbereitschaft den tatsächlichen Kauf deutlich. Auch die fehlende Möglichkeit zum Kauf des Schokoriegels kann diese Differenz zwischen der geäußerten Kaufabsicht und dem tatsächlichen Verhalten nicht erklären. Alle Probanden, die während des Versuchszeitraums überhaupt keine Schokoladenprodukte in der Cafeteria gekauft haben oder die den Riegel nicht wahrgenommen haben wurden aus der Berechnung ausgenommen.

Aussagen bezüglich der Validität des Chance-Kriteriums sind aus den gleichen Gründen schwierig, zumal die Studie nicht mittels persönlicher Interviews durchgeführt wurde, wie es bei der Chance-Methode gefordert wird. Einerseits haben immerhin 78,6 Prozent der Probanden, welche das Chance-Kriterium erfüllt haben, den Schokoriegel gekauft. Eine Käufergruppe lässt sich mit dem Chance-Kriterium daher sehr gut eingrenzen. Andererseits lassen sich aber nur 11 der 31 Käufer mittels des Chance-Kriteriums erklären. Diese Differenz von 20 Käufern lässt sich mit den bereits genannten Faktoren Bildung von Commitment durch die Experimentteilnahme, der ‚Self-Generated Validity' und dem Overreporting erklären. Des Weiteren wurde der Schokoriegel nur vier Monate verkauft. Der längerfristige Erfolg des Riegels, z.B. nach zwei Jahren dürfte erfahrungsgemäß deutlich geringer ausfallen.

8.2 Das Chance-Kriterium zur Erklärung des Wahlverhaltens in einem Tauschexperiment

8.2.1 Einführung

Wie in Kapitel 8.1 erörtert, ist die Validierung von geäußerten Intentionen schwierig. Ähnliche Konstellationen treten bei der Beurteilung der Prognoseeigenschaften des Chance-Kriteriums auf. Lässt man ein Testprodukt gegen einen realen Status quo antreten und überprüft anschließend das Wahlverhalten, so muss man mit Verzerrungen aufgrund von Commitment für das Testprodukt rechnen. Dieses kann durch die Experimentteilnahme für das Testprodukt entstehen. Weiterhin muss mit einem möglichen ‚Social Desirability Bias'

---

[103] Unter Overreporting wird hier die Tendenz verstanden, im Sinne des ‚Social Desirability Bias' eher den Kauf, als den Nicht-Kauf des Riegels anzugeben, wenn in der ersten Befragung eine hohe Kaufbereitschaft angegeben wurde.

bei der Beantwortung der Fragen und eventuell einer möglichen ‚Self-Generated Validity' beim späteren Verhalten gerechnet werden. Diese Faktoren führen zu einer Überbewertung des Testproduktes im Vergleich zum Status quo was zu einer Abweichung vom realen Verhalten führt.

Ein mögliches Experimentdesign, welches die oben genannten Faktoren minimiert, stellen die Tauschexperimente zum SqE dar, welche in Kapitel 7.3 vorgestellt wurden. Bei diesen, meist dem Endowment-Effekt zugeordneten Experimenten, wird den Probanden ein Objekt geschenkt und dann eine Alternative zum Tausch angeboten. In diesen Experimenten wird das geschenkte Objekt als Status quo des Probanden angesehen. Das zweite Objekt stellt dann die Wechselalternative zum Status quo dar.

In den klassischen Experimenten werden typischerweise zwei sehr unterschiedliche Produkte verwendet, wie beispielsweise Kaffeebecher und Schokolade (vgl. beispielsweise Knetsch 1989). Der Vergleich und das Lösen eines Trade-off zwischen Gewinnen und Verlusten solch unterschiedlicher Produkte ist schwieriger als die Wahl zwischen Produkten einer Produktkategorie bei typischen Kaufentscheidungen. Der Grund hierfür ist, dass sehr unterschiedliche Produkte auf unterschiedlichen Attributen beschrieben sind. In den wenigen Experimenten mit Produkten einer Produktkategorie, z.B. verschiedene Schokoladenprodukte oder Flaschenweine, zeigte sich der Endowment-Effekt dagegen geringer oder gar nicht (vgl. beispielsweise van Dijk & van Knippenberg 1998; Chapman 1998). Dies kann erstens damit erklärt werden, dass aufgrund der Ähnlichkeit der Produkte meistens keine Trade-offs zu lösen sind, d.h. eines der Objekte dominant ist. Es könnte aber zweitens auch bedeuten, dass mögliche Trade-offs für die Probanden leicht zu lösen sind und keine Effekte wie Verlustaversion und Trade-off-Vermeidung auftreten.

Damit diese zweite Annahme, nämlich das Probanden Trade-offs lösen wiederlegt werden kann und um die Prognoseeigenschaften des Chance-Kriteriums für typische FMCG-Kaufentscheidungen prüfen zu können, soll ein solches Experiment in dieser Arbeit erstmals für zwei FMCG einer Produktkategorie durchgeführt werden. Während bei den klassischen Experimenten nur die Tauschraten und gegebenenfalls Einflussfaktoren auf diese Tauschraten betrachtet werden, wird in diesem Experiment das Wahlverhalten nach Produktvor- und Produktnachteilen genauer differenziert. Dabei werden Vor- und Nachteile, d.h. die Gewinne und Verluste der Alternative zum Status quo erhoben. Es wird also erfasst, ob entweder die Dominanz eines der Produkte oder ein Trade-off vorliegt. Es wird untersucht, ob entsprechend dem Chance-Kriterium ein Wechsel von Status quo zur Alternative nur stattfindet, wenn die Alternative den Status quo dominiert. Nimmt der Proband Gewinne und Verluste durch den Wechsel war, so bleibt er bei seinem Status quo.

Basierend auf den bisherigen Kapiteln werden in diesem Experiment folgende Ergebnisse erwartet:

- Eine schwache *Tauschabneigung*: Aufgrund der Ähnlichkeit der Produkte sind häufig keine Trade-offs zu lösen und es zeigt sich daher kein SqE. Der Grund hierfür ist, dass eines der Produkte dominant ist und entsprechend dem *Dominanzprinzip* gewählt wird;

- *Trade-off-Vermeidung*: Bei Vorliegen eines Trade-offs zwischen den Produkten wird signifikant häufiger das Produkt gewählt, welches den Status quo darstellt, als das gleiche Produkt bei Vorliegen eines Trade-offs in der Kontrollgruppe, welche keinen Status quo bereitstellt;

- Eine sehr *hohe Prognosegenauigkeit* des Wahlverhaltens mittels des Chance-Kriteriums.

8.2.2 Beschreibung der Methode

Design

Das Experiment umfasst drei Experimental-Gruppen, die sich in zwei Status quo-Gruppen und eine Kontrollgruppe aufteilen. In den zwei Status quo-Gruppen bekamen die Probanden eines der Produkte zu Beginn geschenkt und sollten es dann bewerten. Erst danach wurde das zweite Produkt präsentiert und bewertet. Am Schluss wurde die Möglichkeit zum Tausch der Produkte eingeräumt. Die Probanden der Kontrollgruppe hingegen bekamen beide Produkte gleichzeitig zur Bewertung präsentiert.

Produkte

Auf Basis von Pretests wurden als Produkte zwei Deodorants der Eigenmarke Balea der Handelskette ‚dm-drogerie markt GmbH & Co. KG' verwendet. Deodorants wurden gewählt, weil sie von den meisten Studierenden regelmäßig benutzt werden und daher ausreichend Produkterfahrung zur Bewertung der Produkte vorhanden sein sollte. Die Marke Balea wurde gewählt, da sie von vielen Studierenden positiv bewertet wird. Die meisten Studierenden bewerten die Marke als „ganz gut", da sie ein „gutes Preis-Leistungsverhältnis" bietet.

Es wurden die Deodorants ‚Deospray Sensitive' und ‚Deospray Triple-Effect' ausgesucht.[104] Diese Produkte sind sich auf der einen Seite sehr ähnlich, d.h. sie gehören der gleichen Produktkategorie an. Es sind zwei Spraydeos der gleichen Größe und Verpackungsart. Dies stellt sicher, dass es sich um Produkte handelt, die sich im Rahmen einer realen Kaufsituation in der näheren Auswahl befinden könnten.

Auf der anderen Seite weisen die Deodorants einige Unterschiede auf, die sicherstellen, dass die Probanden Trade-offs zwischen den Produkte wahrnehmen können. So ist das ‚Deospray Sensitive' in den Farben Türkis und Blau gehalten. Es verspricht spürbar sanft zur Haut zu sein, die Haut nach der Rasur zu pflegen, Aloe Vera zu enthalten und ohne Alkohol zu sein. Das ‚Deospray Triple-Effect' ist lilafarben verpackt. Es verspricht länger glatte Achseln nach der Rasur, keine weißen Rückstände zu hinterlassen und ohne Aluminiumsalze zu sein. Beide Deos sollen eine Wirkungsdauer von 48h aufweisen.

Probanden
Probanden waren 122 Studierende der JGU.[105] Die Studierenden wurde in den Monaten August und September des Jahres 2011 vor der Zentralbibliothek der JGU angesprochen und um die Teilnahme an einem Dissertations-Experiment zum Thema Deodorants gebeten. Den Studierenden wurde als Dank für die Teilnahme ein Deodorant als Geschenk versprochen. Die Deodorants wurden zu diesem Zeitpunkt noch nicht gezeigt, um Selbstselektion zu vermeiden. Da die Zielgruppe der Deodorants Frauen sind, wurden nur weibliche Studierende befragt. Das Durchschnittsalter der Teilnehmerinnen betrug 24,64 Jahre mit einer Standardabweichung von 2,51 Jahren. 88 Teilnehmerinnen wurden für die zwei Status quo-Gruppen befragt. Für die Kontrollgruppe wurden 34 Teilnehmerinnen befragt.

---

[104] In Anhang 12 sind Abbildungen dieser Deodorants zu finden.
[105] Zwei Teilnehmerinnen studierten an einer anderen Hochschule und drei Teilnehmerinnen hatten ihr Studium bereits abgeschlossen.

Ablauf

Abwechselnd wurden den Probanden der beiden Status quo-Gruppen zu Beginn der Befragung entweder das ‚Deospray Sensitive' oder das ‚Deospray Triple-Effect' als Geschenk überreicht. Dann sollten die Probanden das jeweilige Deodorant beurteilen. Dabei sollten sie sagen, was ihnen an diesem Deodorant gefällt und was ihnen nicht gefällt. Außerdem sollten sie die Kaufattraktivität[106] auf einer Skala von eins, d.h. „sehr unattraktiv", bis sieben, d.h. „sehr attraktiv", bewerten. Um das Ownership-Gefühl zu verstärken, wurden als nächstes vier allgemeine Fragen zur Marke Balea gestellt. Danach wurde den Probanden das jeweils andere Deodorant präsentiert. Bis zu diesem Zeitpunkt wussten die Probanden nicht, dass es ein zweites Deodorant gibt. Zur Erhebung des Chance-Kriteriums sollten die Probanden dann beurteilen, was ihnen an diesem Deodorant im Vergleich zum ersten Deodorant besser gefällt und was ihnen schlechter gefällt. Die Kaufattraktivität wurde ebenfalls erfragt.[107] Nach der Befragung wurde den Probanden mitgeteilt, dass sie sich eines der Deodorants als Geschenk aussuchen dürfen. Die Befragung dauerte durchschnittlich etwa fünf Minuten.[108]

Die Rekrutierung und Befragung der Studierenden der Kontrollgruppe verlief gleich, nur mit dem Unterschied, dass von Anfang an beide Deodorants präsentiert wurden. Zudem wurde den Probanden mitgeteilt, dass sie sich am Ende der Befragung eines der Deodorants aussuchen dürfen. Die Fragen zu den Deodorants waren die gleichen, wie in den Status quo-Gruppen, nur wurde nie direkt nach einem der Deodorants gefragt. Die Fragen zur Marke Balea wurden nicht

---

[106] Da für viele Probanden die Deodorants generell nicht für den Kauf in Frage kamen, beispielsweise weil die Probanden keine Spraydeodorants verwenden oder ihre Marke generell nicht wechseln würden und so beide Deodorants den niedrigsten Wert auf der Kaufbereitschaftsskala erhalten hätten, wurde nicht die Kaufbereitschaft bzw. Kaufwahrscheinlichkeit, sondern die Kaufattraktivität erfragt. Auf diese Weise wurde sichergestellt, dass es zu einem Präferenzurteil, d.h. einem Urteil bezüglich der Vorziehungswürdigkeit eines der Deodorants kommen kann. Während der Befragung wurde daher bewusst gefragt, ob eines der Produkte kaufattraktiver ist. Dies geschah in den Status quo-Gruppen bevor die Probanden wussten, dass es tatsächlich eine Wahlmöglichkeit geben wird.
[107] Die Art der Fragen und die Beschäftigungszeit sind für beide Deodorants etwa gleich. Dies soll die Transaktionskosten für einen möglichen Wechsel möglichst gering halten.
[108] Der vollständige Fragebogen ist in Anhang 13 abgebildet.

gestellt. Die Befragung in der Kontrollgruppe dauerte durchschnittlich etwa drei Minuten.[109]

Um Verzerrungen durch asymmetrische Informationen zu vermeiden, wurde die Befragung abgebrochen, wenn die Probanden eines der beiden Deodorants bereits benutzt hatten. Ebenfalls abgebrochen wurde, wenn die Probanden keines der beiden Deodorants behalten wollten.

8.2.3 Ergebnisse

Das Chance-Kriterium sagt die Anzahl der Produktwechsler in beiden Status quo-Gruppen exakt voraus. Eine genaue Analyse der *Prognosegenauigkeit des Chance-Kriteriums* folgt am Ende dieses Kapitels. Zuvor werden die einzelnen Effekte, die als Begründung für das Chance-Kriterium dienen, im Detail untersucht. So ist zwar nur eine geringe *Tauschabneigung* zu finden, betrachtet man aber das Wahlverhalten nach dem Vorliegen von Produktdominanzen und Trade-offs zwischen den Produkten, so erkennt man, dass die Wahl nach dem *Dominanzprinzip* stattfindet und die *Trade-off-Vermeidung* in den Status quo-Gruppen signifikant ist.

Tauschabneigung
Der SqE bzw. der Endowment-Effekt im Sinne der Tauschabneigung ist erwartungsgemäß sehr gering und aufgrund der kleinen Fallzahl nicht signifikant. Wie in Tabelle 8-3 dargestellt, sind die beiden Deodorants nach Einschätzung der Probanden etwa gleich attraktiv, d.h. sie werden etwa gleich häufig gewählt. In der Kontrollgruppe entscheiden sich 56 Prozent der Probanden für das ‚Deospray Sensitive' und 44 Prozent der Probanden für das ‚Deospray Triple-Effect'. Wird das ‚Deospray Sensitive' zuerst geschenkt und bewertet, d.h. stellt es den Status quo dar, so bleiben 70 Prozent der Probanden bei diesem Produkt. Stellt dagegen das ‚Deospray Triple-Effect' den Status quo dar, so wählen nur 50 Prozent der Probanden das ‚Deospray Sensitive'. Im Vergleich dazu wird das ‚Deospray Triple-Effect' in 50 Prozent der Fälle gewählt, wenn es den Status quo darstellt, aber nur in 30 Prozent der Fälle, wenn es nicht der Status quo ist. Der

---

[109] Der vollständige Fragebogen ist in Anhang 14 abgebildet.

Status quo wird also jeweils etwas häufiger beibehalten, als das entsprechende Produkt, in der Kontrollgruppe, wenn es keinen Status quo darstellt.

Fälle	Wahl ‚Deospray Sensitive' in Prozent	Wahl ‚Deospray Triple-Effect' in Prozent	N
Kontrollgruppe	56%	44%	36
Status quo: ‚Deospray Sensitive'	70%	30%	44
Status quo: ‚Deospray Triple-Effect'	50%	50%	44

Tabelle 8-3: Endowment-Effekt bei der Wahl der Deodorants
(Quelle: eigene Darstellung)

Dominanzprinzip
Unterscheidet man das Wahlverhalten allerdings detaillierter, nach Produktdominanzen bzw. Trade-offs, ergibt sich ein anderes Bild.[110] Wie man in Tabelle 8-4 erkennt, bleiben in der Gruppe, in welcher das ‚Deospray Sensitive' den Status quo darstellt alle 13 Probanden, welchen den Status quo als dominant empfinden auch bei diesem. Dagegen wechseln 10 von 12 Probanden, welche das ‚Deospray Triple-Effekt' als dominant empfinden auch zu diesem Deodorant. Von den 19 Probanden, denen bei dem ‚Deospray Triple-Effekt' etwas besser, aber auch etwas schlechter gefällt, d.h. die bei der Wahl zwischen den beiden Deodorants einen Trade-off lösen müssen, bleiben 17 bei ihrem Status quo.

---

[110] Nennt der Proband bei der Bewertung des zweiten Deodorants nur Vorteile und keine Nachteile bezüglich seines Status quo, so ist das zweite Deodorant dominant. Nennt er nur Nachteile bzw. weder Vor- noch Nachteile, so ist der Status quo dominant. Nennt er sowohl Vor- als auch Nachteile, so stellt diese Situation einen Trade-off dar.

Fälle	Beibehaltung 'Deospray Sensitive'	Wechsel zu 'Deospray Triple-Effect'	N
'Deospray Sensitive' dominant	13	0	13
Trade-off	17	2	19
'Deospray Triple-Effect' dominant	2	10	12
Summe	32	12	44

Tabelle 8-4: Wahlverhalten nach Dominanz und Trade-offs für Status quo-Gruppe 'Deospray Sensitive' (Quelle: eigene Darstellung)

Ein ähnliches Bild zeigt sich, wenn man die Gruppe betrachtet, in welcher das 'Deospray Triple-Effect' den Status quo darstellt. Wie in Tabelle 8-5 zu erkennen, wechseln 19 der 22 Probanden, welche das 'Deospray Sensitive' als dominant empfinden zu diesem Deodorant. Alle 9 Probanden, welche ihren Status quo als dominant empfinden, wechseln nicht. Dagegen verlassen nur 3 der 13 Probanden, welchen einen Trade-off zwischen den Deodorants empfinden ihren Status quo.

Fälle	Wechsel zu 'Deospray Sensitive'	Beibehaltung 'Deospray Triple-Effect'	N
'Deospray Sensitive' dominant	19	3	22
Trade-off	3	10	13
'Deospray Triple-Effect' dominant	0	9	9
Summe	22	22	44

Tabelle 8-5: Wahlverhalten nach Dominanz und Trade-offs für Status quo-Gruppe 'Deospray Triple-Effect' (Quelle: eigene Darstellung)

Insgesamt bleiben alle 22 Probanden, welche den Status quo als dominant empfinden, d.h. für die die Alternative zum Status quo keine Verbesserungen, eventuell aber Verschlechterungen mit sich bringt, bei ihrem Status quo. Von den 34 Probanden, für die die Alternative zum Status quo dominant ist, wechseln 29 zu dieser Alternative. Die Wahl nach dem Dominanzprinzip ist also deutlich erkennbar.

Trade-off-Vermeidung

In Tabelle 8-6 werden nur die Entscheidungen bei Vorliegen eines Trade-offs verglichen. In der Kontrollgruppe liegt die Wahrscheinlichkeit der Wahl eines der Produkte bei Vorliegen eines Trade-offs bei etwa 50 Prozent. In der Status quo-Gruppe ‚Deospray Sensitive' bleiben 89 Prozent der Probanden bei ihrem Status quo, wenn ein Trade-off vorliegt. In der Status quo-Gruppe ‚Deospray Triple-Effect' bleiben in diesem Fall 77 Prozent der Probanden bei ihrem Status quo. Nach dem ‚Exakten Fisher-Test' für kleine Stichproben sind die Verteilungen zwischen den beiden Status quo-Gruppen signifikant voneinander verschieden (p-value: 0,0002; einseitig bzw. zweiseitig). Weiterhin ist auch die Verteilung in der Status quo-Gruppe ‚Deospray Sensitive' signifikant von der Verteilung in der Kontrollgruppe verschieden (p-value: 0,0076; zweiseitig). Lediglich die Verteilung in der Status quo-Gruppe ‚Deospray Triple-Effect' ist aufgrund der kleinen Fallzahl nicht verschieden von der Verteilung in der Kontrollgruppe (p-value: 0,175; zweiseitig). Die Hypothese der Trade-off-Vermeidung durch Beibehaltung des Status quo kann daher bestätigt werden.

Fälle	Wahl ‚Deospray Sensitive'		Wahl ‚Deospray Triple-Effect'		N
Status quo: ‚Deospray Sensitive'	17	89%	2	11%	19
Status quo: ‚Deospray Triple-Effect'	3	23%	10	77%	13
Kontrollgruppe[111]	11	48%	12	52%	23

Tabelle 8-6: Wahlverhalten nach Trade-offs in den drei Experimental-Gruppen (Quelle: eigene Darstellung)

---

[111] Eine detaillierte Übersicht über das Wahl-Verhalten in der Kontrollgruppe findet sich in Anhang 15.

Prognosegenauigkeit des Chance-Kriteriums
Für die Beurteilung der Prognosegenauigkeit des Wahlverhaltens mittels des Chance-Kriteriums wird in den Tabellen 8-7 und 8-8 sowohl das individuelle Wahlverhalten als auch das aggregierte Wahlverhalten der Probanden mit der Prognose des Chance-Kriteriums vergleichen.

Wie in Tabelle 8-7 zu erkennen ist, prognostiziert die Chance-Methode den Nicht-Wechsel, d.h. die Beibehaltung des Status quo in der Status quo-Gruppe ‚Deospray Sensitive' in 94 Prozent der Fälle korrekt. Der Wechsel zum ‚Deospray Triple-Effect' prognostiziert die Chance-Methode in 83 Prozent der Fälle korrekt. Aggregiert betrachtet prognostiziert die Chance-Methode, dass 32 Probanden nicht wechseln und 12 Probanden wechseln werden. In diesem Fall prognostiziert die Chance-Methode zu 100 Prozent die Summe der Wechsler und Nicht-Wechsler korrekt.

Fälle	Prognose mit Chance-Kriterium		Tatsächliches Verhalten		Prognose-genauigkeit des Chance-Kriteriums
	Kein Wechsel	Wechsel	Kein Wechsel	Wechsel	
‚Deospray Sensitive' dominant	13	0	13	0	30 von 32 Fällen = 94%
Trade-off	19	0	17	2	
‚Deospray Triple-Effect' dominant	0	12	2	10	10 von 12 Fällen = 83%
Summe	32	12	32	12	100%

Tabelle 8-7: Prognosegenauigkeit des Chance-Kriteriums in der Status quo-Gruppe ‚Deospray Sensitive'
(Quelle: eigene Darstellung)

In der Status quo-Gruppe ‚Deospray Triple-Effect' sind die Ergebnisse ähnlich. Wie in Tabelle 8-8 zu erkennen, prognostiziert das Chance-Kriterium den Nicht-Wechsel in 86 Prozent der Fälle und den Wechsel ebenfalls in 86 Prozent der Fälle korrekt. Die aggregierte Wechsel-, bzw. Nicht-Wechsel-Prognose ist wieder zu 100 Prozent zutreffend. Somit wird die Anzahl der Probanden, die den

Status quo beibehalten oder verlassen mittels des Chance-Kriteriums exakt vorausgesagt.

Fälle	Prognose mit Chance-Kriterium		Tatsächliches Verhalten		Prognosegenauigkeit des Chance-Kriteriums
	Kein Wechsel	Wechsel	Kein Wechsel	Wechsel	
‚Deospray Triple-Effect' dominant	9	0	9	0	19 von 22 Fällen = 86%
Trade-off	13	0	10	3	
‚Deospray Sensitive' dominant	0	22	3	19	19 von 22 Fällen = 86%
Summe	22	22	22	22	100%

Tabelle 8-8: Prognosegenauigkeit des Chance-Kriteriums in der Status quo-Gruppe ‚Deospray Triple-Effect'
(Quelle: eigene Darstellung)

Im Vergleich dazu, ist die Wahlvorhersage mittels der Kaufattraktivitätsmessung ungenauer.[112] Das Wahlverhalten wird in der Status quo-Gruppe ‚Deospray Sensitive' nur zu 83 Prozent und in der Status quo-Gruppe ‚Deospray Triple-Effect' nur zu 85 Prozent korrekt vorausgesagt.

8.2.4 Fazit

Die Wahl nach dem Dominanzprinzip ist klar zu erkennen und Trade-off-Vermeidung in den Status quo-Gruppen ist signifikant. In 51 von 56 Fällen wird nach dem Dominanzprinzip gewählt, in 22 von 27 Fällen wird bei Vorliegen eines Trade-off der jeweilige Status quo gewählt. Dies zeigt erstens, dass auch bei sehr ähnlichen FMCG Verluste und Gewinne wahrgenommen werden und zweitens, dass diese nicht kompensiert werden. Diese Ergebnisse unterstützen also die These, dass Individuen häufig nach dem Chance-Kriterium entscheiden, d.h.

---

[112] Eine detaillierte Auswertung der Kaufattraktivität findet sich in Anhang 16.

nur bei Dominanz der Alternative von ihrem Status quo abweichen. Wenn sie dagegen Verluste, d.h. Verschlechterungen wahrnehmen, so werden diese aus Gründen der Verlustaversion, Regret-Aversion und Trade-off-Vermeidung nicht mit möglichen Gewinnen, d.h. Verbesserungen kompensiert.

Die Prognosegenauigkeit des Chance-Kriteriums ist sehr hoch. Das Wahlverhalten, wird individuell mit einer Genauigkeit von 83 bis 94 Prozent vorausgesagt. Die aggregierte Prognose des Wahlverhaltens ist in beiden Status quo-Gruppen zu 100 Prozent zutreffend. Im Vergleich zur allgemeinen Messung von Kaufbereitschaften oder Präferenzurteilen ist dies ein sehr guter Wert. So ist die Genauigkeit der Kaufattraktivität im Experiment deutlich geringer gewesen. Dies und auch die Ergebnisse der Kaufbereitschaftsmessung im ersten Experiment zeigen, dass der Zusammenhang zwischen Intentionen oder Präferenzurteilen und Verhalten nicht nur durch Effekte wie dem ‚Social Desirability Bias' und einer ‚Self-Generated Validity' störend beeinflusst werden. Es zeigt sich, dass Konsumenten generell Probleme mit Präferenzurteilen und dem Prognostizieren des eigenen Verhaltens haben.

Es ist zu erwarten, dass die gefunden Effekte in einer realen Kaufsituation noch stärker ausgeprägt sind. Daher ist anzunehmen, dass die Trade-off-Vermeidung stärker vorhanden und die individuelle Prognosegenauigkeit des Chance-Kriteriums höher ist, wenn man bedenkt, dass im Vergleich zu realen FMCG-Entscheidungssituationen in diesem Experiment

- der Status quo von den Probanden nicht selbst gewählt wurde und
- der Status quo daher nicht die bisher beste Bedürfnisbefriedigung für den Probanden darstellt;
- die Produkte von den Probanden noch nicht verwendet wurden,
- sich der Status quo nur etwa drei Minuten im Besitz des Probanden befand[113]
- und daher ein geringes Commitment bzw. Produkttreue von den Probanden aufgebaut wurde;
- die Regret-Gefahr niedrig war, da der Status quo wie die Alternative noch nicht verwendet wurden;

---

[113] In den meisten Experimenten zum Endowment-Effekt befindet sich der Status quo etwa für die Dauer einer Vorlesungsstunde im Besitz der Probanden.

- die Transaktionskosten eines Wechsels für die Probanden sehr gering waren,
- und beim Probanden keine asymmetrische Informationen zwischen Status quo und der Alternative vorlagen, wie es in einer realen Kaufsituation der Fall gewesen wäre.

Zusammenfassend lässt sich sagen, dass sich trotz der oben genannten Gegebenheiten eines künstlich erzeugten Status quo eine hohe Prognosegenauigkeit des Chance-Kriteriums zeigt. Dies stärkt das Chance-Kriterium sowohl als eine in FMCG-Kaufentscheidung häufig zugrundeliegende Entscheidungsstrategie von Individuen, als auch als geeignetes Mittel zur Erhebung des Wahlverhaltens.

9 Fazit und Ausblick

In diesem Kapitel sollen die Forschungsergebnisse dieser Arbeit zusammengefasst werden. Dafür werden zuerst in einem Überblick alle Forschungsergebnisse dieser Arbeit dargestellt. Im darauffolgenden Kapitel werden dann die wichtigsten Ergebnisse vertieft betrachtet und kritisch beurteilt. Anschließend werden von diesen Ergebnissen Implikationen für die Praxis abgeleitet. Im abschließenden Kapitel werden dann weiterführende Forschungsfragen diskutiert.

9.1 Zusammenfassung der Ergebnisse

Um auf den sich immer schneller verändernden Märkten wettbewerbsfähig zu bleiben, müssen Unternehmen auf die sich ändernden Bedingungen und Bedürfnissen mit immer neuen Produkten reagieren. Die Einführung neuer Produkte ist daher von essentieller Wichtigkeit für die Existenzerhaltung und das Wachstum von FMCG-Herstellern. Jedes Jahr kommen alleine in Deutschland daher ca. 30.000 neue FMCG auf den Markt. Da die Kosten der Einführung neuer FMCG die technischen Entwicklungskosten oft um ein Vielfaches überschreiten, sind geeignete Verfahren zur Prognose des Markterfolges neuer Produkte von großer Wichtigkeit.

In dieser Arbeit wurde gezeigt, dass die TMS eines der führenden Verfahren zur quantitativen Prognose des Markterfolges neuer FMCG darstellt. Bei der TMS wird der gesamte Kaufprozess von der Wahrnehmung bis zum Wiederholungskauf des neuen Produktes im Labor simuliert. Sie unterscheidet sich von den anderen Testmarktverfahren vor allem durch drei Faktoren. Sie hat eine schnelle Verfahrensdauer, sie ist relativ günstig und sie lässt sich unter Geheimhaltung durchführen. Trotzdem gibt es bei der TMS wie bei den anderen Prognoseverfahren noch erheblichen Verbesserungsbedarf. Die Prognosen des zukünftigen Produkterfolges sind häufig nicht korrekt. Eine Floprate von ca. 70 Prozent aller neu eingeführten Produkte im deutschen FMCG-Markt bestätigt dies.

So wurde in dieser Arbeit erörtert und empirisch belegt, dass eine Fehlerquelle bei der TMS in der Präferenzerhebung zu finden ist. Es zeigt sich trotz des Einsatzes von Korrekturverfahren, welche die in der Regel positiv überschätzenden Methoden der Präferenzerhebung nach unten korrigieren, dass die gängigen Verfahren der TMS den Markterfolg neuer Produkte häufig überschätzen.

Die Chance-Methode, welche von der TGMR angeboten wird, stellt eine neue vielversprechende Methode der TMS dar, die diese Überschätzung nicht aufweist. Sie wurde daher in dieser Arbeit erstmalig wissenschaftlich theoretisch und empirisch untersucht.

Es konnte gezeigt werden, dass sich die Chance-Methode als eine klassische Methode der TMS einordnen lässt. Sie wird typischerweise für FMCG aber auch darüber hinaus eingesetzt und eignet sich auch für frühe konzeptbasierte Prognosen. Es handelt sich um ein monadisches Verfahren, bei welchem das neue Produkt nur mit dem aktuellen Produkt des Probanden verglichen wird. Der große Kundenkreis der TGMR bestätigt die hohe Prognosegenauigkeit der Chance-Methode.

Eine wesentliche Erkenntnis dieser Arbeit ist, dass sich die Chance-Methode von den gängigen TMS-Verfahren in der Art der Kaufverhaltensprognose unterscheidet. Diese wird nicht auf der Basis von hypothetischen Kaufbereitschaften, sondern indirekt mittels der Abfrage einer Entscheidungsstrategie, dem Chance-Kriterium ermittelt. Diese Art der Präferenzermittlung benötigt keine Korrekturverfahren und ermöglicht deshalb eine individuelle Produktwechselprognose.

Nach dem Chance-Kriterium findet ein Produktwechsel bzw. Markenwechsel nur statt, wenn das neue Produkt als verlustfrei im Vergleich zum aktuellen Produkt empfunden wird und mindestens einen Wechselanreiz bietet. Anders formuliert lautet das Chance-Kriterium, dass ein Produkt nur dann eine *Chance* hat an Stelle des jetzigen gewählt zu werden, wenn das Produkt in allen (subjektiv) relevanten Kriterien als gleich gut, in mindestens einem aber als besser erlebt wird.

Die Chance-Methode wird in zwei Versionen angeboten, die große und die kleine Chance-Methode. Die große Chance-Methode entspricht im Aufbau und Diagnosepotential der klassischen TMS. Die kleine Chance-Methode kann mit einem kleinen Stichprobenumfang relativ kostengünstig das Hit-Potential eines neuen Produktes abschätzen.

Das Chance-Kriterium wird in der kleinen Methode erhoben, indem der Proband gefragt wird, was alles an dem Testprodukt besser und was alles schlechter ist als bei seinem aktuellen Produkt. Bei der großen Chance-Methode beurteilen die Probanden vorher ermittelte, kaufrelevante Attribute sowohl für das neue Produkt als auch für ihr aktuelles Produkt jeweils auf einer Viererskala.

Ein weiterer wesentlicher Beitrag dieser Arbeit stellt die wissenschaftliche Untersuchung des Chance-Kriteriums dar. Es wurde gezeigt, dass das Chance-Kriterium eine Entscheidungsstrategie darstellt, welche im Rahmen kognitiv einfacher, d.h. limitierter Kaufentscheidungen zur Produktwahl zum Einsatz kommt. Sie stellt die Dominanzstrategie des Entscheidungsverhaltens für die Situation dar, in welcher der Entscheider zwischen der Wiederwahl eines Status quo, in unserem Fall das aktuelle Produkt, und einer neuen Alternative, in unseren Fall das neue Produkt, entscheiden muss.

In der vorliegenden Arbeit wurde weiterhin dargelegt, dass es sich bei dem Chance-Kriterium um eine nicht-kompensatorische Entscheidungsstrategie handelt, bei welcher die Informationen attributsweise verarbeitet werden. Es ist satisfizierender Natur und es wird für seine Anwendung lediglich eine dichotome Wertefunktion zu Grunde gelegt. Da auch keine Gewichtung der Attribute vorgenommen werden muss, handelt es sich bei dem Chance-Kriterium um eine vergleichsweise einfache Entscheidungsstrategie.

Zur Untermauerung des theoretischen Modelles wurden in dieser Arbeit zwei Experimente durchgeführt. Diese zeigen, dass die Prognose des Kaufverhaltens auf Basis von geäußerten Intention oder Präferenzurteilen zu einer Überschätzung des Kaufverhaltens führt. Im Rahmen dieser Experimente wurde außerdem die sehr hohe Prognosegenauigkeit des Chance-Kriteriums belegt. Erstmalig konnte somit im Rahmen dieser Arbeit theoretisch und empirisch gezeigt werden, dass das Chance-Kriterium eine sehr gute Approximation an das menschliche Entscheidungsverhalten im Falle des Kaufes von FMCG darstellt.

Es lässt sich festhalten, dass das Chance-Kriterium in der individuellen Einstellungsprognose bzw. Verhaltensprognose ein Novum darstellt. Es ersetzt das additive Modell, welches sich zwar einfach modellieren lässt, aber das tatsächliche Entscheidungsverhalten oft nur unzureichend abbildet.

9.2 Kritische Würdigung der Ergebnisse

Die wichtigsten Forschungsergebnisse dieser Arbeit sollen in diesem Kapitel noch einmal detaillierter dargestellt und kritisch beurteilt werden.

Fokussierung auf aktuelles und neues Produkt
In der Realität des Kaufalltages von FMCG wird ein Konsument ein neues Produkt in der Regel nicht mit allen möglichen Produktalternativen vergleichen. Er wird im Rahmen einer kognitiv limitierten Kaufentscheidung das neue Produkt nur mit seinem aktuellen Produkt vergleichen. Nach der Referenzpunktetheorie dient das aktuelle Produkt als Referenz, von welcher aus neue Alternativen bewertet werden.

Die komparative Absatzprognose für FMCG, d.h. die Wahl zwischen vielen Alternativen ist also nur für Produkte, welche viele Konsumenten zum ersten Mal zur Befriedigung eines bestimmten Bedürfnisses kaufen, interessant. Selbst in diesen Situationen gilt es zu prüfen, ob der Konsument das neue Produkt nicht mit einem Produkt einer anderen Kategorie vergleicht. Für die weitaus häufigere Situation, in der sich ein neues Produkt gegen jenes, welches der Konsument aktuell konsumiert, behaupten muss, erscheint das Vorgehen der Chance-Methode daher sehr geeignet.

Bei der Chance-Methode wird das aktuelle Hauptprodukt des Konsumenten mit dem neuen Produkt verglichen. Die individuelle Wechselprognose gibt dann konsequenterweise an, ob das neue Produkt das aktuelle Hauptprodukt des Konsumenten verdrängt. Wenn der Proband aber auch recht häufig weitere Produkte in der betreffenden Kategorie kauft, beispielsweise weil sein Hauptprodukt nicht verfügbar ist, kann es interessant sein auch diese Produkte in den Chance-Vergleich mit einzubeziehen. Das neue Produkt ersetzt dann vielleicht nicht notwendigerweise das Hauptprodukt, aber das zweite Produkt im Relevant-Set des Probanden, welches beispielsweise immerhin in 30 Prozent der Fälle gekauft wird. Es ist aber anzunehmen, dass der Anteil dieser Käufe am Gesamtabsatz eines Produktes in den meisten Produktkategorien eher gering ist.

Chance-Kriterium statt Kaufbereitschaft
Die Tatsache, dass bei der Chance-Methode die Prognose nicht auf hypothetischen Kaufbereitschaften basiert, ist als vorteilhaft anzusehen. Aus der empirischen Forschung und der Praxis ist bekannt, dass bei der Kaufbereitschaftsab-

frage immer mit einer Überschätzung zu rechnen ist, welche beispielsweise durch erwünschtes oder taktisches Antwortverhalten entsteht. Die empirische Untersuchung in dieser Arbeit bestätigt diese Ergebnisse. Zur Erhebung des Chance-Kriteriums wird bei der kleinen Methode lediglich nach besseren und schlechteren Eigenschaften gefragt, bei der großen Chance-Methode werden Statements verglichen. Die Implikationen, welcher der Interviewer aus dieser Erhebung zieht, bleiben den Probanden verborgen. Es konnte daher gezeigt werden, dass bei der Chance-Methode mit einer geringeren Überschätzung des Wechselverhaltens zu rechnen ist, als bei den bisherigen Verfahren der TMS.

Korrekturverfahren
Da keine (geheimen) Korrekturfaktoren notwendig sind und die TGMR ihre Studien transparent durchführt, wird die individuelle Vorgehensweise der Chance-Methode jedem Auftraggeber vollständig offengelegt. Dies und die Einfachheit, d.h. die Nachvollziehbarkeit der Methode kann im Vergleich zu den konkurrierenden Verfahren als Vorteil für den Auftraggeber gesehen werden.

Individuelles Wechselkriterium
Da die Daten nicht aggregiert betrachtet werden, ermöglicht die Chance-Methode eine individuelle Produktwechselprognose. Für jeden Probanden kann bestimmt werden, ob er das neue Produkt zukünftig kaufen wird oder nicht. Auf diese Weise lässt sich die zukünftige Käufergruppe sehr genau bestimmen. So lassen sich beispielsweise kaufrelevante Faktoren und konkrete Ansätze zur Optimierung des Marketingmix oder zur Markenpositionierung besser bestimmen als bei den konkurrierenden TMS-Anbietern.

Chance-Kriterium als Entscheidungsstrategie
Das Chance-Kriterium scheint eine sehr gute Approximation für das menschliche Entscheidungsverhalten beim Kauf von FMCG darzustellen. Wenn der Konsument mit einem neuen FMCG konfrontiert ist, wird er in der Regel keinen kognitiv komplexen Entscheidungsprozess starten. Die Forschung zeigt, dass der Konsument das neue Produkt mittels einfacher Entscheidungsstrategien bewertet.

Wenn der Konsument bei diesem Prozess nur Verbesserungen oder nur Verschlechterungen im Vergleich zu seinem aktuellen Produkt wahrnimmt, wird er sich entsprechend dem Dominanzprinzip im ersten Fall für das neue Produkt und im zweiten Fall für sein altes Produkt entscheiden. Das Chance-Kriterium prognostiziert hier in beiden Fällen richtig.

Nimmt der Konsument allerdings sowohl Verbesserungen als auch Verschlechterungen wahr, so zeigt sich häufig eine Verzerrung zu Gunsten des Status quo, d.h. des aktuellen Produktes. Eine Erklärung für dieses Verhalten findet sich in der Verlustaversion. Es entsteht eine Verzerrung zugunsten des aktuellen Produktes, weil die Verluste durch die Aufgabe des Status quo stärker gewichtet werden als mögliche Gewinne, die durch einen Wechsel erreicht werden könnten.

Eine weitere Erklärung für dieses Verhalten ist in der Regret-Avoidance zu finden, da das Regret der Verluste durch den Wechsel größer wäre, als das Regret, das durch die entgangenen Gewinne entstehen könnte. Darüber hinaus ist der Wechsel zu der neuen Alternative mit mehr Risiko behaftet. Potentielle negative Ereignisse, die mit dem Wechsel entstehen könnten, bergen zusätzlich die Gefahr des späteren Regrets. Dies trägt zusätzlich zur Verzerrung zugunsten des aktuellen Produktes bei.

Schließlich stellen die Verbesserungen und Verschlechterungen des neuen Produktes den Konsumenten vor die Herausforderung einen Trade-off zu lösen. Dieser kann für den Konsumenten sowohl kognitiv als auch emotional schwierig zu lösen sein. Mit der Entscheidung für das aktuelle Produkt kann der Konsument diesen Trade-off umgehen. Diese Tendenz zur Trade-off-Vermeidung stärkt ebenfalls die Entscheidung zu Gunsten des aktuellen Produktes. Das Chance-Kriterium prognostiziert daher auch in diesen Fällen das Entscheidungsverhalten meistens richtig.

9.3 Implikationen für die Praxis

Wie in dieser Arbeit gezeigt wurde, stellt das Chance-Kriterium, also die Dominanzstrategie bei Vorliegen eines Status quo, eine sehr gängige Entscheidungsstrategie im Fall von FMCG-Kaufentscheidungen dar. Aus dieser Erkenntnis heraus lassen sich Implikationen sowohl für die Praxis des Produktmarketings, insbesondere der Produktgestaltung, als auch für die Marktforschung neuer Produkte ableiten. In diesem Kapitel sollen hierfür erste Ideen formuliert werden.

Für die Praxis des Produktmarketings von FMCG ergibt sich aus dem Chance-Kriterium die Erkenntnis, dass ein einziges Defizit bzw. ein einziger Vorteil kaufentscheidend ist. Das Chance-Kriterium besagt, dass kein Produktwechsel stattfindet, wenn das neue Produkt im Vergleich zum Status quo des Konsumenten auch nur einen Nachteil aufweist. Andersherum führt ein einziger Vorteil zum Produktwechsel, solange keine Nachteile wahrgenommen werden. Bei der Produktentwicklung und –einführung ist daher darauf zu achten, Defizite gegenüber den Konkurrenzprodukten in der Zielgruppe unbedingt zu vermeiden. Außerdem sollte das Produkt natürlich mindestens eine Verbesserung bzw. einen relativen Vorteil gegenüber den Konkurrenzprodukten aufweisen.

Für die Praxis der Marktforschung und insbesondere der Produkterfolgsforschung ergibt sich die Erkenntnis, dass produktpolitisch bedeutsame Kriterien, wie die ‚Unique Selling Proposition' oder beispielsweise hohe Recallwerte für die Werbung nur dann von Wert sind, wenn das neue Produkt keine Defizite aufweist. Generell lässt sich sagen, dass die häufig durchgeführte aggregierte oder einseitige Betrachtung von kaufkritischen Kriterien unzureichend ist. Tabelle 9-1 soll dies in einem einfachen Beispiel verdeutlichen. Die aggregierte Betrachtung kommt in diesem Beispiel zu dem Ergebnis, dass jeweils ca. 75 Prozent der Probanden den Geschmack, den Preis, die Verpackung und die Marke des Produktes akzeptieren und stellt somit eine sehr gute Prognose für das Testprodukt aus. Wie in der Tabelle 9-1 aber auch zu erkennen ist, ist dagegen das Chance-Kriterium für keinen Probanden erfüllt. Der Produkterfolg ist daher tatsächlich sehr unwahrscheinlich. Entscheidend ist nicht das Abschneiden einzelner Kaufkriterien bzw. Produktattribute, sondern die Schnittmenge des Ganzen.

Kriterium	Proband 1	Proband 2	Proband 3	Proband 4	Erfüllungsgrad
Geschmack	Ok	Ok	Ok	Nicht Ok	75%
Preis	Ok	Ok	Nicht Ok	Ok	75%
Verpackung	Ok	Nicht Ok	Ok	Ok	75%
Marke	Nicht Ok	Ok	Ok	Ok	75%
Chance-Kriterium	Nicht erfüllt	Nicht erfüllt	Nicht erfüllt	Nicht erfüllt	0%

Tabelle 9-1: Beispiel Auswertung mit der Chance-Methode
(Quelle: eigene Darstellung, in Anlehnung an
Fischer, Heidel & Hofmann 2009, S. 66)

9.4 Weiterführende Forschungsfragen

Basierend auf den Ergebnissen dieser Arbeit ergeben sich weiterführende Forschungsfragen, die im Folgenden dargestellt werden.

Chance-Methode

Um zu klären, inwieweit die Chance-Methode den TMS-Verfahren der konkurrierenden Anbieter tatsächlich überlegen ist, bleibt nur die Möglichkeit des direkten Vergleiches. Die genauen Prognoseeigenschaften der TMS-Verfahren sind nämlich nur schwer beurteilbar. Dies liegt insbesondere an den vielen extern zu schätzenden Parametern, wie beispielsweise die zukünftige Bekanntheit und an den nicht vorhersehbaren Ereignissen im zukünftigen Realmarkt. Weiterhin können Veränderungen im Marketing-Mix des neuen Produktes nach der TMS die Realmarktergebnisse verändern. Aus diesen Gründen entspricht der durch die TMS ceteris paribus geschätzte Absatz bzw. Marktanteil des neuen Produktes selten dem real erreichten Absatz bzw. Marktanteil. Des Weiteren liegt eine Stichprobenverzerrung vor, wenn nur die positiv getesteten Produkte in den realen Testmarkt oder den Realmarkt eingeführt werden. Ob bzw. wie viele der prognostizierten Flops sich im Realmarkt behauptet hätten, lässt sich somit nicht ermitteln.

Letztlich lässt sich die prognostische Validität der Chance-Methode daher nicht eindeutig feststellen. Nur durch den wiederholten direkten Vergleich der Chance-Methode mit den konkurrierenden Methoden lässt sich beurteilen, welche Methode zu genaueren Prognosen führt. Hierfür müsste sowohl die Chance-Methode, als auch die Methode, mit welcher sich die Chance-Methode messen möchte, wiederholt für dieselben Testprodukte angewendet werden.

Des Weiteren ist es interessant, ob und wie sich die Chance-Methode auch für die Prognose von Gebrauchsgütern eignet. Hierfür ist insbesondere das Chance-Kriterium in Hinblick auf den Entscheidungsprozess von Gebrauchsgütern genauer zu betrachten.

Erhebung des Chance-Kriteriums
Die Art der Erhebung des Chance-Kriteriums scheint sowohl bei der großen als auch bei der kleinen Methode adäquat das Chance-Kriterium abzubilden. Bei der großen Methode werden den Probanden vorher ermittelte, potentiell relevante Attribute in Form von Statements vorgelegt. Es wird davon ausgegangen, dass, sollte eines dieser Statements für einen Probanden nicht von Relevanz sein, dieses Statement vom Probanden für beide Produkte den gleichen Wert erhält. Dies bedeutet, dass der Proband keinen Unterschied zwischen irrelevanten Attributen wahrnimmt. Diese These ist nachvollziehbar, sollte aber geprüft werden.

Bei der kleinen Chance-Methode werden die Probanden direkt gefragt, was für sie bei dem neuen Produkt besser oder schlechter ist, im Vergleich zu ihrem aktuellen Produkt. Auch dies scheint eine adäquate Methode, das Chance-Kriterium zu erheben, es sollte aber geprüft werden, ob und in welchem Umfang die Probanden auch kaufirrelevante Attribute nennen, welche das Ergebnis verfälschen könnten.

Chance-Kriterium
Das Chance-Kriterium stellt ein interessantes Feld für die zukünftige Forschung dar. Diese Forschung ist vor allem im Hinblick auf das Verständnis des menschlichen Entscheidungsverhaltens interessant, könnte aber auch zur Verfeinerung der Chance-Methode beitragen.

Das Chance-Kriterium stellt bei der Wahl zwischen einem Status quo und einer Wechselalternative eine sehr gute Approximation an das menschliche Entscheidungsverhalten dar. Trotzdem scheint es reizvoll, den Einsatz dieser Entscheidungsstrategien weiter zu untersuchen und beispielsweise mögliche Moderatoren und Mediatoren für dieses Verhalten zu finden. So ist beispielsweise das Alter als ein Moderator für den SqE gefunden worden (Laurent, Lambert-Pandraud & Dalsace 2008). Je älter der Entscheider, desto stärker scheint der SqE. Weiterhin wird beispielsweise das Commitment als Mediator für Verlustaversion angesehen (Nitzsch 2006, S. 105). In diesem Zusammenhang erscheint die Erforschung von Konstrukten wie Produktloyalität (auch Produkttreue genannt), Markenloyalität bzw. Markentreue, Produktinvolvement und Produktzufriedenheit sinnvoll. Weiterhin sind Faktoren wie Kaufhäufigkeit, Kaufmenge und Konsumhäufigkeit nicht zu vernachlässigen. Hohe Markenloyalität und hohe Wiederkaufshäufigkeit können wohl als Faktoren angesehen werden, welche den Einsatz des Chance-Kriteriums als Entscheidungsstrategie erhöhen.

Generell ist ein tieferes Verständnis aller Einflussgrößen auf den Erst- oder Wiederkauf in Hinblick auf den Einsatz des Chance-Kriteriums von Interesse. Diese sind beispielsweise alle Elemente des Marketing-Mix, das Konsumverhalten, die Produktkategorie und soziographische Merkmale (Ehrenberg 1988, S. 21; Matzler, Grabner-Kräuter & Bidmon 2008; Straßburger 1991). Solche Einflussgrößen sind aber auch individuelle Persönlichkeitsmerkmale. So kann ein Entscheider beispielsweise

- eher risikoavers oder riskoaffin sein (Matzler, Grabner-Kräuter & Bidmon 2008; Mandrik & Bao 2005),
- er kann entweder eher zu satisfizierendem oder maximierendem Verhalten neigen (Schwartz, Ward & Lyubomirsky et al. 2002),
- seine Entscheidung eher nach dem Gefühl des Regrets oder des Rejoicing ausrichten (Seilheimer 2001, S. 28),
- weiterhin mehr oder weniger zum Verhalten des ‚Variety Seeking' neigen (McAlister & Pessemier 1982),
- mehr oder weniger zur Produkt- und Markenloyalität neigen (Matzler, Grabner-Kräuter & Bidmon 2008),
- oder auch mehr oder weniger zur Adaption von Innovationen neigen (Steenkamp, Hofstede & Wedel 1999).

Die weitere Erforschung der unterschiedlichen Wichtigkeit von einzelnen Attributen und deren Auswirkungen auf das Trade-off-Verhalten stellt ein weiteres interessantes Forschungsfeld dar, welches auch die Chance-Methode bereichern könnte. Insbesondere die Attribute von FMCG sind hier interessant.

Weiterhin offen ist auch die Frage nach der Bedeutung von unzufriedenen Konsumenten, d.h. Konsumenten, die mit ihrem aktuellen Produkt unzufrieden sind und daher aktiv nach einer Alternative suchen. Es sollte geklärt werden, wie groß dieser Anteil in den einzelnen Produktkategorien in der Regel ist und ob dieser Anteil damit den Absatz neuer Produkte beeinflussen kann. Ist dies der Fall, sollte untersucht werden, welche Entscheidungsstrategien diese Konsumenten anwenden, d.h. ob das Chance-Kriterium in diesem Fall auch als gute Approximation für das menschliche Entscheidungsverhalten dient. Aufgrund der sehr gesättigten FMCG-Märkte und der starken Differenzierung innerhalb dieser Märkte ist aber davon auszugehen, dass der Anteil an unzufriedenen Konsumenten eher gering ist.

Anhang

Anhang 1: Produktprogrammstrategie aus Sicht des Unternehmens

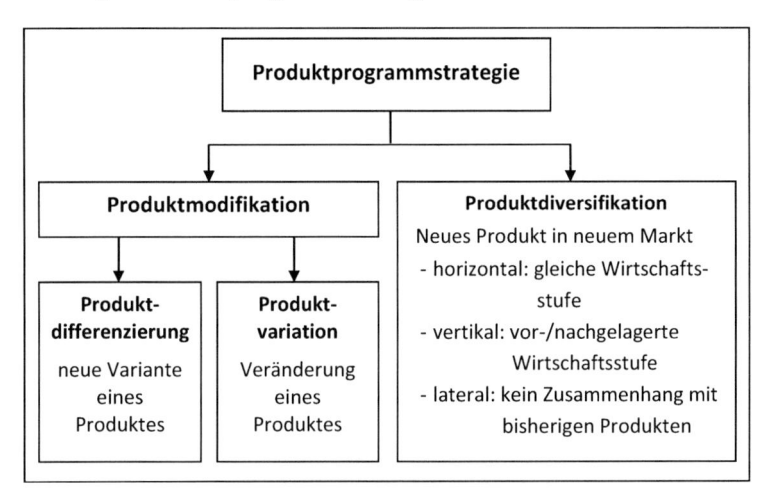

```
                    Produktprogrammstrategie
                   ┌──────────┴──────────┐
           Produktmodifikation       Produktdiversifikation
           ┌────────┴────────┐       Neues Produkt in neuem Markt
      Produkt-           Produkt-    - horizontal: gleiche Wirtschafts-
   differenzierung       variation     stufe
     neue Variante       Veränderung  - vertikal: vor-/nachgelagerte
        eines              eines        Wirtschaftsstufe
       Produktes          Produktes   - lateral: kein Zusammenhang mit
                                        bisherigen Produkten
```

Abbildung A-1: Produktprogrammstrategie aus Sicht des Unternehmens (Quelle: eigene Darstellung, vgl. auch Büschken & Thaden von 2007)

Anhang 2: Markenstrategie aus Sicht des Unternehmens

Markenstrategie		Produkt	Marke	Beispiel
Pionier-Marke		*Neu:* Markt-Innovation	*Neu*	Red Bull
Neue Marke		*Neu:* Imitation eines Konkurrenzproduktes (Me-too), Modifikation	*Neu*	Syoss Haarpflege von Henkel
Markendehnung	Brand-Extension	*Neu:* Markt-Innovation, Imitation eines Konkurrenzproduktes (Me-too), Modifikation	*aus anderer Produktkategorie*	Markt-Innovation: Tesa Power Stripes Imitation: Tempo Toilettenpapier
	Line-Extension	*zusätzliche Variante,* d.h. Produktdifferenzierung	*aus gleicher Produktkategorie*	Coca-Cola Zero von Coca-Cola
Relaunch		*bestehendes Produkt wird verändert*, d.h. Produktvariation	*wird beibehalten*	Persil
Umbranding		*unverändert*	*geändert*	Raider → Twix

Abbildung A-2: Markenstrategie aus Sicht des Unternehmens
(Quelle: In Anlehnung an Erichson 1997, S. 40)

Anhang 3: Prozess der stufenweisen Produktwahl

Der Prozess der Markenwahl bzw. Produktwahl geht zurück auf das Konzept des Evoked-Set von Howard und Seth (1969). Die grundlegende Idee dieses Konzeptes ist, dass die Produktwahl in Stufen verläuft. Ausgangspunkt ist die meist große Menge aller Produkte, die zur Befriedigung eines bestimmten Bedürfnisses eines Konsumenten angeboten werden. Diese reduziert der Konsument mittels Heuristiken auf ein Set von Produkten, die grundsätzlich zum Kauf in Frage kommen, bevor er schließlich ein Produkt auswählt (Hauser & Wernerfelt 1990, S. 393; Brown & Wildt 1992, S. 235). Dieser Prozess der Produktwahl wird in der Literatur nicht einheitlich beschrieben. Er variiert zwischen zwei und fünf Stufen. Weiterhin ist die begriffliche Abgrenzung nicht einheitlich (für einen tieferen Einblick in diese Thematik vgl. beispielsweise Shocker, Ben-Akiva & Boccara et al. 1991; Hauser & Wernerfelt 1990; Luthardt 2003, S. 19ff.). Insbesondere für die Begriffe Consideration-Set und Evoked-Set werden verschiedene Definitionen verwendet (Hauser & Wernerfelt 1990, S. 393). Da die Begriffe von einigen Autoren gar nicht definiert werden, lässt sich in diesen Fällen deren Bedeutung meist nicht zweifelsfrei erkennen. Die vorliegende Arbeit geht von einem vierstufigen Auswahlprozess, wie er in Abbildung A-3 dargestellt ist, aus.

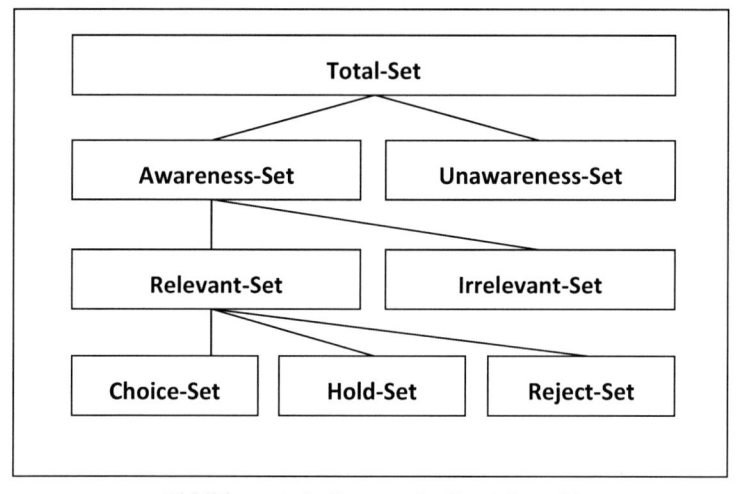

Abbildung A-3: Prozess der Produktwahl
(Quelle: In Anlehnung an Kotler & Keller 2009, S. 208f.; Pepels 2009, S. 113; Shocker, Ben-Akiva & Boccara et al. 1991)

In Abbildung A-3 sind die vier Auswahlstufen Total-Set, Awareness-Set, Relevant-Set und Choice-Set abgebildet. Diesen Begriffen wird folgende Definition zugrundegelegt (Shocker, Ben-Akiva & Boccara et al. 1991, S. 182ff.; Pepels 2005, S. 27ff., Pepels 2009, S. 112ff.; Steiner 2007, S. 23f.):

Das *Total-Set* (auch Universal-Set oder Available-Set) stellt die Gesamtheit aller am Markt vorhanden alternativen Produkte dar. Es teilt sich in das Awareness-Set und das Unawareness-Set.

Bei dem *Awareness-Set* (auch Knowledge-Set) handelt es sich um diejenigen Alternativen, die dem Konsumenten bekannt sind. Das Awareness-Set teilt sich in das Relevant-Set und das Irrelevant-Set.

Das *Relevant-Set* (auch Consideration-Set[114], teilweise auch Evoked-Set, Potentia-Set oder Processed-Set) umfasst die Gesamtheit der Produkte, welche dem Konsumenten zum Beginn des Kaufprozesses spontan bekannt sind und grundsätzliche für den Kauf in Frage kommen. Das Relevant-Set teilt sich wiederum in das Choice-Set, das Hold-Set und das Reject-Set.

Das *Choice-Set* (auch Evoked-Set[115], teilweise auch Consideration-Set) kann als das finale Relevant-Set angesehen werden, da es diejenigen Produkte umfasst, die am Ende des Auswahlprozesses, d.h. unmittelbar vor der Produktwahl übrig bleiben.

Das *Hold-Set* umfasst die Produkte, welche vorerst zurückgestellt werden, weil beispielsweise Informationen fehlen oder bestimmte Attribute (noch)

---

[114] Der Begriff Consideration-Set ist im Marketing gängiger, als der von Silk und Urban (1978, S. 175) eingeführte Begriff des Relevant-Set, welcher in der Literatur zur TMS dominiert.

[115] Im ursprünglichen Konzept des Evoked-Sets wurde dieses als Zahl der grundsätzlich in Frage kommenden Alternativen einer Produktkategorie verstanden. Mit dem Konzept des Consideration-Sets und dem Choice-Set wurde das Evoked-Set weiter differenziert. Das Consideration-Set stellt dabei die Menge aller für den Konsumenten bekannten Alternativen zur Erfüllung eines bestimmten Zweckes dar, das Choice-Set entspricht in diesem Konzept der Definition im oberen Text. Aus diesem Grund wird der Begriff Evoked-Set auch häufig mit dem Consideration-Set bzw. dem Relevant-Set gleich gesetzt (Shocker, Ben-Akiva & Boccara et al. 1991, S. 185; Luthardt 2003, S. 19).

nicht akzeptabel sind. Das *Reject-Set* umfasst dagegen die Produkte, welche vom Konsumenten abgelehnt werden.

Anhang 4: Berechnung der Signifikanzhose

Bei der Signifikanzhose von Bross (1952) handelt es sich um einen geschlossenen[116] Plan eines zweiseitigen sequentiellen Testes. Dieser Test basiert auf dem sequentiellen Quotiententest von Wald (1957).

Ausgangspunkt des Testes ist die Hypothese H_0, dass die Merkmalsträger der Positivvariante (+) eines Alternativmerkmales in der Grundgesamtheit $\pi_0 = \pi$ mit einem Anteil p = 0,5 auftreten (Bauer, Scheiber & Wohlzogen 1986, S. 7; Bortz, Lienert & Boehnke 2008, S. 505):[117]

$$H_0: \pi_0 = \pi = p = 0{,}5\ . \qquad (A\text{-}1)$$

Dieser Ausgangshypothese werden zwei Alternativhypothesen gegenüber gestellt (Bortz, Lienert & Boehnke 2008, S. 519):

$$H_{1+}: \pi_{1+} \geq \pi \geq 0{,}5 + d \qquad (A\text{-}2)$$

$$H_{1-}: \pi_{1-} \leq \pi \leq 0{,}5 - d, \qquad (A\text{-}3)$$

so dass

$$\pi_{1+} + \pi_{1-} = 1. \qquad (A\text{-}4)$$

In einer Stichprobe von n Merkmalsträgern sei dann r die Anzahl an positiven Merkmalsträgern (+) und s die Anzahl der negativen Merkmalsträger (-), womit gilt (Bauer, Scheiber & Wohlzogen 1986, S. 8):

---

[116] Geschlossen bedeutet, dass der Test spätestens nach einer vorher bestimmten Anzahl von gezogenen Stichproben zu einem Ergebnis führt.
[117] Der Test von Bross basiert ursprünglich auf einem Paarvergleich zweier Alternativfolgen, d.h. dem Vergleich der Anteilsparameter aus zwei binomialverteilten Populationen (für einen tieferen Einblick in diese Thematik vgl. beispielsweise Bross 1952; de Boer 1954; Sachs 1969, S. 217ff.; Bertram 1960).

$s = r + n$. (A-5)

Die Punktwahrscheinlichkeit, dass eine bestimmte Beobachtungsfolge von n Beobachtungen aus der Grundgesamtheit $\pi_0 = \pi$ stammt sei $P(H_0)$, die Punktwahrscheinlichkeit, dass dieselbe Abfolge dagegen aus der Grundgesamtheit π_{1+} stammt sei $P(H_{1+})$, bzw. $P(H_{1-})$ für π_{1-}. Zum Prüfen der Hypothese werden diese Wahrscheinlichkeiten nach jeder Stichprobe zueinander in Beziehung gesetzt. Um eine Entscheidungsregel aufstellen zu können, müssen zunächst noch vier beliebige Grenzen, $GI_+ < 1$ und $GI_- < 1$, sowie $GA_+ > 1$ und $GA_- > 1$, festgelegt werden. Die Stichprobe wird dann solange um eine Einheit erweitert, solange folgende Ungleichungen gelten (in Anlehnung an Bauer, Scheiber & Wohlzogen 1986, S. 8):

$$GI_+ < \frac{P(H_{1+})}{P(H_0)} < GA_+ \qquad (A-6)$$

und

$$GI_- < \frac{P(H_{1-})}{P(H_0)} < GA_- \qquad (A-7)$$

Der Test endet, wenn beispielsweise erstmals

$$\frac{P(H_{1+})}{P(H_0)} \geq GA_+ , \qquad (A-8)$$

was zu einer Annahme von H_{1+} führt; oder wenn erstmals

$$\frac{P(H_{1+})}{P(H_0)} \leq GI_+ \qquad (A-9)$$

was zu einer Annahme von H_0 führt. Die fälschliche Annahme von $H1_+$ soll den vorgegeben Wert α nicht überschreiten und die fälschliche Annahme von H_0 soll einen vorgegebenen Wert von β nicht überschreiten. Die Werte von GA_+ und GI_+ in der Ungleichung (A-6) sind daher so zu wählen, dass die Anforderungen bezüglich α und ß eingehalten werden (Bauer, Scheiber & Wohlzogen 1986, S. 9). Analoges gilt für GA_- und GI_- in Gleichung (A-7).

Die Bestimmung der graphischen Grenzen der Signifikanzhose von Bross basiert daher auf einem aufwendigen Trial-and-Error-Prozess[118], aufbauend auf den Ungleichungen (A-6) und (A-7) und unter Berücksichtigung der Anforderung, dass sich die äußeren und inneren Grenzen (GA_+ mit GI_+ und GA_- und GI_-) jeweils schließen (Bross 1952, S. 204; Cole 1962, S. 751; Armitage 1957, S. 10). Weitere Signifikanzhosen mit unterschiedlichen Werten für α oder β finden sich bei Bross 1952; Spicer 1962; Cole 1962 und Bertram 1960.

Hinweis: Eine weitere gängige Variante des geschlossenen zweiseitigen SPRT wurde von Armitage (1957) entwickelt (Bauer, Scheiber & Wohlzogen 1986, S. 10). Mit diesem Verfahren lassen sich die Grenzen durch Approximation über eine Funktion bestimmen (Cole 1962, S. 751). Man erhält daher andere Annahmegeraden, als bei dem oben vorgestellten Verfahren (Bortz, Lienert & Boehnke 2008, S. 511). Auch die graphische Darstellung des Verfahrens von Armitage weicht von dem Verfahren von Bross ab.[119] In einem kartesischen Koordinatensystem werden auf einer positiven Abszisse die Anzahl der Testpersonen und auf der Ordinatenachse die entsprechenden Differenzwerte der Präferenzen, z = r −s abgebildet (vgl. beispielsweise Armitage 1957; Bauer 1981, S. 84f.; Ferber 1949, S. 155ff.; Bortz, Lienert & Boehnke 2008, S. 503ff.).

Anhang 5: Veranschaulichung der Wertefunktion

Zur Veranschaulichung der unterschiedlichen Wertefunktionen und ihrem kognitiven Anspruch wird ein Beispiel vorgestellt. Es wird angenommen, der Konsument kann zwischen den Produkten A, B und C wählen. Die Produkte sind gekennzeichnet durch die Attribute Preis, Farbe und Material. Die Ausprägungen der verschiedenen Attribute werden in Tabelle A-1 dargestellt.

---

[118] Vgl. hierzu auch Fisher 1952.
[119] Eine dritte graphische Variante ist die ursprüngliche Variante des Verfahrens von Wald (1957). Bei dieser Variante werden auf der Abszisse die Stichproben und auf der Ordinate die positiven Merkmalsträger abgebildet.

		Attribute		
		Preis	Farbe	Material
	A	30 €	rot	Holz
Produkte	B	18 €	weiß	Plastik
	C	24 €	silbern	Edelstahl

Tabelle A-1: Beispiel einer Produktwahlsituation
(Quelle: Eigene Darstellung)

Erstellt der Konsument eine dichotome Wertefunktion für die drei Attribute, muss er nur entscheiden, welche Ausprägungen akzeptabel sind und welche nicht. Wie dies aussehen könnte, ist in Tabelle A-2 dargestellt:

		Attribute		
		Preis	Farbe	Material
	A	inakzeptabel	akzeptabel	akzeptabel
Produkte	B	akzeptabel	inakzeptabel	inakzeptabel
	C	akzeptabel	akzeptabel	akzeptabel

Tabelle A-2: Beispiel einer dichotomen Attributsbewertung
(Quelle: Eigene Darstellung)

Wendet der Konsument eine Entscheidungsstrategie an, die eine ordinale Wertefunktion erfordert, muss er jeweils alle Ausprägungen der Attribute in eine Präferenzfolge stellen. Der kognitive Anspruch ist also höher, als bei einer dichotomen Wertefunktion. Die für unser Beispiel angenommene Wertefunktion ist in Tabelle A-3 dargestellt, wobei 1 die höchste und 3 die niedrigste Präferenz abbildet:

		Attribute		
		Preis	Farbe	Material
Produkte	A	3	2	1
	B	1	3	3
	C	2	1	2

Tabelle A-3: Beispiel einer ordinalen Attributsbewertung
(Quelle: Eigene Darstellung)

Den höchsten kognitiven Aufwand erfordert das Erstellen einer kardinalen Wertefunktion. Der Konsument muss nicht nur eine Präferenzfolge der Ausprägungen, sondern auch die Abstände zwischen den Ausprägungen bestimmen können. Ein mögliches Beispiel für eine kardinale Wertefunktion ist in Tabelle A-4 abgebildet. Ein höherer Wert steht für eine bessere Bewertung der Attributsausprägung:

		Attribute		
		Preis	Farbe	Material
Produkte	A	3	4	5
	B	5	2	1
	C	4	5	2

Tabelle A-4: Beispiel einer kardinalen Attributsbewertung
(Quelle: Eigene Darstellung)

Anhang 6: Veranschaulichung von Entscheidungsstrategien

Zur Veranschaulichung der Entscheidungsstrategien wird jeweils auf das Produktwahlbeispiel aus Anhang 5 zurückgegriffen.

Additive Modelle
Für die Anwendung des additiven Modelles muss der Konsument die Attributsausprägungen aus Tabelle A-1 in die kardinalen Wertefunktionen der Tabelle A-4 überführen. Außerdem muss er für jedes Attribut eine Gewichtung

vornehmen. Für unser Beispiel wird angenommen, der Konsument gewichtet das Attribut Preis mit dem Faktor 3, das Attribut Farbe mit dem Faktor 2 und das Attribut Material mit dem Faktor 1. Unter dieser Annahme ergeben sich folgende Produkturteile:

Produkt A: $(3 \times 3) + (4 \times 2) + (5 \times 1) = 22$

Produkt B: $(5 \times 3) + (2 \times 2) + (1 \times 1) = 20$

Produkt C: $(4 \times 3) + (5 \times 2) + (2 \times 1) = 24$

Das Produkt mit dem besten Gesamturteil, Produkt C, wird gewählt. Anders kann es aussehen, wenn der Konsument vor der Bewertung einen Gesamtschwellenwert festlegt, der ausreicht, um ein Produkt zu wählen. Würde der Konsument beispielsweise einen Wert von 22 als befriedigend empfinden, so wird er nach der First-Regel Produkt A auswählen ohne B und C betrachtet zu haben.

Das Modell von Trommsdorff sieht vor, dass der Konsument jede Attributsausprägung mit einer von ihm als ideal bewerteten Attributsausprägung vergleicht. Eine Gewichtung wird nicht vorgenommen, da alle Idealeindrücke als gleich gut empfunden werden. Unterstellt man, dass die ideale Ausprägung für jedes Attribut eine 5 ist, so wählt der Konsument Produkt A, da die Summe der Differenzen zum idealen Produkt nur -3 beträgt. Für Produkt B ergibt sich ein Wert von -7 und für Produkt C ein Wert von -4.

Zur gleichen Produktwahl kommt der Konsument nach der Equal-Weight-Heuristic. Die ungewichtete Summe für Produkt A beträgt 12 und ist somit größer als der Wert 8 für Produkt B bzw. der Wert 11 für Produkt C.

Additive Differenzmodelle
Der Konsument muss wieder, wie in Tabelle A-4 dargestellt, eine kardinale Wertefunktion erstellen. Beim additiven Differenzmodell vergleicht der Konsument zuerst Produkt A mit Produkt B. Die Summe der Differenzwerte zwischen diesen Produkten beträgt 4 und ist somit positiv, d.h. Produkt A wird gegenüber Produkt B präferiert. Im zweiten Schritt wird Produkt A mit Produkt C vergli-

chen. Die Summe der Differenzwerte ist mit 1 erneut positiv. Produkt A wird präferiert und ausgewählt.

Zur Anwendung der MCD-Heuristic müssen der Konsument lediglich auf die ordinalen Wertefunktionen aus Tabelle A-3 zurückgreifen. Beim Vergleich zwischen Produkt A und B präferiert der Konsument Produkt A, weil es bei zwei Attributen besser und nur bei einem Attribut schlechter bewertet wird als Produkt B. Im Vergleich zwischen Produkt A und C geht Produkt C als Sieger hervor, weil es bei zwei Attributen besser und nur bei einem schlechter abschneidet, als Produkt A.

Lexikographische Entscheidungsstrategien
Ausgehend von Tabelle A-3 wählt der Konsument nach der lexikografischen Regel Produkt B, weil es bei dem wichtigsten Attribut, dem Preis, sowohl Produkt A als auch Produkt C übertrifft. Die Betrachtung der übrigen Attribute ist nicht nötig. Einen genauen Faktor für die Gewichtung der Attribute muss der Konsument nicht festlegen. Es reicht aus, dass er die Attribute in eine Präferenzfolge stellen kann. Eine kardinale Bewertung der Attributsausprägungen ist ebenfalls nicht nötig, eine ordinale Bewertung reicht aus.

Dies gilt ebenfalls für die lexikografische Semiordnung. Hier bestimmt der Konsument einen bestimmten Betrag, um den die Ausprägung des wichtigsten Attributes bei einer Alternative besser sein muss, um ausgewählt zu werden. Für das Attribut Preis könnte er beispielsweise einen Unterschiedsbetrag von mindestens 2 € festlegen. Produkt B würde dann ebenfalls ausgewählt, da der Unterschied der Preisausprägung dieses Produktes zu der zweitbesten Preisausprägung 6 € beträgt.

Bei der aspektweisen Elimination muss der Konsument lediglich eine dichotome Wertefunktion für die betrachteten Attribute erstellen. Ausgehend von Tabelle A-2 nehmen wir an, dass 25 € die maximal akzeptierte Ausprägung des Attributes Preis darstellt. Daraus folgt, dass Produkt A eliminiert und die Produkte B und C weiter betrachtet werden. Die Betrachtung der Ausprägungen des zweitwichtigsten Attributes, der Farbe, der Produkte B und C, führt dann zur Auswahl von Produkt C. Die Ausprägung von Produkt C bei dem Merkmal Farbe ist für den Konsumenten akzeptabel, die Ausprägung von Produkt B dagegen nicht.

Konjunktive Entscheidungsstrategie
Der Konsument muss hier für jedes Attribut einen Mindestwert bestimmen, bzw. eine Einteilung in akzeptable und inakzeptable Ausprägungen vornehmen, also eine dichotome Wertefunktion erstellen. Aus den Annahmen in Tabelle A-2 ergibt sich dann die Wahl des Produktes C, weil es als einziges nur akzeptable Ausprägungen besitzt. Auf eine Gewichtung oder Präferenzfolge der Attribute wird ganz verzichtet.

Disjunktive Entscheidungsstrategie
Wie beim konjunktiven Modell muss der Konsument in unserem Produktwahlbeispiel für jedes Attribut akzeptable und inakzeptable Ausprägungen bestimmen. Ausgehend von Tabelle A-2 erfüllen alle Produkte bei mindestens einem Attribut einen Mindeststandard, d.h. sie sind für den Konsumenten akzeptabel. In diesem Fall könnte unsere Auswahlsituation schon das Ergebnis eines vorgelagerten disjunktiven Auswahlprozesses darstellen. Nur Produkte, die mindestens bei einem Attribut einen akzeptablen Wert erreicht haben, sind übrig geblieben. Jetzt muss im Anschluss eine weitere Bewertungsregel eingesetzt werden, um zu einem Ergebnis zu gelangen.

Dominanzstrategie
Für die Anwendung der Dominanzstrategie muss der Entscheider eine ordinale Einteilung der Attributsausprägungen vornehmen, wie sie in Tabelle A-3 dargestellt ist. Eine Gewichtung der Attribute wird nicht vorgenommen. Da keines der Produkte in unserem Beispiel die anderen Produkte dominiert, führt die Dominanzstrategie hier zu keinem Ergebnis.

Chance-Strategie
Für die Anwendung der Chance-Strategie muss der Konsument ebenfalls eine ordinale Bewertung der Attributsausprägungen vornehmen. Hierfür vergleicht er jede Ausprägung mit den jeweiligen Ausprägungen seines Status quo und entscheidet, ob sie besser oder schlechter sind. Eine Gewichtung der Attribute wird dabei nicht vorgenommen. In unserem Beispiel soll Produkt A den Status quo des Konsumenten darstellen. Wie in Tabelle A-5 dargestellt, dominiert keine der Produktalternativen den Status quo. Der Konsument wählt daher nach der Chance-Strategie Produkt A.

	Attribute		
	Preis	Farbe	Material
Produkte	Status quo	30 €	rot	Holz
	B	besser	schlechter	schlechter
	C	besser	besser	schlechter

Tabelle A-5: Beispiel für die Anwendung der Chance-Strategie
(Quelle: eigene Darstellung)

Anhang 7: Überblick über die Forschung zur Art der Informationsverarbeitung

Nachstehend wird eine Auswahl der Forschung über die wichtigsten, die Art der Informationsverarbeitung beeinflussenden, Variablen vorgestellt (in Anlehnung an Enders 1997, S. 45f.; weitere Zusammenfassungen finden sich bei Bleicker 1983; Kuß 1987, S. 123-149):[120]

- Alter: Kupsch & Mathes 1977; Capon & Kuhn 1980; Schaninger & Sciglimpaglia 1981; Fritz & Hefner 1981; Schulte-Frankenfeld 1985; Gregan-Paxton & John 1995, Gregan-Paxton & John 1997

- Anzahl von Alternativen: Pras & Summers 1975; Payne 1976b; Wright & Barbour 1977; Jacoby, Szybillo & Busato-Schach 1977; Lussier & Olshavsky 1979, Lussier & Olshavsky 1979; Olshavsky 1979; Parkinson & Reilly 1979; Crow, Olshavsky & Summers 1980; Billings & Marcus 1983; Johnson & Meyer 1984; Laroche, Kim & Matsui 2003

- Anzahl von Attributen / Informationen: Payne 1976b; Lussier & Olshavsky 1979; Olshavsky 1979; Capon & Burke 1980; Silberer & Frey 1981

- Beschaffungsaufwand der Informationen, Vollständigkeit der Information: Silberer & Frey 1981

---

[120] Die Liste erhebt keinen Anspruch auf Vollständigkeit.

- Emotionen / antizipierte Emotionen: Luce & Bettman 1997; Luce 1998; Luce, Payne & Bettman 1999

- Finanzielle Situation: Kupsch & Mathes 1977; Moore & Lehmann 1980

- Geschlecht: Jacoby, Speller & Kohn 1974; Raffée, Jacoby & Hefner et al. 1979

- Informationsformat, -form und -darstellung: Slovic & MacPhillamy 1974; Payne 1976b; Bettman & Kakkar 1977; van Raaij 1977; Arch, Bettman & Kakkar 1978; Lussier & Olshavsky 1979; Bettman & Park 1980b; Coupey 1994

- kognitive Bereitschaft, Ziele: Kupsch & Mathes 1977; Jacoby, Chestnut & Fisher 1978; Schaninger & Sciglimpaglia 1981; Schulte-Frankenfeld 1985; Creyer, Bettman & Payne 1990; Bettman, Luce & Payne 1998

- kognitive Fähigkeiten: Moore & Lehmann 1980; Schaninger & Sciglimpaglia 1981; Schulte-Frankenfeld 1985

- Produktinvolvement: Hoyer 1984; Gensch & Javalgi 1987; Celsi & Olson 1988; Kahn & Baron 1995

- Produktkomplexität: Park 1976; Park & Schaninger 1976

- Produktvertrautheit, -wissen und -erfahrung: Park 1976; Park & Schaninger 1976; Chestnut, Weigl & Fisher et al. 1976; Kupsch & Mathes 1977; Arch, Bettman & Kakkar 1978; Jacoby, Chestnut & Fisher 1978; Kaas & Dietrich 1979; Bettman & Park 1980b; Moore & Lehmann 1980; Russo & Johnson 1980; Park & Lessig 1981; Raju & Reilly 1980; Coupey, Irwin & Payne 1998

- Sozialer Status: Ausbildung, Beruf, Einkommen: Kupsch & Mathes 1977; Capon & Burke 1980; Schaninger & Sciglimpaglia 1981; Roth 1981; Fritz & Hefner 1981; Schulte-Frankenfeld 1985

- Kaufrisiko, Relevanz der Entscheidung, Produktwichtigkeit: Wright 1974; Payne & Braunstein 1978; Jacoby, Chestnut & Fisher 1978; Kupsch & Hufschmied 1979; Fritz & Hefner 1981; Silberer & Frey 1981; Billings & Scherer 1988

- Zeitdruck: Wright 1974; Arch, Bettman & Kakkar 1978; Moore & Lehmann 1980; Knappe 1981, S. 167–206; Fritz & Hefner 1981; Gerdts, Aschenbrenner & Jeromin et al. 1979; Payne, Bettman & Johnson 1988; Payne, Bettman & Luce 1996; Weenig & Maarleveld 2002

Anhang 8: Beispiel verschiedener Trade-off-Situationen

Alternativen / Attribute	Klassische Trade-off-Situation		Approach-Avoidance	Approch-Approch			Avoidance-Avoidance		
	A	B	A	Referenz / Status quo	A	B	Referenz / Status quo	A	B
Preis	gut ↔	schlecht	gut ↔ schlecht	schlecht	mittel ↔	gut	gut	schlecht ↔	mittel
Qualität	schlecht ↔	gut		schlecht	gut ↔	mittel	gut	mittel ↔	schlecht

Tabelle A-6: Beispiele verschiedener Trade-off-Situationen
(Quelle: eigene Darstellung)

↔ und ↕ = Trade-offs

Anhang 9: Abbildung ‚Jacques Biscuité 100'

Abbildung A-4: Schokoladenriegel ‚Jacques Biscuité 100'
(Quelle: eigene Darstellung)

Anhang 10: Fragebogen Chance-Studie

**Befragung im Rahmen einer wissenschaftlichen Studie
am Lehrstuhl für Marketing und allgemeine BWL, Prof. Dr. Oliver Heil, Universität Mainz**

Liebe Studierende,
lieber Studierender,

im Rahmen einer wissenschaftlichen Studie am Lehrstuhl von Prof. Dr. Oliver Heil möchten wir Sie bitten an unserer Befragung teilzunehmen.

Es werden außer Ihrem Alter keine persönlichen Daten erhoben. Für die Studie ist es allerdings erforderlich, dass wir mit einigen Teilnehmern in drei bis vier Monaten erneut Kontakt aufnehmen, um diesen vier kurze Fragen zu stellen. Daher benötigen wir eine Kontaktmöglichkeit in Form einer E-Mail-Adresse oder Telefonnummer. Diese werden selbstverständlich streng vertraulich behandelt, nicht weitergegeben und auch zu keinem anderen Zweck verwendet.

Die Teilnahme an der Befragung und der Nachbefragung ist jeweils freiwillig, unabhängig ob Sie bereits teilgenommen haben oder erstmalig teilnehmen. Indem Sie nachfolgend ankreuzen, erklären Sie sich damit ausdrücklich einverstanden:

Bitte kreuzen Sie an, falls Sie einverstanden sind:　☐ Einverstanden

Vielen herzlichen Dank für Ihre Unterstützung!

Bitte lesen Sie sich die folgenden Fragen sorgfältig durch und versuchen Sie alle Fragen aufrichtig zu beantworten. Falls Sie auf eine Frage „Nichts" antworten möchten, schreiben Sie auch „Nichts", anstatt das Feld freizulassen, damit wir erkennen, dass Sie die Frage nicht übersehen haben.

Bitte fragen Sie nach, falls Sie eine Frage nicht verstehen oder sich unsicher sind. Vielen Dank für Ihre Unterstützung!

1. Wie oft haben Sie im letzten Semester (Ihrem letzten Semester an der Uni Mainz) durchschnittlich etwas in der ReWi-Cafeteria, einschließlich der Getränke- und Snackautomaten, gekauft. Bitte kreuzen Sie an:

   ☐ (fast) täglich
   ☐ mehrmals die Woche
   ☐ (mindestens) einmal die Woche
   ☐ ein paar mal im Monat
   ☐ nie

2. Wie oft haben Sie für sich in der Cafeteria im letzten Semester Schokoriegel/Süßriegel oder Schokolade gekauft:

   ☐ (fast) täglich
   ☐ mehrmals die Woche
   ☐ (mindestens) einmal die Woche
   ☐ ein paar mal im Monat
   ☐ nie

3. Welche(n) Schokoriegel kaufen und essen Sie *hauptsächlich in letzter Zeit*, wenn Sie in der Cafeteria sind?

   _____

4. Was alles ist bei diesem Riegel *besser*, im Vergleich zu den anderen Riegeln, die es in der Cafeteria zu kaufen gibt?

   _____

   _____

5. Was alles ist bei diesem Riegel *weniger gut*, als bei den anderen Riegeln, die es in der Cafeteria zu kaufen gibt?

   _____

   _____

Bitte sehen Sie sich jetzt den neuen Riegel in Ruhe an, probieren Sie ihn aber noch nicht. Bitte stellen Sie sich vor, dass es diesen Riegel ab nächster Woche für 30 Cent in der Cafeteria zu kaufen gibt.

6. Im Vergleich zu dem Riegel, den Sie in letzter Zeit hauptsächlich in der Cafeteria kaufen/essen - Was alles ist an diesem neuen Riegel *besser*?

_____

_____

7. Im Vergleich zu dem Riegel, den Sie in letzter Zeit hauptsächlich in der Cafeteria kaufen/essen - Was alles ist an diesem neuen Riegel *weniger gut*?

_____

_____

8. Wie bestimmt würden Sie diesen Riegel für 30 Cent in der Cafeteria kaufen und probieren? Bitte umkreisen Sie Ihre Antwort.

   bestimmt 7 --- 6 --- 5 --- 4 --- 3 --- 2 --- 1 bestimmt nicht

9. Was dürfte der Riegel höchstens kosten, damit Sie ihn kaufen und probieren würden?

   _____

10. Möchten Sie den Riegel jetzt probieren

    ☐ Nein → weiter mit Frage 17
    ☐ Ja

Bitte probieren Sie jetzt den Riegel, falls Sie dies möchten

11. Nachdem Sie den Riegel jetzt betrachtet und probiert haben: Was alles finden Sie besonders gut an dem Riegel?

_____

_____

12. Und was finden Sie weniger gut?

_____

_____

13. Im Vergleich zu dem Riegel, den Sie in letzter Zeit am häufigsten in der Cafeteria kaufen und essen – Was ist alles _besser_ an dem neuen Riegel?

_____

_____

14. Und umgekehrt: Was ist beim Vergleich alles _weniger gut_?

_____

_____

15. Nachdem Sie den Riegel jetzt probiert haben: Wie bestimmt würden Sie diesen Riegel für 30 Cent in der Cafeteria kaufen?

bestimmt 7 --- 6 --- 5 --- 4 --- 3 --- 2 --- 1 *bestimmt nicht*

16. Was dürfte der Schokoriegel höchstens kosten, damit Sie ihn in der Cafeteria kaufen würden?

_____

17. Bitte beurteilen Sie folgende Aussagen zur Produktkategorie „Schokoriegel", indem Sie den entsprechenden Wert umkringeln

    a. Mir ist diese Produktkategorie ziemlich wichtig.

stimme voll zu 7 --- 6 --- 5 --- 4 --- 3 --- 2 --- 1 *stimme überhaupt nicht zu*

    b. Ich informiere mich genau über diese Produktkategorie.

stimme voll zu 7 --- 6 --- 5 --- 4 --- 3 --- 2 --- 1 *stimme überhaupt nicht zu*

    c. Mein Interesse an dieser Produktkategorie ist hoch.

stimme voll zu 7 --- 6 --- 5 --- 4 --- 3 --- 2 --- 1 *stimme überhaupt nicht zu*

d. Ich beschäftige mich relativ ausführlich mit der Kaufentscheidung bezüglich dieser Produktkategorie.

stimme voll zu 7 --- 6 --- 5 --- 4 --- 3 --- 2 --- 1 stimme überhaupt nicht zu

e. Wenn ein neues Produkt dieser Kategorie auf den Markt kommt, nehme ich das sehr schnell wahr.

stimme voll zu 7 --- 6 --- 5 --- 4 --- 3 --- 2 --- 1 stimme überhaupt nicht zu

f. Es langweilt mich, immer das gleiche Produkt (in dieser Kategorie) zu kaufen.

stimme voll zu 7 --- 6 --- 5 --- 4 --- 3 --- 2 --- 1 stimme überhaupt nicht zu

g. Ich bin ständig auf der Suche nach Abwechslung in dieser Produktkategorie.

stimme voll zu 7 --- 6 --- 5 --- 4 --- 3 --- 2 --- 1 stimme überhaupt nicht zu

h. Ich wechsle manchmal das Produkt, nur weil ich spontan einmal etwas anderes haben möchte.

stimme voll zu 7 --- 6 --- 5 --- 4 --- 3 --- 2 --- 1 stimme überhaupt nicht zu

i. Ich kaufe in der Regel nur ein neues Produkt, wenn mein Lieblingsprodukt nicht vorhanden / verfügbar ist.

stimme voll zu 7 --- 6 --- 5 --- 4 --- 3 --- 2 --- 1 stimme überhaupt nicht zu

18. Wie alt sind Sie?

_____ Jahre

19. Bitte geben Sie Ihr Geschlecht an.

☐ m   ☐ w

20. Bitte geben Sie uns eine Möglichkeit, Sie gegebenenfalls zu kontaktieren.

Telefonnummer: _____

oder

E-Mail-Adresse: _____

(Bitte leserlich in Druckbuchstaben schreiben.)

21. Bitte generieren Sie einen Identifikationscode, für die mögliche Nachbefragung. Sie müssen sich diesen Code *nicht* merken ;-)

Bitte bilden Sie einen Code aus folgenden Angaben:
1) dem Tag Ihres Geburtstags;
2) den ersten beiden Buchstaben des Vornamens Ihrer Mutter und
3) den letzten beiden Buchstaben Ihres Nachnamens.

Beispiel: 16. März 1982; Brunhilde; Mustermann = 16 BR NN

__ __   __ __   __ __
  1)   2)   3)

(Bitte leserlich in Druckbuchstaben schreiben.)

Vielen herzlichen Dank für Ihre Unterstützung!

Anhang 11: Rückfragen Chance-Studie

Sehr geehrte Studierende,
sehr geehrter Studierender,

Sie haben an einer Befragung zum Schokoladenriegel "Jacques biscuité 100" teilgenommen. Um diese Studie im Rahmen meiner Dissertation am Lehrstuhl von Prof. Heil abschließen zu können, möchten wir Sie jetzt bitten drei (kurze!) Ankreuzfragen unter folgendem Link zu beantworten:

http://spreadsheets.google.com/viewform?formkey=dC1VZ1FRaWVtVnBzQ05UWWpOd1R WWkE6MA&entry_4=93C2o

Unter allen Antworten bis zum 21. März verlosen wir einen 50€ Gutschein für Media Markt.

Für Rückfragen stehen wir gerne zur Verfügung!

Vielen Dank,
Hanna Römer

* *
Dipl.-Kffr. Hanna Römer
Professur für Marketing und BWL
Univ.-Prof. Dr. Oliver P. Heil (Ph.D.)
Johannes Gutenberg-Universität Mainz
Haus Rewi I - Zimmer 01-143
Jakob Welder Weg 9
D-55099 Mainz
Tel.:+ 49 (0) 6131 39 23757
Fax.:+ 49 (0) 6131 39 23764
www.marketing-science.de

Abschluss Schokoladenriegel-Befragung

* Erforderlich

Wie oft haben Sie seit der Befragung im November 2008 durchschnittlich ein Schokoladenprodukt (Schokoladenriegel oder Schokolade) in der ReWi-Cafeteria gekauft? *

- ○ (fast) täglich
- ○ mehrmals die Woche
- ○ (mindestens) einmal die Woche
- ○ ein paar Mal im Monat
- ○ nie

Wie oft haben Sie seit der Befragung im November 2008 den neuen Schokoladenriegel „Jaques biscuité 100" in der ReWi-Cafeteria gekauft? *

- ○ (fast) täglich
- ○ mehrmals die Woche
- ○ (mindestens) einmal die Woche
- ○ ein paar Mal im Monat
- ○ ein paar Mal
- ○ nie
- ○ mir war gar nicht bewusst, dass es diesen Riegel zu kaufen gibt

Welchen Anteil hatte der Schokoladenriegel "Jaques biscuité 100" seit November 2008 im Vergleich zu anderen Schokoladenprodukten, die Sie in der ReWi-Cafeteria gekauft haben? *

- ○ "Jacques biscuité 100" habe ich am häufigsten gekauft
- ○ "Jacques biscuité 100" habe ich etwa gleich häufig wie andere Schokoladenprodukte gekauft
- ○ "Jacques biscuité 100" habe ich weniger als andere Schokoladenprodukte gekauft
- ○ "Jacques biscuité 100" habe ich (fast) nie gekauft

Möglichkeit für Bemerkungen

[   ]

Ihr Code *
Bitte nicht ändern. Dieser Code wird zur weiteren Verarbeitung benötigt.

[   ]

[Senden]

Anhang 12: Abbildung ‚Deospray Sensitive' und ‚Deospray Triple-Effect'

Abbildung A-5: ‚Deospray Sensitive' und ‚Deospray Triple-Effect'
(Quelle: eigene Darstellung)

Anhang 13: Fragebogen Status quo-Gruppe ‚Deospray Sensitive'

Fragebogen mit ‚Deospray Sensitive' als Status quo.

SQ. Sensitive

Interviewer_____, Datum_____, Zeit_____, Nr.____

1. Aufforderung zur Teilnahme: Unterstützung bei Dissertationsexperiment, kurze Befragung: dauert nur 3-5 min, keine persönlichen Fragen, es gibt ein Deo als Geschenk (Deos noch nicht zeigen)

2. *Sensitive-Deo zeigen und schenken*

3. **Hinweis:** Es gibt keine richtigen oder falschen Antworten, es geht nur um die spontane persönliche Meinung!

4. **Hast du genau dieses Deo schon mal benutzt?**

    ☐ Nein   ☐ Ja → Abbruch

5. Gibt es etwas, das du persönlich gut findest bei diesem Deo?

    _____

6. Und umgekehrt, gibt es etwas, das du persönlich weniger gut findest?

    _____

7. Wie kaufattraktiv findest du dieses Deo auf einer Skala von 1 bis 7?

    sehr unattraktiv 1---2---3---4---5---6---7 sehr attraktiv

8. Kennst du die Marke Balea? Was weißt du über Balea?

    _____

9. Hast du schon mal ein Deo von Balea benutzt? Wenn ja, welche(s)?

    _____

SQ. Sensitive

10. Wie findest du die Marke Balea? Was findest du gut, was findest du schlecht?

_____

11. Wie kaufattraktiv findest du die Marke Balea auf einer Skala von 1-7

Sehr unattraktiv 1---2---3---4---5---6---7 sehr attraktiv

12. Triple-Effect-Deo zeigen

13. Hast du genau dieses Deos schon mal benutzt?

☐ Nein   ☐ Ja → Abbruch

14. Gibt es etwas, das du persönlich bei diesem Deo als besser empfindest als bei dem ersten Deo?

_____

15. Und umgekehrt, gibt etwas, das du persönlich bei diesem Deo als schlechter empfindest, als bei dem ersten Deo?

_____

16. Wie kaufattraktiv findest du dieses Deo auf einer Skala von 1 bis 7? (im Vergleich zu Sensitive Deo)

Sehr unattraktiv 1---2---3---4---5---6---7 sehr attraktiv

17. Hinweis: Befragung fast fertig

18. Hinweis, dass das Geschenk auch getauscht werden kann.

Entscheidung: ☐ Sensitive   ☐ Wechsel zu Triple-Effect

SQ: Sensitive

19. Wie schwierig war diese Entscheidung für dich, d.h. wie eindeutig war es, für welches Deo du dich entscheidest – auf einer Skala von 1 bis 7?

sehr einfach 1---2---3---4---5---6---7 sehr schwer

20. Die letzte Frage: Wie ähnlich ist das Sensitive Deo dem Deo, welches du zurzeit am häufigsten verwendest auf einer Skala von 1 bis 7?

sehr unähnlich 1---2---3---4---5---6---7 sehr ähnlich

21. Und wie ähnlich ist das Triple-Effekt Deo dem Deo, welches du zurzeit am häufigsten verwendest auf einer Skala von 1 bis 7?

sehr unähnlich 1---2---3---4---5---6---7 sehr ähnlich

22. Alter?

_____

23. Studentin an der JGU?

☐ Ja ☐ Nein, sondern_____

Anhang 14: Fragebogen Kontrollgruppe Deospray

Kontrollgruppe

Interviewer_____, Datum_____, Zeit_____, Nr.____

1. Aufforderung zur Teilnahme: Unterstützung bei Dissertationsexperiment, kurze Befragung: dauert nur 3-5 min, keine persönlichen Fragen, es gibt ein Deo als Geschenk (Deos aber noch nicht zeigen, um keine Vorselektion zu betreiben)

2. *Beide Deos gleichzeitig zeigen*

3. Hinweis: Es gibt keine richtigen oder falschen Antworten, es geht nur um die spontane persönliche Meinung!

4. Hast du eines dieser Deos schon mal benutzt?

    ☐ Nein   ☐ Ja → Abbruch

5. Gibt es etwas, das du persönlich gut findest bei diesen Deos?

    _____

6. Und umgekehrt, gibt es etwas, dass du persönlich weniger gut findest?

    _____

7. Gibt es etwas, das du persönlich bei einem der Deos als besser empfindest als bei dem anderen Deo?

    Deo_____

    Deo_____

Kontrollgruppe

8. Und umgekehrt, gibt etwas, das du persönlich bei einem dieser Deos als schlechter empfindest als bei dem anderen Deo?

Deo_____

Deo_____

9. Wie kaufattraktiv findest du jeweils die Deos auf einer Skala von 1 bis 7?

Deo_____ sehr unattraktiv 1---2---3---4---5---6---7 sehr attraktiv

Deo_____ sehr unattraktiv 1---2---3---4---5---6---7 sehr attraktiv

10. Hinweis: Befragung fast fertig

11. Hinweis, dass der Proband eines der Deos als Geschenk behalten kann

Entscheidung: ☐ Sensitive ☐ Triple-Effect

12. Wie schwierig war diese Entscheidung für dich, d.h. wie eindeutig war es, für welches Deo du dich entscheidest – auf einer Skala von 1 bis 7?

sehr einfach 1---2---3---4---5---6---7 sehr schwer

Kontrollgruppe

13. Die letzte Frage: Wie ähnlich ist das Sensitive Deo dem Deo, welches du zurzeit am häufigsten verwendest auf einer Skala von 1 bis 7?

sehr unähnlich 1---2---3---4---5---6---7 sehr ähnlich

14. Und wie ähnlich ist das Triple-Effekt Deo dem Deo, welches du zurzeit am häufigsten verwendest auf einer Skala von 1 bis 7?

sehr unähnlich 1---2---3---4---5---6---7 sehr ähnlich

15. Alter?
_____

16. Studentin an der JGU?

☐ Ja ☐ Nein, sondern_____

Anhang 15: Wahlverhalten nach Dominanz und Trade-offs in der Kontrollgruppe

Fälle	Wahl ‚Deospray Sensitive'	Wahl ‚Deospray Triple-Effect'	N
‚Deospray Sensitive' dominant	8	0	8
Trade-off	11	12	23
‚Deospray Triple-Effect' dominant	0	3	3
Summe	19	15	34

Tabelle A-7: Wahlverhalten nach Dominanz und Trade-offs in der Kontrollgruppe
(Quelle: eigene Darstellung)

Anhang 16: Auswertung der Kaufattraktivität

Wie sich das Wahlverhalten nach der Kaufattraktivitätsbewertung unterscheidet ist in Tabelle A-8 dargestellt. Man erkennt, dass nicht immer das Deodorant mit der höheren Kaufattraktivität gewählt wurde. So wurde beispielsweise in der Status quo-Gruppe ‚Deospray Triple-Effect' von 8 Probanden der Status quo das ‚Deospray Triple-Effect' gewählt, obwohl das ‚Deospray Sensitive' als kaufattraktiver bewertet wurde.

	Fälle		Wahl ‚Deospray Sensitive'	Wahl ‚Deospray Triple-Effect'	N
Status quo-Gruppe ‚Deospray Sensitive'		‚Deospray Sensitive' attraktiver	21	0	21
		Deodorants gleich attraktiv	9	2	11
		‚Deospray Triple-Effect' attraktiver	1	11	12
		Summe	31	13	44
Status quo-Gruppe ‚Deospray Triple-Effect'		‚Deospray Sensitive' attraktiver	17	8	25
		Deodorants gleich attraktiv	6	3	9
		‚Deospray Triple-Effect' attraktiver	0	10	10
		Summe	23	21	44

Tabelle A-8: Wahlverhalten nach Kaufattraktivitätsbewertung in den beiden Status quo-Gruppen
(Quelle: eigene Darstellung)

Die Prognosegenauigkeit des Wahlverhaltens mittels der Kaufattraktivitätsmessung ist in Tabelle A-9 abgebildet. In den Fällen, in welchen beide Deodorants den gleichen Attraktivitätswert erhalten haben, wurde die Wahl jeweils zu 50 Prozent auf die beiden Deodorants verteilt.

Fälle		Prognose mittels Kaufattraktivität		Tatsächliches Verhalten		Prognose-genauigkeit der Kaufattraktivität
		Kein Wechsel	Wechsel	Kein Wechsel	Wechsel	
Status quo-Gruppe ‚Deospray Sensitive'	‚Deospray Sensitive' attraktiver	21	0	21	0	100%
	Trade-off	5,5	5,5	9	2	68%
	‚Deospray Triple-Effect' attraktiver	12	0	1	11	92%
	Summe	**38,5**	**5,5**	**31**	**13**	**83%**
Status quo-Gruppe ‚Deospray Triple-Effect'	‚Deospray Sensitive' attraktiver	25	0	17	8	68%
	Trade-off	4,5	4,5	6	3	83%
	‚Deospray Triple-Effect' attraktiver	0	10	0	10	100%
	Summe	**29,5**	**14,5**	**23**	**21**	**85%**

Tabelle A-9: Prognosegenauigkeit des Wahlverhaltens mittels der Kaufattraktivitätsmessung
(Quelle: eigene Darstellung)

Literaturverzeichnis

Abelson, Robert P.; Levi, Ariel (1985): Decision Making and Decision Theory, In: Gardner, Lindzey; Aronson, Elliot (Hg.), Handbook of Social Psychology, Volume 1: Theory and Method, 3rd Edition, New York: Rondom House, S. 231–309.

Alvi, Shahzad A. (1989): Computergestützte Produkttests, Univ. Diss Münster 1988, Betriebswirtschaftliche Schriftenreihe, Band 49, Münster: Lit.

Anderson, Christopher J. (2003): The Psychology of Doing Nothing: Forms of Decision Avoidance Result From Reason and Emotion, In: Psychological Bulletin, Jahrgang 129, Heft 1, S. 139–166.

Anderson, Norman H. (1982): Methods of Information Integration Theory, New York: Academic Press.

Anderton, E. J.; Gorton, K.; Tudor, R. (1980): The Application of Sequential Analysis in Market Research, In: Journal of Marketing Research (JMR), Jahrgang 17, Heft 1, S. 97–105.

Anderton, E. J.; Tudor, R.; Gorton, K. (1976): Sequential Analysis: A Reappraisal for Market Research, In: Journal of the Market Research Society, Jahrgang 18, Heft 4, S. 166–179.

Arch, David C.; Bettman, James R.; Kakkar, Pradeep (1978): Subjects' Information Processing in Information Display Board Studies, In: Advances in Consumer Research, Jahrgang 5, Heft 1, S. 555–560.

Ariely, Dan; Wallsten, Thomas S. (1995): Seeking Subjective Dominance in Multidimensional Space: An Explanation of the Asymmetric Dominance Effect, In: Organizational Behavior and Human Decision Processes, Jahrgang 63, Heft 3, S. 223–232.

Arkes, Hal R.; Blumer, Catherine (1985): The Psychology of Sunk Cost, In: Organizational Behavior and Human Decision Processes, Jahrgang 35, Heft 1, S. 124–140.

Armitage, P. (1957): Restricted Sequential Procedures, In: Biometrika, Jahrgang 44, Heft 1/2, S. 9–26.

Armstrong, J. S.; Brodie, Roderick J. (1999): Forecasting for Marketing, In: Hooley, Graham J.; Hussey, Michael K. (Hg.), Quantitative Methods in Marketing, 2. Edition, London: Internat. Thomson Business Press, S. 92–120.

Aschenbrenner, Michael K. (1977): Komplexes Wahlverhalten, Entscheidungen zwischen multiattributen Alternativen, In: Hartmann, Klaus-Dieter; Koeppler, Karl-Fritz (Hg.), Fortschritte der Marktpsychologie,

Grundlagen, Methoden, Anwendung, Frankfurt: Fachbuchhandlung für Psychologie, S. 21–52.

Baldinger, Allan L. (1988): Trends and Issues in STMs: Results of an ARF Pilot Project, In: Journal of Advertising Research, Jahrgang 28, Heft 5 (Oct/Nov), S. RC3-RC7.

Bänsch, Axel (2002): Käuferverhalten, 9. Auflage, München: Oldenbourg Wissenschaftsverlag.

Baron, Jonathan; Ritov, Ilana (1994): Reference Points and Omission Bias, In: Organizational Behavior & Human Decision Processes, Jahrgang 59, Heft 3, S. 475–498.

Baron, Jonathan; Ritov, Ilana (2004): Omission Bias, Individual Differences, and Normality, In: Organizational Behavior & Human Decision Processes, Jahrgang 94, Heft 2, S. 74–85.

Baron, Jonathan; Weber, Elke U. (2001): Introduction, In: Weber, Elke U.; Baron, Jonathan; Loomes, Graham (Hg.), Conflict and Tradeoffs in Decision Making, Cambridge: Cambridge Univ. Press, S. 1–24.

Bass, Frank M. (1969): A New Product Growth Model for Consumer Durables, In: Management Science, Jahrgang 15, Heft 4, S. 216–227.

Bass, Frank M.; Pessemier, Edgar A.; Lehmann, Donald R. (1972): An Experimental Study of Relationships between Attitudes, Brand Preference, and Choice, In: Behavioral Science, Jahrgang 17, Heft 6 (Nov), S. 532–541.

Bauer, Erich (1981): Produkttests in der Marketingforschung, 52 Tab., Organisation und Management, Band 4, Göttingen: Vandenhoeck u. Ruprecht.

Bauer, Peter; Scheiber, Viktor; Wohlzogen, Franz X. (1986): Sequentielle statistische Verfahren, 21 Tabellen, Stuttgart: Fischer.

Baum J.; Dennis, K. E. R. (1961): The Estimation of the Expected Brand Share of a New Product, Vortrag am 1961, Baden Baden, Veranstalter: VIIth ESOMAR/WAPOR Congress.

Baumgarth, Carsten (2008): Markenpolitik, Markenwirkungen - Markenführung - Markencontrolling, 3., überarbeitete und erweiterte Auflage, Wiesbaden: Betriebswirtschaftlicher Verlag Dr. Th. Gabler / GWV Fachverlage GmbH Wiesbaden.

Baumol, William J. (2002): The Free-Market Innovation Machine, Analyzing the growth miracle of capitalism, Princeton, NJ: Princeton Univ. Press.

Bayón, Tomás; Herrmann, Andreas; Huber, Frank (2007): Vielfalt und Einheit in der Marketingwissenschaft, Ein Spannungsverhältnis, Wiesbaden:

Betriebswirtschaftlicher Verlag Dr.Th.Gabler | GWV Fachverlage GmbH Wiesbaden.

Beach, Lee R. (1990): Image Theory, Decision Making in Personal and Organizational Contexts, Chichester: Wiley.

Beach, Lee R.; Mitchell, Terence R. (1979): A Contingency Model for the Selection of Decision Strategies, In: Academy of Management Review, Jahrgang 3, Heft 3, S. 439–449.

Beach, Lee R.; Mitchell, Terence R. (1987): Image Theory: Principles, Goals, and Plans in Decision Making, In: Acta Psychologica, Jahrgang 66, Heft 3, S. 201–220.

Beattie, Jane; Baron, Jonathan (1991): Investigating the Effect of Stimulus Range on Attribute Weight, In: Journal of Experimental Psychology: Human Perception and Performance, Jahrgang 17, Heft 2, S. 571–585.

Beggan, James K. (1992): On the Social Nature of Nonsocial Perception: The Mere Ownership Effect, In: Journal of Personality and Social Psychology, Jahrgang 62, Heft 2, S. 229–237.

Bell, David E. (1982): Regret in Decision Making under Uncertainty, In: Operations Research, Jahrgang 30, Heft 5, S. 961–981.

Bemmaor, Albert C. (1995): Predicting Behavior from Intention-to-Buy Measures: The Parametric Case, In: Journal of Marketing Research (JMR), Jahrgang 32, Heft 2, S. 176–191.

Ben-Akiva, Moshe; Lerman, Steven R. (1985): Discrete Choice Analysis, Theory and Application to Travel Demand, [Nachdruck], MIT Press series in transportation studies, Band 9, Cambridge, Mass.: MIT Press.

Berekoven, Ludwig; Eckert, Werner; Ellenrieder, Peter (2006): Marktforschung, Methodische Grundlagen und praktische Anwendung, 11., überarbeitete Auflage, Wiesbaden: Betriebswirtschaftlicher Verlag Dr. Th. Gabler/GWV Fachverlage GmbH Wiesbaden.

Berthoz, Alain; Weiss, Giselle (2006): Emotion and Reason, The Cognitive Science of Decision Making, Oxford: Oxford Univ. Press.

Bertram, Günter (1960): Sequenzanalyse für zwei Alternativfolgen, In: Zeitschrift für Angewandte Mathematik und Mechanik, Jahrgang 40, Heft 4, S. 185–189.

Bettman, James R. (1977): Data Collection and Analysis Approaches for Studying Consumer Information Processing, In: Advances in Consumer Research, Jahrgang 4, Heft 1, S. 342–348.

Bettman, James R. (1979): An Information Processing Theory of Consumer Choice, Reading, Mass.: Addison-Wesley.

Bettman, James R.; Johnson, Eric J.; Payne, John W. (1990): A Componential Analysis of Cognitive Effort in Choice, In: Organizational Behavior & Human Decision Processes, Jahrgang 45, Heft 1, S. 111–139.

Bettman, James R.; Johnson, Eric J.; Payne, John W. (1991): Consumer Decision Making, In: Robertson, Thomas S.; Kassarjian, Harold H. (Hg.), Handbook of Consumer Behavior, Englewood Cliffs, NJ: Prentice-Hall, S. 50–84.

Bettman, James R.; Kakkar, Pradeep (1977): Effects of Information Presentation Format on Consumer Information Acquisition Strategies, In: Journal of Consumer Research, Jahrgang 3, Heft 4, S. 233–240.

Bettman, James R.; Luce, Mary F.; Payne, John W. (1998): Constructive Consumer Choice Processes, In: Journal of Consumer Research, Jahrgang 25, Heft 3, S. 187–217.

Bettman, James R.; Park, C. W. (1980a): Implications of a Constructive View of Choice for Analysis of Protocol Data: A Coding Scheme for Elements of Choice Processes, In: Advances in Consumer Research, Jahrgang 7, Heft 1, S. 148–153.

Bettman, James R.; Park, C. W. (1980b): Effects of Prior Knowledge and Experience and Phase of the Choice Process on Consumer Decision Processes: A Protocol Analysis, In: Journal of Consumer Research, Jahrgang 7, Heft 3, S. 234–248.

Bieler, Ralf (1989): Testmarktsimulation ist nicht gleich Testmarktsimulation - Kommentar aus der Marketing-Forschungspraxis zum Wachstumsmarkt Prognoseforschung, In: Planung und Analyse, Jahrgang 18, S. 412–418.

Billings, Robert S.; Marcus, Stephen A. (1983): Measures of Compensatory and Noncompensatory Models of Decision Behavior: Process Tracing versus Policy Capturing, In: Organizational Behavior & Human Performance, Jahrgang 31, Heft 3, S. 331–352.

Billings, Robert S.; Scherer, Lisa L. (1988): The Effects of Response Mode and Importance on Decision-Making Strategies: Judgment versus Choice, In: Organizational Behavior & Human Decision Processes, Jahrgang 41, Heft 1, S. 1–19.

Binsack, Margit; Trommsdorff, Volker (2003): Akzeptanz neuer Produkte, Vorwissen als Determinante des Innovationserfolgs, Techn. Univ. Diss.- Berlin 2002, 1. Auflage, Gabler-Edition Wissenschaft, Forschungsgruppe Konsum und Verhalten, Wiesbaden: Dt. Univ.-Verlag.

Biswas, Dipayan; Grewal, Dhruv; Roggeveen, Anne (2010): How the Order of Sampled Experiential Products Affects Choice, In: Journal of Marketing Research (JMR), Jahrgang 47, Heft 3, S. 508–519.

Blackwell, Roger D.; Miniard, Paul W.; Engel, James F. (2006): Consumer Behavior, 10. Edition, Student Edition, Mason, Ohio: Thomson South-Western.

Bleicker, Ulrike (1983): Produktbeurteilung der Konsumenten, Eine psychologische Theorie der Informationsverarbeitung, Techn. Univ. Diss-Berlin, Konsum und Verhalten, Band 5, Würzburg: Physica-Verlag.

Boer, J. de (1954): Sequential Test with Three Possible Decisions for Testing an Unknown Probability, In: Applied Scientific Research, Section B, Jahrgang 3, Heft 1, S. 249–259.

Bortz, Jürgen; Lienert, Gustav A.; Boehnke, Klaus (2008): Verteilungsfreie Methoden in der Biostatistik, Mit 247 Tabellen, 3., korrigierte Auflage, Springer-Lehrbuch, Berlin, Heidelberg: Springer Medizin Verlag Heidelberg.

Brockhoff, Klaus (1999): Produktpolitik, 4., neubearbeitete und erweiterte Auflage, Stuttgart: Lucius & Lucius.

Brockhoff, Klaus (2007): Produktinnovation, In: Albers, Sönke; Herrmann, Andreas (Hg.), Handbuch Produktmanagement, Strategieentwicklung - Produktplanung - Organisation - Kontrolle, 3., überarbeitete und erweiterte Auflage, Wiesbaden: Betriebswirtschaftlicher Verlag Dr. Th. Gabler | GWV Fachverlage GmbH Wiesbaden, S. 20–48.

Brockner, Joel; Rubin, Jeffrey Z. (1985): Entrapment in Escalating Conflicts, A Social Psychologic Analysis, Springer series in social psychology, New York: Springer.

Broda, Stephan (2006): Marktforschungs-Praxis, Konzepte, Methoden, Erfahrungen, Wiesbaden: Betriebswirtschaftlicher Verlag Dr. Th. Gabler | GWV Fachverlage GmbH Wiesbaden.

Bross, I. (1952): Sequential Medical Plans, In: Biometrics, Jahrgang 8, Heft 3, S. 188–205.

Brown, Juanita J.; Wildt, Albert R. (1992): Consideration Set Measurement, In: Journal of the Academy of Marketing Science, Jahrgang 20, Heft 3 (Summer), S. 235.

Brownstein, Aaron L. (2003): Biased Predecision Processing, In: Psychological Bulletin, Jahrgang 129, Heft 4, S. 545–568.

Bryant, Melchior D. (2010): Commitment in Kundenbeziehungen, Eine multipartiale Messung und Analyse von Determinanten und Erfolgswirkungen, Wiesbaden: Gabler Verlag / Springer Fachmedien Wiesbaden GmbH Wiesbaden.

Büning, Herbert; Trenkler, Götz (1994): Nichtparametrische statistische Methoden, 2., erweiterte und völlig überarbeitete Auflage, Berlin: de Gruyter.

Büschken, Joachim; Thaden von, Christian (2007): Produktvariation, -differenzierung und -diversifikation, In: Albers, Sönke; Herrmann, Andreas (Hg.), Handbuch Produktmanagement, Strategieentwicklung - Produktplanung - Organisation - Kontrolle, 3., überarbeitete und erweiterte Auflage, Wiesbaden: Betriebswirtschaftlicher Verlag Dr. Th. Gabler | GWV Fachverlage GmbH Wiesbaden, S. 596–616.

Capon, Noel; Burke, Marian (1980): Individual, Product Class, and Task-Related Factors in Consumer Information Processing, In: Journal of Consumer Research, Jahrgang 7, Heft 3, S. 314–326.

Capon, Noel; Kuhn, Deanna (1980): A Developmental Study of Consumer Information-Processing Strategies, In: Journal of Consumer Research, Jahrgang 7, Heft 3, S. 225–233.

Carmon, Ziv; Ariely, Dan (2000): Focusing on the Foregone: How Value Can Appear So Different to Buyers and Sellers, In: Journal of Consumer Research, Jahrgang 27, Heft 3, S. 360–370.

Carmon, Ziv; Wertenbroch, Klaus; Zeelenberg, Marcel (2003): Option Attachment: When Deliberating Makes Choosing Feel like Losing, In: Journal of Consumer Research, Jahrgang 30, Heft 1, S. 15–29.

Carpenter, Gregory S.; Nakamoto, Kent (1989): Consumer Preference Formation and Pioneering Advantage, In: Journal of Marketing Research (JMR), Jahrgang 26, Heft 3, S. 285–298.

Carslon, Kurt A.; Meloy, Margaret; Russo, J. E. (2006): Leader-Driven Primacy: Using Attribute Order to Affect Consumer Choice, In: Journal of Consumer Research, Jahrgang 32, Heft 4, S. 513–518.

Casey, Jeff T. (1995): Predicting Buyer-seller Pricing Disparities, In: Management Science, Jahrgang 41, Heft 6, S. 979–999.

Celsi, Richard L.; Olson, Jerry C. (1988): The Role of Involvement in Attention and Comprehension Processes, In: Journal of Consumer Research, Jahrgang 15, Heft 2, S. 210–224.

Chandon, Pierre; Morwitz, Vicki G.; Reinartz, Werner J. (2004): The Short- and Long-Term Effects of Measuring Intent to Repurchase, In: Journal of Consumer Research, Jahrgang 31, Heft 3, S. 566–572.

Chandon, Pierre; Morwitz, Vicki G.; Reinartz, Werner J. (2005): Do Intentions Really Predict Behavior? Self-Generated Validity Effects in Survey Research, In: Journal of Marketing, Jahrgang 69, Heft 2, S. 1–14.

Chapman, Gretchen B. (1998): Similarity and Reluctance to Trade, In: Journal of Behavioral Decision Making, Jahrgang 11, Heft 1, S. 47-58.

Chatterjee, Subimal; Heath, Timothy B. (1996): Conflict and Loss Aversion in Multiattribute Choice: The Effects of Trade-Off Size and Reference Dependence on Decision Difficulty, In: Organizational Behavior & Human Decision Processes, Jahrgang 67, Heft 2, S. 144–155.

Chernev, Alexander (2004): Goal Orientation and Consumer Preference for the Status Quo, In: Journal of Consumer Research, Jahrgang 31, Heft 3, S. 557–565.

Chestnut, Robert W.; Weigl, Karl C.; Fisher, William; Jacoby, Jacob (1976): Pre-Purchase Information Acquisition: Description of a Process Methodology, Research Paradigm, and Pilot Investigation, In: Advances in Consumer Research, Jahrgang 3, Heft 1, S. 306–314.

Clancy, Kevin J.; Krieg, Peter C.; Wolf, Marianne M. (2006): Market New Products Successfully, Using simulated test marketing technology, Lanham, Md.: Lexington Books.

Clancy, Kevin J.; Shulman, Robert S.; Wolf, Marianne M. (1994): Simulated Test Marketing, Technology for launching successful new products, New York: Lexington Books [u.a.].

Cole, LaMont C. (1962): A Closed Sequential Test Design for Toleration Experiments, In: Ecology, Jahrgang 43, Heft 4, S. 749–753.

Connolly, Terry; Reb, Jochen (2003): Omission Bias in Vaccination Decisions: Where's the "Qmission"? Where's the "Bias"?, In: Organizational Behavior and Human Decision Processes, Jahrgang 91, Heft 2, S. 186–202.

Connolly, Terry; Zeelenberg, Marcel (2002): Regret in Decision Making, In: Current Directions in Psychological Science, Jahrgang 11, Heft 6, S. 212–216.

Coombs, Clyde H. (1964): A Theory of Data, New York [u.a.]: John Wiley & Sons, Inc.

Coupey, Eloise (1994): Restructuring: Constructive Processing of Information Displays in Consumer Choice, In: Journal of Consumer Research, Jahrgang 21, Heft 1, S. 83–99.

Coupey, Eloise; Irwin, Julie R.; Payne, John W. (1998): Product Category Familiarity and Preference Construction, In: Journal of Consumer Research, Jahrgang 24, Heft 4, S. 459–468.

Coursey, Don L.; Hovis, John L.; Schulze, William D. (1987): The Disparity Between Willingness to Accept and Willingness to Pay Measures of Value, In: The Quarterly Journal of Economics, Jahrgang 102, Heft 3, S. 679–690.

Creyer, Elizabeth H.; Bettman, James R.; Payne, John W. (1990): The Impact of Accuracy and Effort Feedback and Goals on Adaptive Decision

Behavior, In: Journal of Behavioral Decision Making, Jahrgang 3, Heft 1, S. 1–16.

Crow, Lowell E.; Olshavsky, Richard W.; Summers, John O. (1980): Industrial Buyers' Choice Strategies: A Protocol Analysis, In: Journal of Marketing Research (JMR), Jahrgang 17, Heft 1, S. 34–44.

Daniels, Peter; Lawford, John (1974): The Effect of Order in the Presentation of Samples in Paired Comparison Product Tests, In: Journal of the Market Research Society, Jahrgang 16, Heft 2, S. 127–133.

Dawes, Robyn M. (1964): Social Selection based on Multidimensional Criteria, In: Journal of Abnormal and Social Psychology, Jahrgang 68, Heft 1, S. 104–109.

Day, George S. (1970): Buyer Attitudes and Brand Choice Behavior, Univ. Diss. 1970 Columbia, New York [u.a.]: The Free Press.

Dhar, Ravi (1996): The Effect of Decision Strategy on Deciding to Defer Choice, In: Journal of Behavioral Decision Making, Jahrgang 9, Heft 4, S. 265-281.

Dhar, Ravi (1997a): Consumer Preference for a No-Choice Option, In: Journal of Consumer Research, Jahrgang 24, Heft 2, S. 215–231.

Dhar, Ravi (1997b): Context and Task Effects on Choice Deferral, In: Marketing Letters, Jahrgang 8, Heft 1, S. 119–130.

Dhar, Ravi; Nowlis, Stephen M. (1999): The Effect of Time Pressure on Consumer Choice Deferral, In: Journal of Consumer Research, Jahrgang 25, Heft 4, S. 369–384.

Dhar, Ravi; Nowlis, Stephen M. (2004): To Buy or Not to Buy: Response Mode Effects on Consumer Choice, In: Journal of Marketing Research (JMR), Jahrgang 41, Heft 4, S. 423–432.

Dhar, Ravi; Sherman, Steven J. (1996): The Effect of Common and Unique Features in Consumer Choice, In: Journal of Consumer Research, Jahrgang 23, Heft 3, S. 193–203.

Dhar, Ravi; Simonson, Itamar (1992): The Effect of the Focus of Comparison on Consumer Preferences, In: Journal of Marketing Research (JMR), Jahrgang 29, Heft 4, S. 430–440.

Dhar, Ravi; Simonson, Itamar (2003): The Effect of Forced Choice on Choice, In: Journal of Marketing Research (JMR), Jahrgang 40, Heft 2, S. 146–160.

Di Cagno, Daniela; Hey, John D. (1988): A Direct Test of the Original Version of Regret Theory, In: Journal of Behavioral Decision Making, Jahrgang 1, Heft 1, S. 43–56.

Diller, Hermann (2001): Vahlens großes Marketinglexikon, 2., völlig überarbeitete und erweiterte Auflage, München: Beck.

Edwards, Ward (1954): The Theory of Decision Making, In: Psychological Bulletin, Jahrgang 51, Heft 4, S. 380–417.

Ehrenberg, Andrew S. C. (1988): Repeat-buying, Facts, Theory and Applications, New edition, London: Griffin [u.a.].

Eisenführ, Franz; Weber, Martin; Langer, Thomas (2010): Rationales Entscheiden, 5., überarbeitete und erweitete Auflage, Berlin: Springer.

Elrod, Terry; Johnson, Richard D.; White, Joan (2004): A New Integrated Model of Noncompensatory and Compensatory Decision Strategies, In: Organizational Behavior & Human Decision Processes, Jahrgang 95, Heft 1 (September), S. 1–19.

Enders, Andreas (1997): Informationsintegration bei der Produktbeurteilung, Eine empirische Studie unter besonderer Berücksichtigung der Produktvertrautheit und des Produktinvolvements; mit 89 Tabellen, Konsum und Verhalten, Band 44, Heidelberg: Physica-Verlag.

Engel, James F.; Blackwell, Roger D.; Kollat, David T. (1968): Consumer Behavior, New York [u.a.]: Holt, Rinehart & Winston.

Engel, James F.; Blackwell, Roger D.; Kollat, David T. (1978): Consumer Behavior, 3. Edition, Hinsdale, Ill.: Dryden Press.

Engel, James F.; Blackwell, Roger D.; Miniard, Paul W. (1993): Consumer Behavior, 7. Edition, Fort Worth: Dryden Press.

Erev, Ido; Ert, Eyal; Yechiam, Eldad (2008): Loss Aversion, Diminishing Sensitivity, and the Effect of Experience on Repeated Decisions, In: Journal of Behavioral Decision Making, Jahrgang 21, Heft 5, S. 575-597.

Erichson, Bernd (1979): Prognosen für neue Produkte, Teil 1: Informationen und Methoden, In: Marketing - Zeitschrift für Forschung und Praxis (ZFP), Jahrgang 1, Heft 4, S. 255–266.

Erichson, Bernd (1981): TESI: Ein Test- und Prognoseverfahren für neue Produkte, In: Marketing - Zeitschrift für Forschung und Praxis (ZFP), Heft 3, S. 201–207.

Erichson, Bernd (1995): Markttests, In: Tietz, Bruno (Hg.), Handwörterbuch des Marketing, 2., völlig neu gestaltete Auflage, Stuttgart: Schäffer-Poeschel (Enzyklopädie der Betriebswirtschaftslehre, Band 4), S. 1826–1841.

Erichson, Bernd (1996): Methodik der Testmarktsimulation, In: Planung und Analyse, Heft 2, S. 54–57.

Erichson, Bernd (1997): Neuproduktprognose mittels Testmarktsimulation, Praktische Anwendung und methodische Grundlagen, Preprint, Preprint Nr. 6,

Magdeburg: Otto-von-Guericke-Universität Magdeburg Fakultät für Wirtschaftswissenschaften.

Erichson, Bernd (2005): Ermittlung von empirischen Preisresponsefunktionen durch Kaufsimulation, Working Paper Nr. 4, April 2005, Herausgegeben von Faculty of Economics and Management FEMM, Otto von Guericke University (Magdeburg), Magdeburg.

Erichson, Bernd (2007): Prüfung von Produktideen und -konzepten, In: Albers, Sönke; Herrmann, Andreas (Hg.), Handbuch Produktmanagement, Strategieentwicklung - Produktplanung - Organisation - Kontrolle, 3., überarbeitete und erweiterte Auflage, Wiesbaden: Betriebswirtschaftlicher Verlag Dr. Th. Gabler | GWV Fachverlage GmbH Wiesbaden, S. 395–420.

Erichson, Bernd (2008): Testmarktsimulation, In: Herrmann, Andreas; Homburg, Christian; Klarmann, Martin (Hg.), Handbuch Marktforschung, Methoden, Anwendungen, Praxisbeispiele, 3., vollständig überarbeitete und erweiterte Auflage, Wiesbaden: Gabler, S. 983–1001.

Erichson, Bernd; Maretzki, Jürgen (1993): Werbeerfolgskontrolle, In: Berndt, Ralph (Hg.), Handbuch Marketing-Kommunikation, Strategien, Instrumente, Perspektiven, Wiesbaden: Gabler, S. 521–560.

Etter, William L. (1975): Attitude Theory and Decision Theory: Where is the Common Ground?, In: Journal of Marketing Research (JMR), Jahrgang 12, Heft 4, S. 481–483.

Fader, Peter S.; Hardie, Bruce G. S.; Zeithammer, Robert (2003): Forecasting New Product Trial in a Controlled Test Market Environment, In: Journal of Forecasting, Jahrgang 22, Heft 5, S. 391–410.

Feldman, Jack M.; Lynch Jr., John G. (1988): Self-Generated Validity and Other Effects of Measurement on Belief, Attitude, Intention and Behavior, In: Journal of Applied Psychology, Jahrgang 73, Heft 3, S. 421–435.

Feldman, Julie; Miyamoto, John; Loftus, Elizabeth F. (1999): Are Actions Regretted More Than Inactions?, In: Organizational Behavior and Human Decision Processes, Jahrgang 78, Heft 3, S. 232–255.

Ferber, Robert (1949): Statistical Techniques in Market Research, New York, NY [u.a.]: McGraw-Hill.

Festinger, Leo (1957): A Theory of Cognitive Dissonance, Stanford, CA: Stanford University Press.

Fischer, Bettina; Heidel, Bernhard; Hofmann, Andreas (2009): Erfolgsprognose bei Neuprodukten mit der CHANCE-Methode, In: transfer Werbeforschung & Praxis, Heft 4, S. 64–69.

Fischer, Katrin (1997): Tun oder Lassen?, Die Rolle von framing-Prozessen für die Wahl von Handlung oder Unterlassung in Entscheidungssituationen, Techn. Univ. Diss. Berlin 1996, Europäische Hochschulschriften Reihe 6, Psychologie, Band 588, Frankfurt am Main, Berlin: Lang.

Fishbein, Martin; Ajzen, Icek (1975): Belief, Attitude, Intention and Behavior, An Introduction to Theory and Research, Reading, Mass.: Addison-Wesley.

Fishburn, Peter C. (1974): Lexicographic Orders, Utilities and Decision Rules: A Survey, In: Management Science, Jahrgang 20, Heft 11, S. 1442–1471.

Fishburn, Peter C. (1982): Nontransitive Measurable Utility, In: Journal of Mathematical Psychology, Jahrgang 26, Heft 1, S. 31–67.

Fisher, Robert J. (1993): Social Desirability Bias and the Validity of Indirect Questioning, In: The Journal of Consumer Research, Jahrgang 20, Heft 2 (Sep), S. 303–315.

Fisher, Ronald A. (1952): Sequential Experimentation, In: Biometrics, Jahrgang 8, Heft 3, S. 183–187.

Foscht, Thomas; Swoboda, Bernhard (2009): Käuferverhalten, Grundlagen - Perspektiven - Anwendungen, 3., aktualisierte Auflage [Nachdruck], Lehrbuch, Wiesbaden: Gabler.

Fourt, Louis A.; Woodlock, Joseph W. (1960): Early Prediction of Market Success for New Grocery Products, In: Journal of Marketing, Jahrgang 25, Heft 2, S. 31–38.

Fox, Richard; Bob Stevens; Sorensen, Herb; Fountain, Bob (1999): The Sorensen In-Store Sales Forecast, White Paper.

Freeman, Christopher; Soete, Luc (1997): The Economics of Industrial Innovation, 3. Edition, Cambridge, Mass.: MIT Press.

Frisch, Deborah; Clemen, Robert T. (1994): Beyond Expected Utility: Rethinking Behavioral Decision Research, In: Psychological Bulletin, Jahrgang 116, Heft 1, S. 46–54.

Fritz, Wolfgang; Hefner, Margarete (1981): Informationsbedarf und Informationsbeschaffung des Konsumenten bei unterschiedlichen Kaufobjekten und Populationen, In: Raffée, Hans; Silberer, Günter (Hg.), Informationsverhalten des Konsumenten, Ergebnisse empirischer Studien, Wiesbaden: Gabler, S. 219–240.

Gaul, Wolfgang; Baier, Daniel; Apergis, Apostolos (1996): Verfahren der Testmarktsimulation in Deutschland: Eine vergleichende Analyse, In: Marketing - Zeitschrift für Forschung und Praxis (ZFP), Heft 3, S. 203–217.

Gensch, Dennis H.; Javalgi, Rajshekhafi G. (1987): The Influence of Involvement on Disaggregate Attribute Choice Models, In: Journal of Consumer Research, Jahrgang 14, Heft 1, S. 71–82.

Gerdts, Uwe; Aschenbrenner, Michael K.; Jeromin, Sabine; Kroh-Püschel, Edith; Zaus, Michael (1979): Problemorientiertes Entscheidungsverhalten bei Entscheidungssituationen mit mehrfacher Zielsetzung, In: Ueckert, Hans; Rhenius, Detlef (Hg.), Komplexe menschliche Informationsverarbeitung, Beiträge zur Tagung "Kognitive Psychologie" in Hamburg 1978, Bern etc.: H. Huber, S. 425–433.

Gierl, Heribert (1995): Marketing, Stuttgart: Kohlhammer.

Gierl, Heribert (2000): Diffusionsmodelle, In: Herrmann, Andreas; Homburg, Christian (Hg.), Marktforschung: Methoden - Anwendung - Praxisbeispiele, 2. aktualisierte Auflage, Wiesbaden: Gabler, S. 810–831.

Gierl, Heribert; Höser, Hans (2002): Der Reihenfolgeeffekt auf Präferenzen, In: Zeitschrift für betriebswirtschaftliche Forschung, Jahrgang 54, Heft Februar, S. 3–18.

Gleicher, Faith; Kost, Kathryn A.; Baker, Sara M.; Strathman, Alan J.; Richman, Steven A.; Sherman, Steven J. (1990): The Role of Counterfactual Thinking in Judgments of Affect, In: Personality and Social Psychology Bulletin, Jahrgang 16, Heft 2, S. 284–295.

Gottman, John M.; Roy, Anup K. (1990): Sequential Analysis, A Guide for Behavioral Researchers, Cambridge: Cambridge Univ. Press.

Green, Paul E.; DeSarbo, Wayne S.; Kedia, Pradeep K. (1980): On the Insensitivity of Brand-Choice Simulations to Attribute Importance Weights, In: Decision Sciences, Jahrgang 11, Heft 3, S. 439–450.

Green, Paul E.; Srinivasan, V. (1978): Conjoint Analysis in Consumer Research: Issues and Outlook, In: Journal of Consumer Research, Jahrgang 5, Heft 2, S. 103–123.

Gregan-Paxton, Jennifer; John, Deborah R. (1995): Are Young Children Adaptive Decision Makers? A Study of Age Differences in Information Search Behavior, In: Journal of Consumer Research, Jahrgang 21, Heft 4, S. 567–580.

Gregan-Paxton, Jennifer; John, Deborah R. (1997): The Emergence of Adaptive Decision Making in Children, In: Journal of Consumer Research, Jahrgang 24, Heft 1, S. 43–56.

Gregory, Robin; Lichtenstein, Sarah; Slovic, Paul (1993): Valuing Environmental Resources: A Constructive Approach, In: Journal of Risk and Uncertainty, Jahrgang 7, Heft 2, S. 177–197.

Greising, David (1999): Die Welt soll Coca-Cola trinken, So machte Roberto Goizueta Coca-Cola zur Nr. 1, Landsberg/Lech: MI.

Großklaus, Rainer H. G. (2008): Neue Produkte einführen, 1. Auflage, Wiesbaden: Gabler Verlag.

Günther, Martin; Vossebein, Ulrich; Wildner, Raimund (2006): Marktforschung mit Panels, Arten - Erhebung - Analyse - Anwendung, 2., vollständig überarbeitete Auflage, Wiesbaden: Betriebswirtschaftlicher Verlag Dr. Th. Gabler | GWV Fachverlage GmbH Wiesbaden.

Hahn, Minhi; Park, Sehoon; Krishnamurthi, Lakshman; Zoltners, Andris A. (1994): Analysis of New Product Diffusion Using a Four-Segment Trial-Repeat Model, In: Marketing Science, Jahrgang 13, Heft 3 (Summer), S. 224–247.

Haidt, Jonathan; Baron, Jonathan (1996): Social Roles and the Moral Judgement of Acts and Omissions, In: European Journal of Social Psychology, Jahrgang 26, Heft 2, S. 201–218.

Halaszovich, Tilo F. (2011): Neuprodukteinführungsstrategien schnelldrehender Konsumgüter, Eine empirische Wirkungsanalyse des Marketing Mix, Univ. Diss. Bremen 2010, 1. Auflage, Gabler Research, Wiesbaden: Gabler Verlag / Springer Fachmedien Wiesbaden GmbH Wiesbaden.

Hammann, Peter; Erichson, Bernd (2000): Marktforschung, 54 Tabellen, 4., überarbeitete und erweiterte Auflage, Grundwissen der Ökonomik, Betriebswirtschaftslehre, Band 805, Stuttgart: Lucius & Lucius.

Hansen, Flemming; Riis Christensen, Sverre (2007): Emotions, Advertising and Consumer Choice, 1. Edition, Copenhagen: Copenhagen Business School Press [u.a.].

Hardie, Bruce G. S.; Johnson, Eric J.; Fader, Peter S. (1993): Modeling Loss Aversion and Preference Dependence Effects on Brand Choice, In: Marketing Science, Jahrgang 12, Heft 4, S. 378–394.

Harinck, Fieke; van Dijk, Eric; van Beest, Ilja; Mersmann, Paul (2007): When Gains Loom Larger Than Losses: Reversed Loss Aversion for Small Amounts of Money, In: Psychological Science, Jahrgang 18, Heft 12, S. 1099–1105.

Harste, Björn (2006): Ex-Clipse, Der Shopblogger, Online verfügbar unter http://www.shopblogger.de/blog/archives/4011-Ex-Clipse.html, zuletzt geprüft am 06.09.2011.

Hartman, Raymond S.; Doane, Michael J.; Woo, Chi-Keung (1991): Consumer Rationality and the Status Quo, In: Quarterly Journal of Economics, Jahrgang 106, Heft 1, S. 141–162.

Hauser, John H.; Wernerfelt, Birger (1990): An Evaluation Cost Model of Consideration Sets, In: Journal of Consumer Research, Jahrgang 16, Heft 4, S. 393–408.

Heeler, Roger M. (1986): Comment: On the Awareness Effects of Mere Distribution, In: Marketing Science, Jahrgang 5, Heft 3 (Summer), S. 273.

Heidel, Bernhard (2008): Lexikon Konsumentenverhalten und Marktforschung, Der Handel, Edition Enzyklopädie des Handels, Frankfurt am Main: Dt. Fachverlag.

Heider, Fritz (1944): Social Perception and Phenomenal Causality, In: Psychological Review, Jahrgang 51, Heft 6, S. 358–374.

Heil, Oliver P.; Magin, Vera (2006): The CHANCE Approach: A New and Simple Method to Predict the Success or Failure of New Products, unveröffentlichtes Dokument, Lehrstuhl für Marketing und Betriebswirtschaftslehre, Johannes Gutenberg Universität Mainz.

Heil, Oliver P.; Römer, Hanna; Münch, Armin (2009): MC-Praxis: Der neue Denkansatz für Hits statt Flops - Das CHANCE-Kriterium der Markenwahl, Vortrag am 15.07.2009, aus der Reihe "MC-Praxis", Frankfurt, Veranstalter: Marketing Club Frankfurt.

Heise, Bettina (2009): Prognose des Absatzpotentials innovativer Produkte unter Anwendung Virtual Reality-basierter Produktvisualisierungen, Univ. Fak. für Wirtschaftswiss. Diss.-Magdeburg 2009, Schriftenreihe Merkur, Band 40, Hamburg: Kovac.

Helson, Harry (1947): Adaptation-Level as Frame of Reference for Prediction of Psychophysical Data, In: The American Journal of Psychology, Jahrgang 60, Heft 1, S. 1–29.

Helson, Harry (1964): Adaption-level Theory : An Experimental and Systematic Approach to Behavior, New York [u.a.]: Harper & Row.

Herrmann, Andreas (1992): Produktwahlverhalten, Erläuterung und Weiterentwicklung von Modellen zur Analyse des Produktwahlverhaltens aus marketingtheoretischer Sicht, Wiss. Hochsch. für Unternehmensführung Diss.-Koblenz 1991, Schriftenreihe der Wissenschaftlichen Hochschule für Unternehmensführung Koblenz Forschung, Band 8, Stuttgart: Schäffer-Poeschel.

Herrmann, Andreas; Huber, Frank (2009): Produktmanagement, Grundlagen - Methoden - Beispiele, 2., vollständig überarbeitete und erweiterte Auflage, Wiesbaden: Gabler Verlag / GWV Fachverlage GmbH Wiesbaden.

Highhouse, Scott; Johnson, Michael A. (1996): Gain/Loss Asymmetry and Riskless Choice: Loss Aversion in Choices among Job Finalists, In:

Organizational Behavior and Human Decision Processes, Jahrgang 68, Heft 3, S. 225–233.

Hiller, Kerstin (2007): Werbung als Schlüsselfaktor bei der Einführung neuer Produkte, Konsequenzen für die Testmarktforschung, Wiesbaden: Deutscher Universitäts-Verlag | GWV Fachverlage GmbH Wiesbaden.

Hirschman, Elizabeth C. (1982): Symbolism and Technology as Sources for the Generation of Innovations, In: Advances in Consumer Research, Jahrgang 9, Heft 1, S. 537–541.

Hofacker, Thomas (1985): Entscheidung als Informationsverarbeitung, Eine empirische Untersuchung zur Produktentscheidung von Konsumenten, Schriften zur empirischen Entscheidungsforschung, Band 3, Frankfurt am Main: Lang.

Höfer, Björn (2010): Weiterentwicklung der Testmarktsimulation, Eine neue Methode für den Verbrauchsgüterbereich, Friedrich-Alexander-Univ., Diss.-- Erlangen-Nürnberg, 2009., Wissenschaftliche Beiträge aus dem Tectum-Verlag, Bände42, Marburg: Tectum-Verlag.

Höfner, Klaus (1966): Der Markttest für Konsumgüter in Deutschland, Betriebswirtschaftliche Abhandlungen, Stuttgart: Poeschel.

Hogarth, Robin M. (1989): Judgement and Choice, The Psychologie of Decision, Reprint of the 2nd Edition, Chichester: Wiley.

Höger, Armin (1987): DETECTOR - Marktanteilsprognose mit Hilfe von Erfahrungen aus Datenbanken, In: Holm, Karl-Friedrich (Hg.), Produktforschung, Primär- und Sekundärforschung und ihre Rolle bei der Produktentwicklung und -positionierung, Referate des 3. Planung und Analyse-Symposiums ; 12. und 13. März 1987 in Reinbek, 1. Auflage, Mölln: M + K Hansa Verlag, S. 71–92.

Hoorens, Vera; Remmers, Nicole (1999): Time is an Amazingly Variable Amount of Money: Endowment and Ownership Effects in the Subjective., In: Journal of Economic Psychology, Jahrgang 20, Heft 4, S. 383–405.

Howard, John A.; Sheth, Jagdish N. (1969): The Theory of Buyer Behavior, New York [u.a.]: Wiley.

Hoyer, Wayne D. (1984): An Examination of Consumer Decision Making for a Common Repeat Purchase Product, In: Journal of Consumer Research, Jahrgang 11, Heft 3, S. 822–829.

Huber, Joel; Payne, John W.; Puto, Christopher (1982): Adding Asymmetrically Dominated Alternatives: Violations of Regularity and the Similarity Hypothesis, In: Journal of Consumer Research, Jahrgang 9, Heft 1, S. 90–98.

Huber, Joel; Puto, Christopher (1983): Market Boundaries and Product Choice: Illustrating Attraction and Substitution Effects, In: Journal of Consumer Research, Jahrgang 10, Heft 1, S. 31–44.

Huber, Joel; Wittink, Dick R.; Fiedler, John A.; Miller, Richard (1993): The Effectiveness of Alternative Preference Elicitation Procedures in Predicting Choice, In: Journal of Marketing Research (JMR), Jahrgang 30, Heft 1, S. 105–114.

Infosino, William J. (1986): Forecasting New Product Sales from Likelihood of Purchase Ratings, In: Marketing Science, Jahrgang 5, Heft 4, S. 372.

Inman, J. J.; Dyer, James S.; Jia, Jianmin (1997): A Generalized Utility Model of Disappointment and Regret Effects on Post-Choice Valuation, In: Marketing Science, Jahrgang 16, Heft 2, S. 97–111.

Inman, J. J.; Zeelenberg, Marcel (2002): Regret in Repeat Purchase versus Switching Decisions: The Attenuating Role of Decision Justifiability, In: Journal of Consumer Research, Jahrgang 29, Heft 1, S. 116–128.

Jacoby, Jacob; Chestnut, Robert W.; Fisher, William A. (1978): A Behavioral Process Approach to Information Acquisition in Nondurable Purchasing, In: Journal of Marketing Research (JMR), Jahrgang 15, Heft 4, S. 532–544.

Jacoby, Jacob; Kaplan, Leon B. (1972): The Components of Perceived Risk, In: Vekatesan, M. (Hg.), Proceedings of the 3rd Annual Conference of the Association for Consumer Research: College Park, S. 382–393.

Jacoby, Jacob; Speller, Donald E.; Kohn, Carol A. (1974): Brand Choice Behavior as a Function of Information Load, In: Journal of Marketing Research (JMR), Jahrgang 11, Heft 1, S. 63–69.

Jacoby, Jacob; Szybillo, George J.; Busato-Schach, Jacqueline (1977): Information Acquisition Behavior in Brand Choice Situations, In: Journal of Consumer Research, Jahrgang 3, Heft 4, S. 209–216.

Janis, Irving L.; Mann, Leon (1979): Decision Making, A Psychological Analysis of Conflict, Choice, and Commitment, 1. Free Press Paperback Edition, New York, NY: Free Press.

Johnson, Eric J.; Hershey, John; Meszaros, Jacqueline; Kunreuther, Howard (1993): Framing, Probability Distortions, and Insurance Decisions, In: Journal of Risk and Uncertainty, Jahrgang 7, S. 35–51.

Johnson, Eric J.; Meyer, Robert J. (1984): Compensatory Choice Models of Noncompensatory Processes: The Effect of Varying Context, In: Journal of Consumer Research, Jahrgang 11, Heft 1, S. 528–541.

Johnson, Eric J.; Payne, John W. (1985): Effort and Accuracy in Choice, In: Management Science, Jahrgang 31, Heft 4, S. 395–414.

Jungermann, Helmut; Pfister, Hans-Rüdiger; Fischer, Katrin (2010): Die Psychologie der Entscheidung, Eine Einführung, 3. Auflage, Heidelberg: Spektrum Akad. Verl.

Kaas, Klaus P.; Dietrich, Michael (1979): Die Entstehung von Kaufgewohnheiten, In: Marketing - Zeitschrift für Forschung und Praxis (ZFP), Jahrgang 1, Heft 1, S. 13–22.

Kahn, Barbara E.; Baron, Jonathan (1995): An Exploratory Study of Choice Rules Favored for High-Stakes Decisions, In: Journal of Consumer Psychology (Lawrence Erlbaum Associates), Jahrgang 4, Heft 4 (September), S. 305.

Kahneman, Daniel; Knetsch, Jack L.; Thaler, Richard H. (1990): Experimental Tests of the Endowment Effect and the Coase Theorem, In: Journal of Political Economy, Jahrgang 98, Heft 6, S. 1325–1348.

Kahneman, Daniel; Miller, Dale T. (1986): Norm Theory: Comparing Reality to its Alternatives, In: Psychological Review, Jahrgang 93, Heft 2, S. 136–153.

Kahneman, Daniel; Tversky, Amos (1979): Prospect Theory: An Analysis of Decision under Risk, In: Econometrica, Jahrgang 47, Heft 2, S. 263–291.

Kahneman, Daniel; Tversky, Amos (1982): The Psychology of Preferences, In: Scientific American, Jahrgang 246, Heft 1, S. 136–142.

Kahneman, Daniel; Tversky, Amos (1984): Choice, Values, and Frames, In: American Psychologist, Jahrgang 39, Heft 4, S. 341–350.

Kaiser, Werner (2007): Fast Moving Consumer Goods: Zwischen Artefakt und Consumer Insight, In: Naderer, Gabriele; Balzer, Eva (Hg.), Qualitative Marktforschung in Theorie und Praxis, Grundlagen, Methoden und Anwendungen, Wiesbaden: Betriebswirtschaftlicher Verlag Dr. Th. Gabler | GWV Fachverlage GmbH Wiesbaden, S. 583–594.

Kalyanaram, Gurumurthy; Urban, Glen L. (1992): Dynamic Effects of the Order of Entry on Market Share, Trial Penetration, and Repeat Purchases for Frequently Purchased Consumer Goods, In: Marketing Science, Jahrgang 11, Heft 3, S. 235–250.

Karni, Edi; Schwartz, Aba (1977): Search Theory: The Case of Search with Uncertain Recall, In: Journal of Economic Theory, Jahrgang 16, Heft 1, S. 38–52.

Katona, George (1960): Das Verhalten der Verbraucher und Unternehmer, über die Beziehungen zwischen Nationalökonomie, Psychologie und Sozialpsychologie, Tübingen: Mohr.

Kelsey, David; Schepanski, Albert (1991): Regret and Disappointment in Taxpayer Reporting Decisions: An Experimental Study, In: Journal of Behavioral Decision Making, Jahrgang 4, Heft 1, S. 33-53.

Kempf, Alexander; Ruenzi, Stefan (2006): Status Quo Bias and the Number of Alternatives: An Empirical Illustration from the Mutual Fund Industry, In: Journal of Behavioral Finance, Jahrgang 7, Heft 4, S. 204–213.

Keuper, Frank; Hannemann, Henrike (2009): Bedeutung der Produktverpackung für die Kommunikation von Marken am Point of Sale, In: Keuper, Frank; Kindervater, Jürgen; Dertinger, Heiko; Heim, Andreas (Hg.), Das Diktat der Markenführung, 11 Thesen zur nachhaltigen Markenführung und -implementierung, 1. Auflage, Wiesbaden: Gabler Verlag / GWV Fachverlage GmbH Wiesbaden, S. 238–265.

Kienle, Dela (2011): Das sagt der Körper, Ohne Schmackes, neon.de, Online verfügbar unter http://www.neon.de/kat/wissen/koerper/324143.html, zuletzt geprüft am 06.09.2011.

Kiesler, Charles A. (1971): The Psychology of Commitment, Experiments Linking Behavior to Belief, New York, NY: Academic Press.

Klein, Noreen M.; Oglethorpe, Janet E. (1987): Cognitive Reference Points in Consumer Decision Making, In: Advances in Consumer Research, Jahrgang 14, Heft 1, S. 183–187.

Knappe, Hans-Joachim (1981): Informations- und Kaufverhalten unter Zeitdruck, Frankfurt/M.: Lang.

Knetsch, Jack L. (1989): The Endowment Effect and Evidence of Nonreversible Indifference Curves, In: American Economic Review, Jahrgang 79, Heft 5, S. 1277–1284.

Knetsch, Jack L.; Sinden, J. A. (1984): Willingness to Pay and Compensation Demanded: Experimental Evidence of an Unexpected Disparity in Measures of Value, In: Quarterly Journal of Economics, Jahrgang 99, Heft 3, S. 507–521.

Koschnick, Wolfgang J. (1995): Standard-Lexikon für Markt- und Konsumforschung, L-Z, Band 2, München: Saur.

Kotler, Philip; Armstrong, Gary; Saunders, John; Wong, Veronica (2007): Grundlagen des Marketing, 4., aktualisierte Auflage [Nachdruck], wi - Wirtschaft, München: Pearson Studium.

Kotler, Philip; Keller, Kevin L. (2009): Marketing Management, 13. Editon, International Edition, Upper Saddle River, NJ: Pearson Prentice Hall.

Kotler, Philip; Keller, Kevin L.; Bliemel, Friedhelm (2007): Marketing-Management, Strategien für wertschaffendes Handeln, 12., aktualisierte Auflage, wi - Wirtschaft, München: Pearson Studium.

Kroeber-Riel, Werner; Weinberg, Peter (2003): Konsumentenverhalten, 8., aktualisierte und ergänzte Auflage, München: Vahlen.

Kroeber-Riel, Werner; Weinberg, Peter; Gröppel-Klein, Andrea (2009): Konsumentenverhalten, 9., überarbeitete, aktualisierte und ergänzte Auflage, München: Vahlen.

Kupsch, Peter; Hufschmied, Peter (1979): Wahrgenommenes Risiko und Komplexität der Beurteilungssituation als Determinante der Qualitätsbeurteilung, In: Meffert, Heribert; Steffenhagen, Hartwig; Freter, Hermann (Hg.), Konsumentenverhalten und Information, Wiesbaden: Gabler, S. 225–257.

Kupsch, Peter; Mathes, Heinz (1977): Determinanten der Qualitätsbeurteilung bei langlebigen Gebrauchsgütern, In: Jahrbuch für Absatz- und Verbrauchsforschung, Jahrgang 23, S. 233–265.

Kuß, Alfred (1987): Information und Kaufentscheidung, Methoden und Ergebnisse empirischer Konsumentenforschung, Marketing Management, Band 10, Berlin: de Gruyter.

Landman, Janet (1987): Regret and Elation following Action and Inaction, Affective Response to Positive Versus Negative Outcomes, In: Personality and Social Psychology Bulletin, Jahrgang 13, Heft 4, S. 524–536.

Langer, Ellen (1994): The Illusion of Calculated Decisions, In: Schank, Roger C.; Abelson, Bob (Hg.), Beliefs, Reasoning and Decision Making, Psycho-Logic in Honor of Bob Abelson, Hillsdale, NJ: Erlbaum .

Langer, Ellen J. (1975): The Illusion of Control, In: Journal of Personality and Social Psychology, Jahrgang 32, Heft 2, S. 311–328.

Laroche, Michel; Kim, Chankon; Matsui, Takayoshi (2003): Which Decision Heuristics are Used in Consideration Set Formation?, In: Journal of Consumer Marketing, Jahrgang 20, Heft 3, S. 192–209.

Laurent, Gilles; Lambert-Pandraud, Raphaëlle; Dalsace, Frédéric (2008): Consumer Age and Competition, Vortrag am 24.05.2008, aus der Reihe "Evolving Marketing Competition in the 21st Century", Mainz, Veranstalter: Informs.

Levin, Irwin P.; Schreiber, Judy; Lauriola, Marco; Gaeth, Gary J. (2002): A Tale of Two Pizzas: Building Up from a Basic Product Versus Scaling

Down from a Fully-Loaded Product, In: Marketing Letters, Jahrgang 13, Heft 4, S. 335–344.

Lieberman, Marvin B.; Montgomery, David B. (1988): First-Mover Advantages, In: Strategic Management Journal, Jahrgang 9, S. 41–58.

Lilien, Gary L.; Rangaswamy, Arvind (2003): Marketing Engineering, Computer-Assisted Marketing Analysis and Planning, 2. Edition, Upper Saddle River, NJ: Prentice-Hall; Pearson Education.

Lilien, Gary L.; Kotler, Philip; Moorthy, K. S. (1992): Marketing Models, Englewood Cliffs, NJ: Prentice-Hall.

Lilien, Gary L.; Rangaswamy, Arvind; Bruyn, Arnaud de (2007): Principles of Marketing Engineering, Victoria u.a.: Trafford Publ.

Lipshitz, Raanan (1995): Converging Themes in the Study of Decision Making in Realistic Settings, In: Klein, Gary A. (Hg.), Decision Making in Action, Models and Methods, 2nd print., Norwood, NJ: Ablex, S. 103–137.

List, John A. (2003): Does Market Experience Eliminate Market Anomalies?, In: Quarterly Journal of Economics, Jahrgang 118, Heft 1, S. 41.

Litzenroth, Heinrich A.; Hertle, Thomas (2007): Testmarktsimulation am Beispiel von Körperpflegemittel, In: Albers, Sönke; Herrmann, Andreas (Hg.), Handbuch Produktmanagement, Strategieentwicklung - Produktplanung - Organisation - Kontrolle, 3., überarbeitete und erweiterte Auflage, Wiesbaden: Betriebswirtschaftlicher Verlag Dr. Th. Gabler | GWV Fachverlage GmbH Wiesbaden, S. 1003–1034.

Loomes, Graham; Sugden, Robert (1982): Regret Theory: An Alternative Theory of Rational Choice Under Uncertainty, In: The Economic Journal, Jahrgang 92, Heft 368, S. 805–824.

Luce, Mary F. (1998): Choosing to Avoid: Coping with Negatively Emotion-Laden Consumer Decisions, In: Journal of Consumer Research, Jahrgang 24, Heft 4, S. 409.

Luce, Mary F.; Bettman, James R. (1997): Choice Processing in Emotionally Difficult Decisions, In: Journal of Experimental Psychology: Learning, Memory, and Cogniton, Jahrgang 23, Heft 2 (March), S. 384–405.

Luce, Mary F.; Bettman, James R.; Payne, John W. (2001): Emotional Decisions, Tradeoff Difficulty and Coping in Consumer Choice, Monographs of the journal of consumer research, Band 1, Chicago, Ill.: Univ. of Chicago Press.

Luce, Mary F.; Payne, John W.; Bettman, James R. (1999): Emotional Trade-Off Difficulty and Choice, In: Journal of Marketing Research (JMR), Jahrgang 36, Heft 2, S. 143–159.

Luce, Mary F.; Payne, John W.; Bettman, James R. (2001): The Impact of Emotional Tradeoff Difficulty on Decision Behavior, In: Weber, Elke U.; Baron, Jonathan; Loomes, Graham (Hg.), Conflict and Tradeoffs in Decision Making, Cambridge: Cambridge Univ. Press, S. 86–109.

Luce, R. D. (1959): Individual Choice Behavior, A Theoretical Analysis, N.Y.: Wiley [u.a.].

Lulay, W. (1987): BASES - Ein validiertes Absatzprognosesystem für innovative Produkte, Sortimentserweiterungen und Neupositionierungen, In: Holm, Karl-Friedrich (Hg.), Produktforschung, Primär- und Sekundärforschung und ihre Rolle bei der Produktentwicklung und -positionierung, Referate des 3. Planung und Analyse-Symposiums ; 12. und 13. März 1987 in Reinbek, 1. Auflage, Mölln: M + K Hansa Verlag, S. 9–69.

Lürssen, Jürgen (1989): Produktwissen und Kaufentscheidung, Einbeziehung des Produktwissens bei der Analyse von Kaufentscheidungen mit der Information-Display-Matrix, Schriften zur empirischen Entscheidungsforschung, Band 9, Frankfurt a.M.: Lang.

Lusk, Jayson; McLaughlin, Leatta; Jaeger, Sara (2007): Strategy and Response to Purchase Intention Questions, In: Marketing Letters, Jahrgang 18, Heft 1/2, S. 31–44.

Lussier, Denis A.; Olshavsky, Richard W. (1979): Task Complexity and Contingent Processing on Brand Choice, In: Journal of Consumer Research, Jahrgang 6, Heft 2, S. 154–165.

Luthardt, Sandra (2003): In-Supplier versus Out-Supplier, Determinanten des Wechselverhaltens industrieller Nachfrager, Humboldt-Univ. Diss.-Berlin 2002, 1. Auflage, Gabler Edition Wissenschaften: Business-to-Business-Marketing, Wiesbaden: Dt. Univ.-Verlag.

Lüthje, Christian (2008): Adoption von Innovationen, In: Herrmann, Andreas; Homburg, Christian; Klarmann, Martin (Hg.), Handbuch Marktforschung, Methoden, Anwendungen, Praxisbeispiele, 3., vollständig überarbeitete und erweiterte Auflage, Wiesbaden: Gabler, S. 1041–1072.

Lütters, Holger (2004): Online-Marktforschung, Eine Positionsbestimmung im Methodenkanon der Marktforschung unter Einsatz eines webbasierten Analytic Hierarchy Process (webAHP), Freie Univ. Diss.-Berlin 2004, 1. Auflage, Gabler Edition Wissenschaft.: Marketing-Management, Wiesbaden: Dt. Univ.-Verlag.

Mahajan, Vijay; Muller, Eitan; Bass, Frank M. (1995): Diffusion of New Products: Empirical Generalizations and Managerial Uses, In: Marketing Science, Jahrgang 14, Heft 3, S. G79–G88.

Mahajan, Vijay; Muller, Eitan; Sharma, Subhash (1984): An Empirical Comparison of Awareness Forecasting Models of New Product Introduction, In: Marketing Science, Jahrgang 3, Heft 3 (Summer), S. 179.

Mahajan, Vijay; Muller, Eitan; Wind, Yoram (2001): New-Product Diffusion Models, Internationla Series in Quantitative Marketing, Berlin: Springer.

Mandel, David R. (2002): Beyond Mere Ownership: Transaction Demand as a Moderator of the Endowment Effect, In: Organizational Behavior and Human Decision Processes, Jahrgang 88, Heft 2, S. 737–747.

Mandel, David R.; Hilton, Denis J.; Catellani, Patrizia (2005): The Psychology of Counterfactual Thinking, London, New York: Routledge.

Mandrik, Carter A.; Bao, Yeqing (2005): Exploring the Concept and Measurement of General Risk Aversion, In: Advances in Consumer Research, Jahrgang 32, Heft 1, S. 531–539.

Matzler, Kurt; Grabner-Kräuter, Sonja; Bidmon, Sonja (2008): Risk Aversion and Brand Loyalty: The Mediating Role of Brand Trust and Brand Affect, In: Journal of Product and Brand Management, Jahrgang 17, Heft 3, S. 154–162.

McAlister, Leigh; Pessemier, Edgar (1982): Variety Seeking Behavior: An Interdisciplinary Review, In: Journal of Consumer Research, Jahrgang 9, Heft 3, S. 311–322.

McElroy, Todd (2007): Action Orientation, Consitency and feelings of Regret, In: Judgment and Decision Making, Jahrgang 2, Heft 6, S. 333–341.

McFadden, Daniel (1999): Rationality for Economists?, In: Journal of Risk and Uncertainty, Jahrgang 19, S. 73–105.

Meffert, Heribert; Burmann, Christoph; Kirchgeorg, Manfred (2008): Marketing, Grundlagen marktorientierter Unternehmensführung; Konzepte - Instrumente - Praxisbeispiele, 10., vollständig überarbeitete und erweiterte Auflage, Meffert-Marketing-Edition, Wiesbaden: Betriebswirtschaftlicher Verlag Dr. Th. Gabler | GWV Fachverlage GmbH Wiesbaden.

Miller, Jim; Lundy Sheila (2005): Test Marketing Plugs into the Internet, In: Smith, Scott M.; Albaum, Gerald S. (Hg.), Fundamentals of Marketing Research, Thousand Oaks, Calif.: Sage, S. 231–234.

Miller, Neal E. (1944): Experimental Studies of Conflict, In: Hunt, Joseph M. (Hg.), Personality and the Behavior Disorders, A Handbook Based on Experimental and Clinical Research, Volume I, New York: Ronald Press, S. 431–465.

Montgomery, Henry (1983): Decision Rules and the Search for a Dominance Structure: Towards a Process Model of Decision Making, In: Humphreys, Patrick (Hg.), Analysing and Aiding Decision Processes, Amsterdam usw.: North-Holland Publ. Co (Advances in psychology, Band 14), S. 343–369.

Montgomery, Henry (1987): Image Theory and Dominance Search Theory: How is Decision Making Actually Done?, A Comment on Image Theory: Principles, Goals, and Plans in Decision Making by Beach and Mitchell, In: Acta Psychologica, Jahrgang 66, Heft 3, S. 221–224.

Montgomery, Henry (1989): From Cognition to Action: The Search for Dominance in Decision Making, In: Montgomery, Henry; Svenson, Ola (Hg.), Process and Structure in Human Decision Making, Chichester: Wiley, S. 23–49.

Montgomery, Henry (1995): The Search For a Dominance Structure in Decision Making: Examining the Evidence, In: Klein, Gary A. (Hg.), Decision Making in Action, Models and Methods, 2nd print., Norwood, NJ: Ablex, S. 182–187.

Montgomery, Henry; Svenson, Ola (1976): On Decision Rules and Information Processing Strategies for Choices among Multiattribute Alternatives, In: Scandinavian Journal of Psychology, Jahrgang 17, Heft 4, S. 283–291.

Moore, Wlliam L.; Lehmann, Donald R. (1980): Individual Differences in Search Behavior For a Nondurable, In: Journal of Consumer Research, Jahrgang 7, Heft 3, S. 296–307.

Morewedge, Carey K.; Shu, Lisa L.; Gilbert, Daniel T.; Wilson, Timothy D. (2009): Bad Riddance or Good Rubbish? Ownership and not Loss Aversion Causes the Endowment Effect, In: Journal of Experimental Social Psychology, Jahrgang 45, Heft 4, S. 947–951.

Morwitz, Vicki G.; Steckel, Joel H.; Gupta, Alok (1996 - 2006): When Do Purchase Intentions Predict Sales?, Working Paper, http://w4.stern.nyu.edu/emplibrary/Marketing_15-2006_Morwitz_Steckel_%26_Gupta.pdf.

Moshman, Jack (1964): Sequential Estimation as a Tool in Marketing Research, In: Journal of Marketing Research, Jahrgang 1, Heft 4, S. 62–65.

Mowen, John C. (1995): Consumer Behavior, 4. Edition, Englewood Cliffs, NJ: Prentice-Hall.

Münch, Armin (2008): Die Chance-Methode, Vortrag am 19.06.2008, aus der Reihe "Marketing in Theorie und Praxis", Mainz, Veranstalter: Univ.-Prof. Dr. Oliver P. Heil (Ph.D.), Lehrstuhl für Marketing und Betriebswirtschaftslehre.

Münch, Armin (2011): Geschichte der Chance-Methode, E-Mail-Verkehr mit Hanna Römer, 24.02.2011.

Munro, Alistair; Sugden, Robert (2003): On the Theory of Reference-Dependent Preferences, In: Journal of Economic Behavior & Organization, Jahrgang 50, Heft 4, S. 407–428.

Murphy, Patrick E.; Enis, Ben M. (1986): Classifying Products Strategically, In: Journal of Marketing, Jahrgang 50, Heft 3, S. 24–42.

Neumann, John von; Morgenstern, Oskar (1947): Theory of Games and Economic Behavior, 2. Edition, Princeton, NJ: Princeton : Univ. Press.

Nicosia, Francesco M. (1966): Consumer Decision Processes, Englewood Cliffs, N.J.: Prentice-Hall.

Nieschlag, Robert; Dichtl, Erwin; Hörschgen, Hans; Nieschlag-Dichtl-Hörschgen (2002): Marketing, 19., überarbeitete und ergänzte Auflage, Berlin: Duncker & Humblot.

Nisbett, Richard E.; Wilson, Timothy D. (1977): Telling More Than We Can Know: Verbal Reports on Mental Processes, In: Psychological Review, Jahrgang 84, Heft 3, S. 231–259.

Nitzsch, Rüdiger v. (2006): Entscheidungslehre, [wie Menschen entscheiden und wie sie entscheiden sollten], 3. Auflage, Aachen: Verlagshaus Mainz GmbH.

Novemsky, Nathan; Kahneman, Daniel (2005): The Boundaries of Loss Aversion, In: Journal of Marketing Research (JMR), Jahrgang 42, Heft 2, S. 119–128.

o. V. (2006): GFK Consumer Index Januar 2006, Das Salz in der Suppe, Herausgegeben von Gfk Studien Geschäftsfeld Consumer Tracking Gesellschaft für Konsumforschung, (GFK Consumer Index Januar, 1), Online verfügbar unter http://www.gfkps.com/imperia/md/content/ps_de/consumerindex/ci_01-2006.pdf, zuletzt aktualisiert am 03.09.2010.

o.V. (2003): Wrigley startet TV-Kampagne für Eclipse Flash, Horizonte.net, Online verfügbar unter http://www.horizont.net/aktuell/marketing/pages/protected/Wrigley-startet-TV-Kampagne-fuer-Eclipse-Flash_44971.html, zuletzt geprüft am 06.09.2011.

o.V. (2004): Masterfoods packt Dove aus, Horizonte.net, Online verfügbar unter http://www.horizont.net/aktuell/marketing/pages/protected/Masterfoods-packt-Dove-aus_50373.html, zuletzt geprüft am 06.09.2011.

o.V. (2006a): 70 Prozent Innovationsflops – Das vermeidbare Fehlinvestment von 10 Milliarden Euro im Jahr, Herausgegeben von GfK und Serviceplan Pressemitteilung Markenverband, Online verfügbar unter http://www.serviceplan.com/uploads/tx_sppresse/301.pdf, zuletzt geprüft am 11.09.2011.

o.V. (2006b): Innovationsflops kosten zehn Milliarden Euro, In: Absatzwirtschaft, Heft 6, S. 35.

o.V. (2011): Homepage der TGMR, Online verfügbar unter http://www.tgmr-targetgroup.de/, zuletzt geprüft am 18.02.2011.

Olshavsky, Richard W. (1979): Task Complexity and Contingent Processing in Decision Making: A Replication and Extension, In: Organizational Behavior and Human Performance, Jahrgang 24, Heft 3 (December), S. 300–316.

Ordóñez, Lisa D.; Connolly, Terry (2000): Regret and Responsibility: A Reply to Zeelenberg et al. (1998), In: Organizational Behavior and Human Decision Processes, Jahrgang 81, Heft 1, S. 132–142.

Ortona, Guido; Scacciati, Francesco (1992): New Experiments on the Endowment Effect, In: Journal of Economic Psychology, Jahrgang 13, Heft 2, S. 277–296.

Paquette, Laurence; Kida, Thomas (1988): The Effect of Decision Strategy and Task Complexity on Decision Performance, In: Organizational Behavior and Human Decision Processes, Jahrgang 41, Heft 1, S. 128–142.

Parfitt, J. H.; Collins, B. J. K. (1968): Use of Consumer Panels for Brand-Share Prediction, In: Journal of Marketing Research, Jahrgang 5, Heft 2, S. 131–145.

Park, C. W. (1976): The Effect of Individual and Situation-Related factors on Consumer Selection of Judgmental Models, In: Journal of Marketing Research (JMR), Jahrgang 13, Heft 2, S. 144–151.

Park, C. W.; Jun, Sung Y.; MacInnis, Deborah J. (2000): Choosing What I Want Versus Rejecting What I Do Not Want: An Application of Decision Framing to Product Option Choice Decisions, In: Journal of Marketing Research (JMR), Jahrgang 37, Heft 2, S. 187–202.

Park, C. W.; Lessig, V. P. (1981): Familiarity and Its Impact on Consumer Decision Biases and Heuristics, In: The Journal of Consumer Research, Jahrgang 8, Heft 2, S. 223–231.

Park, C. W.; Schaninger, Charles M. (1976): The Identification of Consumer Judgmental Combination Rules: Statistical Prediction vs. Structured Protocol, In: Advances in Consumer Research, Jahrgang 3, Heft 1, S. 184–190.

Parkinson, Thomas L.; Reilly, Michael (1979): An Information Processing Approach to Evoked Set Formation, In: Advances in Consumer Research, Jahrgang 6, Heft 1, S. 227–231.

Payne, John; Braunstein, Myron (1978): Risky Choice: An Examination of Information Acquisition Behavior, In: Memory & Cognition, Jahrgang 6, S. 554–561.

Payne, John W. (1976a): Heuristic Search Processes in Decision Making, In: Advances in Consumer Research, Jahrgang 3, Heft 1, S. 321–327.

Payne, John W. (1976b): Task Complexity and Contingent Processing in Decision Making: An Information Search and Protocol Analysis, In: Organizational Behavior and Human Performance, Jahrgang 16, Heft 2, S. 366–387.

Payne, John W. (1982): Contingent Decision Behavior, In: Psychological Bulletin, Jahrgang 92, Heft 2, S. 382–402.

Payne, John W.; Bettman, James R.; Johnson, Eric J. (1988): Adaptive Strategy Selection in Decision Making, In: Journal of Experimental Psychology: Learning, Memory, and Cogniton, Jahrgang 14, Heft 3, S. 534–552.

Payne, John W.; Bettman, James R.; Johnson, Eric J. (1993): The Adaptive Decision Maker, Cambridge: Cambridge Univ. Press.

Payne, John W.; Bettman, James R.; Luce, Mary F. (1996): When Time Is Money: Decision Behavior under Opportunity-Cost Time Pressure, In: Organizational Behavior and Human Decision Processes, Jahrgang 66, Heft 2, S. 131–152.

Pendergrast, Mark (1993): Für Gott, Vaterland und Coca-Cola, Die unautorisierte Geschichte der Coca-Cola-Company, 2. Auflage, Wien: Zsolnay.

Penny, J. C.; Hunt, I. M.; Twyman, W. A. (1972): Product Testing Methodology in Relation to Marketing Problems -a Review, In: Journal of the Market Research Society, Jahrgang 14, Heft 1, S. 1–29.

Pepels, Werner (2005): Käuferverhalten, Basiswissen für Kaufentscheidungen von Konsumenten und Organisationen; mit Aufgaben und Lösungen, Berlin: Schmidt.

Pepels, Werner (2006): Produktmanagement, Produktinnovation - Markenpolitik - Programmplanung - Prozessorganisation, 5. Auflage, München: Oldenbourg Wissenschaftsverlag.

Pepels, Werner (2009): Handbuch des Marketing, [mit vielen Praxisbeispielen], 5., völlig überarbeitete und erweiterte Auflage, München: Oldenbourg.

Pessemier, Edgar; Burger, Philip; Teach, Richard; Tigert, Douglas (1971): Using Laboratory Brand Peference Scales to Predict Consumer Brand Purchases, In: Management Science, Jahrgang 17, Heft 6 (Feb), S. B371-B385.

Piron, Francis (1991): Defining Impulse Purchasing, In: Advances in Consumer Research, Jahrgang 18, Heft 1, S. 509–514.

Pras, Bernard (1978): Explaining Consumer Decision Making through Evaluation Process Models, In: Topritzhofer, Edgar (Hg.), Marketing, Neue Ergebnisse aus Forschung und Praxis, Wiesbaden: Gabler, S. 145–161.

Pras, Bernard; Summers, John (1975): A Comparison of Linear and Nonlinear Evaluation Process Models, In: Journal of Marketing Research, Jahrgang 12, Heft 3, S. 276–281.

Pringle, Lewis G.; Wilson, R. D.; Brody, Edward I. (1982): NEWS: A Decision-Oriented Model for New Product Analysis and Forecasting, In: Marketing Science, Jahrgang 1, Heft 1 (Winter), S. 1–29.

Purohit, Devavrat (1995): Playing the Role of Buyer and Seller: The Mental Accounting of Trade-ins, In: Marketing Letters, Jahrgang 6, Heft 2, S. 101–110.

Puto, Christopher P. (1987): The Framing of Buying Decisions, In: Journal of Consumer Research, Jahrgang 14, Heft 3, S. 301–315.

Raab, Gerhard; Unger, Alexander; Unger, Fritz (2009): Methoden der Marketing-Forschung, Grundlagen und Praxisbeispiele, 2., überarbeitete Auflage, Wiesbaden: Gabler Verlag / GWV Fachverlage GmbH Wiesbaden.

Raffée, Hans; Jacoby, Jacob; Hefner, Margarete; Schöler, Manfred; Grabicke Klaus (1979): Empirische Untersuchung mittels einer neuen Methode zur Erfassung von Entscheidungsprozessen, In: Bruhn, Manfred (Hg.), Konsumentenverhalten und Information, Wiesbaden: Gabler, S. 113–146.

Raju, P. S.; Reilly, Michael D. (1980): Product Familiarity and Information Processing Strategies: An Exploratory Investigation, In: Journal of Business Research, Jahrgang 8, Heft 2, S. 187–212.

Ratchford, Brian T.; Balasubramanian, Siva K.; Kamakura, Wagner A. (2001): Diffusion Models with Replacement and Multiple Purchase, In: Mahajan, Vijay; Muller, Eitan; Wind, Yoram (Hg.), New-Product Diffusion Models, Berlin: Springer (Internationla Series in Quantitative Marketing), S. 123–140.

Ratneshwar, Srinivasan; Shocker, Allan D.; Stewart, David W. (1987): Toward Understanding the Attraction Effect: The Implications of Product Stimulus Meaningfulness and Familiarity, In: Journal of Consumer Research, Jahrgang 13, Heft 4, S. 520–533.

Reb, Jochen; Connolly, Terry (2009): Myopic Regret Avoidance: Feedback Avoidance and Learning in Repeated Decision Making, In: Organizational Behavior and Human Decision Processes, Jahrgang 109, Heft 2, S. 182–189.

Reibstein, David J.; Farris, Paul W. (1995): Market Share and Distribution: A Generalization, a Speculation, and Some Implications, In: Marketing Science, Jahrgang 14, Heft 3, S. G190-G202.

Reinhardt, Stephan (2001): Der grüne Heinz, Ketchup-Attacke, sueddeutsche.de, Online verfügbar unter http://www.sueddeutsche.de/panorama/ketchup-attacke-der-gruene-heinz-1.676812, zuletzt geprüft am 06.09.2011.

Ritov, Ilana; Baron, Jonathan (1992): Status-quo and Omission Biases, In: Journal of Risk and Uncertainty, Jahrgang 5, Heft 1, S. 49–61.

Ritov, Ilana; Baron, Jonathan (1995): Outcome Knowledge, Regret, and Omission Bias, In: Organizational Behavior and Human Decision Processes, Jahrgang 64, Heft 2, S. 119–127.

Ritov, Ilana; Baron, Jonathan (1999): Protected Values and Omission Bias, In: Organizational Behavior and Human Decision Processes, Jahrgang 79, Heft 2, S. 79–94.

Roberts, Laura; Mosena, Riccardo; Winter, Eggert (2010a): Gabler Wirtschaftslexikon, 17., komplett aktualisierte und erweiterte Auflage, Welt-Edition, I-K, Wiesbaden: Gabler.

Roberts, Laura; Mosena, Riccardo; Winter, Eggert (2010b): Gabler Wirtschaftslexikon, 17., komplett aktualisierte und erweiterte Auflage, Welt-Edition, P-Sk, Wiesbaden: Gabler.

Roberts, Laura; Mosena, Riccardo; Winter, Eggert (2010c): Gabler Wirtschaftslexikon, 17., komplett aktualisierte und erweiterte Auflage, Welt-Edition, V-Z, Wiesbaden: Gabler.

Robertson, Thomas S. (1967): The Process of Innovation and the Diffusion of Innovation, In: Journal of Marketing, Jahrgang 31, Heft 1, S. 14–19.

Robinson, William T. (1988): Sources of Market Pioneer Advantages: The Case of Industrial Goods Industries, In: Journal of Marketing Research (JMR), Jahrgang 25, Heft 1, S. 87–94.

Robinson, William T.; Fornell, Claes (1985): Sources of Market Pioneer Advantages in Consumer Goods Industries, In: Journal of Marketing Research (JMR), Jahrgang 22, Heft 3, S. 305–317.

Roese, Neal J. (1997): Counterfactual Thinking, In: Psychological Bulletin, Jahrgang 121, Heft 1, S. 133–148.

Roese, Neal J.; Olson, James M. (1995): What Might Have Been, The Social Psychology of Counterfactual Thinking, Mahwah, NJ: Erlbaum.

Rogers, Everett M. (2003): Diffusion of Innovations, 5. Edition, New York, NY: Free Press.

Rosen, Larry; Rosenkoetter, Paul (1976): An Eye Fixation Analysis of Choice and Judgment with Multiattribute Stimuli, In: Memory & Cognition, Jahrgang 4, S. 747–752.

Roth, Richard (1981): Das Informationsverhalten jugendlicher Konsumenten unterschiedlicher sozialer Herkunft und Schulbildung, In: Raffée, Hans; Silberer, Günter (Hg.), Informationsverhalten des Konsumenten, Ergebnisse empirischer Studien, Wiesbaden: Gabler, S. 169–197.

Rubaltelli, Enrico; Rubichi, Sandro; Savadori, Lucia; Tedeschi, Marcello; Ferretti, Riccardo (2005): Numerical Information Format and Investment Decisions:Implications for the Disposition Effect and the Status Quo Bias, In: Journal of Behavioral Finance, Jahrgang 6, Heft 1, S. 19–26.

Ruderman, Armand P. (1951): Sequential Analysis in Marketing Sampling, In: Journal of Marketing, Jahrgang 15, Heft 4, S. 470–476.

Russo, Edward J.; Dosher, Barbara A. (1983): Strategies for Multiattribute Binary Choice, In: Journal of Experimental Psychology: Learning, Memory, and Cogniton, Jahrgang 9, Heft 4, S. 676–696.

Russo, J. E.; Johnson, Eric J. (1980): What Do Costomers Know about Familiar Products?, In: Advances in Consumer Research, Jahrgang 7, Heft 1, S. 417–423.

Russo, J. E.; Leclerc, France (1994): An Eye-Fixation Analysis of Choice Processes for Consumer Nondurables, In: Journal of Consumer Research, Jahrgang 21, Heft 2, S. 274–290.

Russo, J. E.; Meloy, Margaret G.; Medvec, Victoria H. (1998): Predecisional Distortion of Product Information, In: Journal of Marketing Research (JMR), Jahrgang 35, Heft 4, S. 438–452.

Sachs, Lothar (1969): Statistische Auswertungsmethoden, 2., neubearbeitete und erweiterte Auflage, Berlin u.a.: Springer.

Samuelson, William; Zeckhauser, Richard (1988): Status Quo Bias in Decision Making, In: Journal of Risk and Uncertainty, Jahrgang 1, Heft 1, S. 7–59.

Sattler, Henrik (1994): Die Validität von Produkttests, Ein empirischer Vergleich zwischen hypothetischer und realer Produktpräsentation, In: Marketing - Zeitschrift für Forschung und Praxis (ZFP), Jahrgang 16, Heft 1, S. 31–41.

Savage, Leonard J. (1954): The Foundations of Statistics, Wiley Publications in Statistics, New York [u.a.]: Wiley [u.a.].

Schaninger, Charles M.; Sciglimpaglia, Donald (1981): The Influence of Cognitive Personality Traits and Demographics on Consumer Information Acquisition, In: Journal of Consumer Research, Jahrgang 8, Heft 2, S. 208–216.

Schiffman, Leon G.; Kanuk, Leslie L. (1991): Consumer Behavior, 4. Edition, Englewood Cliffs, NJ: Prentice Hall.

Schmeh, Klaus (2002): Die 55 größten Flops der Wirtschaftsgeschichte, [Krimis, Krisen, Kuriositäten], Frankfurt Main: Redline Wirtschaft bei Ueberreuter.

Schroiff, Hans-Willi (2001): Durchführung des Markttests, In: Pepels, Werner (Hg.), Launch - die Produkteinführung, Stuttgart: Kohlhammer, S. 161–176.

Schulte-Frankenfeld, Helmut (1985): Vereinfachte Kaufentscheidungen von Konsumenten, Erklärung psych. Prozesse kognitiv limitierten Entscheidungsverhaltens von Konsumenten, Schriften zur empirischen Entscheidungsforschung, Band 2, Frankfurt/M.: Lang.

Schwartz, Barry; Ward, Andrew; Lyubomirsky, Sonja; Monterosso, John; White, Katherine; Lehman, Darrin R. (2002): Maximizing Versus Satisficing: Happiness Is a Matter of Choice, In: Journal of Personality & Social Psychology, Jahrgang 83, Heft 5, S. 1178–1197.

Schweitzer, Maurice (1994): Disentangling Status Quo and Omission Effects: An Experimental Analysis, In: Organizational Behavior & Human Decision Processes, Jahrgang 58, Heft 3, S. 457–476.

Seilheimer, Christian (2001): Antezedenzien und Konsequenzen des Regret, Grundlagen - Messung - Implikationen, 1. Auflage, Wiesbaden: Dt. Univ.-Verl. [u.a.].

Sen, Sankar; Johnson, Eriv J. (1997): Mere-Possession Effects without Possession in Consumer Choice, In: Journal of Consumer Research, Jahrgang 24, Heft 1, S. 105–117.

Shepard, Roger N. (1964): On Subjectively Optimum Selections among Multiattribute Alternatives, In: Shelly, Maynard W.; Bryan, Glenn L. (Hg.), Human Judgements and Optimality, New York [u.a.]: John Wiley & Sons, Inc., S. 257–281.

Shocker, Allan; Ben-Akiva, Moshe; Boccara, Bruno; Nedungadi, Prakash (1991): Consideration Set Influences on Consumer Decision-Making and Choice: Issues, Models, and Suggestions, In: Marketing Letters, Jahrgang 2, Heft 3, S. 181–197.

Shocker, Allan D.; Hall, William G. (1986): Pretest Market Models: A Critical Evaluation, In: Journal of Product Innovation Management, Jahrgang 3, Heft 2, S. 86–107.

Shugan, Steven M. (1980): The Cost Of Thinking, In: Journal of Consumer Research, Jahrgang 7, Heft 2, S. 99–111.

Silberer, Günter; Frey, Dieter (1981): Vier experimentelle Untersuchungen zur Informationsbeschaffung bei der Produktauswahl, In: Raffée, Hans; Silberer, Günter (Hg.), Informationsverhalten des Konsumenten, Ergebnisse empirischer Studien, Wiesbaden: Gabler, S. 63–85.

Sili, Roland (2008): Der Konzept- und Produkttest, Grundlage für Neuproduktentwicklungen mit Volumenprognosen, Saarbrücken: VDM Verlag Dr. Müller.

Silk, Alvin J.; Urban, Glen L. (1978): Pre-Test-Market Evaluation of New Packaged Goods: A Model and Measurement Methodology, In: Journal of Marketing Research (JMR), Jahrgang 15, Heft 2, S. 171–191.

Simon, Herbert A. (1955): A Behavioral Model of Rational Choice, In: The Quarterly Journal of Economics, Jahrgang 69, Heft 1, S. 99–118.

Simon, Herbert A. (1978): Rationality as Process and as Product of a Thought, In: American Economic Review, Jahrgang 68, Heft 2, S. 1.

Simonson, Itamar (1989): Choice Based on Reasons: The Case of Attraction and Compromise Effects, In: Journal of Consumer Research, Jahrgang 16, Heft 2, S. 158–174.

Simonson, Itamar (1992): The Influence of Anticipating Regret and Responsibility on Purchase Decisions, In: Journal of Consumer Research, Jahrgang 19, Heft 1, S. 105–118.

Skorepa, Michal (2011): Decision Making, A Behavioral Economic Approach, Basingstoke, Hampshire: Palgrave Macmillan.

Slovic, Paul; MacPhillamy, Douglas (1974): Dimensional Commensurability and Cue Utilization in Comparative Judgment, In: Organizational Behavior & Human Performance, Jahrgang 11, Heft 2, S. 172–194.

Solomon, Michael R. (2009): Consumer Behavior, Buying, Having, and Being, 8. Edition, International Edition, Upper Saddle River, NJ: Pearson Prentice Hall.

Spicer, C. C. (1962): Some New Closed Sequential Designs for Clinical Trials, In: Biometrics, Jahrgang 18, Heft 2, S. 203–211.

Spranca, Mark; Minsk, Elisa; Baron, Jonathan (1991): Omission and Commission in Judgment and Choice, In: Journal of Experimental Social Psychology, Jahrgang 27, Heft 1, S. 76–105.

Stähle, Marting (2009): Moderne Verfahren der Erfolgsprognose für Konsumgüter: Welche Anforderungen sollten sie erfüllen?, Herausgegeben von www.marktforschung.de, Online verfügbar unter http://www.marktforschung.de/information/fachartikel/marktforschung/moderne-verfahren-der-erfolgsprognose-fuer-konsumgueter-welche-anforderungen-sollten-sie-erfuellen/, zuletzt aktualisiert am 28.07.2009, zuletzt geprüft am 30.12.2010.

Steenkamp, Jan-Benedict E. M.; Hofstede, Frenkel T.; Wedel, Michel (1999): A Cross-National Investigation into the Individual and National Cultural Antecedents of Consumer Innovativeness, In: Journal of Marketing, Jahrgang 63, Heft 2, S. 55–69.

Steiner, Michael (2007): Nachfragerorientierte Präferenzmessung, 1. Auflage, Wiesbaden: DUV Deutscher Universitäts-Verlag.

Stoffels, Jörg (1989): Der elektronische Minimarkttest, Nürnberg Univ. Diss.- Erlangen 1988, Wiesbaden: Dt. Univ.-Verlag.

Strahilevitz, Michal A.; Loewenstein, George (1998): The Effect of Ownership History on the Valuation of Objects, In: Journal of Consumer Research, Jahrgang 25, Heft 3, S. 276–289.

Straßburger, Heidi (1991): Wiederkaufentscheidungsprozeß bei Verbrauchsgütern, Ein verhaltenswissenschaftliches Erklärungsmodell, Frankfurt am Main: Lang.

Sugden, Robert (1985): Regret, Recrimination and Rationality, In: Theory and Decision, Jahrgang 19, S. 77–99.

Svenson, Ola (1979): Process Description of Decision Making, In: Organizational Behavior and Human Performance, Jahrgang 23, Heft 1 (February), S. 86–112.

Svenson, Ola (1992): Differentiation and Consolidation Theory of Human Decision Making: A Frame of Reference for the Study of Pre- and Post-decision Processes, In: Acta Psychologica, Jahrgang 80, Heft 1-3, S. 143–168.

Teichert, Thorsten (2000): Auswirkungen von Verfahrensalternativen bei der Erhebung von Präferenzurteilen, In: Marketing - Zeitschrift für Forschung und Praxis (ZFP), Jahrgang 22, Heft 2, S. 145–159.

Tetlock, Philip E. (1985): Accountability: The Neglected Social Context of Judgment and Choice, In: Scandinavian Journal of Psychology, Jahrgang 7, S. 297–332.

Tetlock, Philip E. (1992): The Impact of Accountability on Judgment and Choice: Toward a Social Contingency Model, In: Advances in experimental social psychology, Jahrgang 25, S. 331–376.

Thaler, Richard (1980): Toward a Positive Theory of Consumer Choice, In: Journal of Economic Behavior & Organization, Jahrgang 1, Heft 1, S. 39–60.

Theobald, Elke; Neundorfer, Lisa (2010): Qualitative Online-Marktforschung, Grundlagen, Methoden und Anwendungen, 1. Auflage, Baden-Baden: Nomos-Verl.-Ges. [u.a.].

Tietz, Reinhard (1992): An Endowment Effect in Market Experiments, In: Lea, Shelton; Webley, Paul; Young, Brian M. (Hg.), New Directions in Economic Psychology, Theory, Experiment and Application, Aldershot, Hants: Elgar, S. 99–121.

Trommsdorff, Volker (1975): Die Messung von Produktimages für das Marketing, Grundlagen und Operationalisierung, Köln: Heymanns.

Trommsdorff, Volker (2008): Nutzen und Einstellung. Über ein (?) Konstrukt der Theorie des Konsumentenverhaltens, In: Gröppel-Klein, Andrea; Weinberg, Peter (Hg.), Konsumentenverhaltensforschung im 21. Jahrhundert, Gewidmet Peter Weinberg zum 65. Geburtstag, 1. Nachdruck, Wiesbaden: Dt. Univ.-Verlag (Gabler Editon Wissenschaft), S. 479–500.

Trommsdorff, Volker (2009): Konsumentenverhalten, 7., vollständig überarbeitete und erweiterte Auflage, Stuttgart: Kohlhammer.

Trott, Paul (2005): Innovation Management and New Product Development, 3. Edition, Harlow: Financial Times Prentice Hall.

Tscheulin, Dieter; Helmig, Bernd (2007): Markentreue, Wiederkauf- und Wechselverhalten, In: Albers, Sönke; Herrmann, Andreas (Hg.), Handbuch Produktmanagement, Strategieentwicklung - Produktplanung - Organisation - Kontrolle, 3., überarbeitete und erweiterte Auflage, Wiesbaden: Betriebswirtschaftlicher Verlag Dr. Th. Gabler | GWV Fachverlage GmbH Wiesbaden, S. 541–559.

Tsiros, Michael (1998): Effect of Regret on Post-choice Valuation: The Case of More Than Two Alternatives, In: Organizational Behavior and Human Decision Processes, Jahrgang 76, Heft 1, S. 48–69.

Tsiros, Michael; Mittal, Vikas (2000): Regret: A Model of Its Antecedents and Consequences in Consumer Decision Making, In: Journal of Consumer Research, Jahrgang 26, Heft 4, S. 401–417.

Tversky, Amos (1969): Intransitivity of Preferences, In: Psychological Review, Jahrgang 76, Heft 1, S. 31–48.

Tversky, Amos (1972): Elimination by Aspects: A Theory of Choice, In: Psychological Review, Jahrgang 79, Heft 4 (July), S. 281–299.

Tversky, Amos; Kahneman, Daniel (1991): Loss Aversion in Riskless Choice: A Reference-Dependent Model, In: Quarterly Journal of Economics, Jahrgang 106, Heft 4, S. 1039–1061.

Tversky, Amos; Sattath, Shmuel; Slovic, Paul (1988): Contingent Weighting in Judgment and Choice, In: Psychological Review, Jahrgang 95, Heft 3, S. 371–384.

Tversky, Amos; Shafir, Eldar (1992): Choice under Conflict: The Dynamics of Deferred Decision, In: Psychological Science, Jahrgang 3, Heft 6, S. 358–361.

Tversky, Amos; Simonson, Itamar (1993): Context-dependent Preferences, In: Management Science, Jahrgang 39, Heft 10, S. 1179–1189.

Tykocinski, Orit E.; Pittman, Thane S. (1998): The Consequences of Doing Nothing: Inaction Inertia as Avoidance of Anticipated Counterfactual Regret, In: Journal of Personality and Social Psychology, Jahrgang 75, Heft 3, S. 607–616.

Tykocinski, Orit E.; Pittman, Thane S. (2001): Product Aversion Following a Missed Opportunity: Price Contrast or Avoidance of Anticipated Regret?, In: Basic & Applied Social Psychology, Jahrgang 23, Heft 3, S. 149–156.

Ueckert, Hans; Rhenius, Detlef (1979): Komplexe menschliche Informationsverarbeitung, Beiträge zur Tagung "Kognitive Psychologie" in Hamburg 1978, Bern etc.: H. Huber.

Urban, Glen L. (1993): Pretest Market Forecasting, In: Eliashberg, Jehoshua (Hg.), Marketing, Amsterdam: North-Holland (Handbooks in operations research and management science, Band 5), S. 315–347.

Urban, Glen L.; Hauser, John R. (1993): Design and Marketing of New Products, 2. Edition, Engelwood Cliffs: Prentice-Hall.

Urban, Glen L.; Hauser, John R.; Roberts, John H. (1990): Prelaunch Forecasting on New Automobiles, In: Management Science, Jahrgang 36, Heft 4 (April), S. 401–421.

Urban, Glen L.; Hulland, John S.; Weinberg, Bruce D. (1993): Premarket Forecasting for New Consumer Durable Goods: Modeling Categorization,

Elimination, and Consideration Phenomena, In: Journal of Marketing, Jahrgang 57, Heft 2, S. 47–63.

Urban, Glen L.; Katz, Gerald M. (1983): Pre-Test-Market Models: Validation and Managerial Implications, In: Journal of Marketing Research (JMR), Jahrgang 20, Heft 3, S. 221–234.

Urban, Glen L.; Katz, Gerald M.; Hatch, Thomas E.; Silk, Alvin J. (1983): The ASSESSOR Pre-Test Market Evaluation System, In: Interfaces, Jahrgang 13, Heft 6, S. 38–59.

Urban, Glen L.; Weinberg, Bruce D.; Hauser, John R. (1996): Premarket Forecasting of Really-New Products, In: Journal of Marketing, Jahrgang 60, Heft 1, S. 47–60.

van Dijk, Eric; van Knippenberg, Daan (1996): Buying and Selling Exchange Goods: Loss Aversion and the Endowment Effect, In: Journal of Economic Psychology, Jahrgang 17, Heft 4, S. 517.

van Dijk, Eric; van Knippenberg, Daan (1998): Trading Wine: On the endowment Effect, Loss Aversion, and the Comparability of Consumer Goods, In: Journal of Economic Psychology, Jahrgang 19, Heft 4, S. 485–495.

van Raaij, W. F. (1977): Consumer Information Processing for Different Informatin Structures and Formats, In: Advances in Consumer Research, Jahrgang 4, Heft 1, S. 176–184.

Viscusi, W. K.; Magat, Wesley A.; Huber, Joel (1987): An Investigation of the Rationality of Consumer Valuations of Multiple Health Risks, In: RAND Journal of Economics, Jahrgang 18, Heft 4 (Winter), S. 465–479.

Vöhl-Hitscher, Frank (1994): Testmarktsimulation, Die Krönung der Konzept- und Produkttestforschung, In: Planung und Analyse, Heft 3, S. 40–46.

Wald, Abraham (1957): Sequential Analysis, 4. Print, New York [u.a.]: Wiley [u.a.].

Walkowiak, M. (1998): On the Validity of Test Market Simulation, Internationale Marktforschung: Internes Papier Henkel KGaA.

Watkins, T. (1984): Do the STM Models Work?, In: Journal of the Market Research Society, Jahrgang 26, Heft 3, S. 255–256.

Watkins, T. (1986): A Consumer-Based Model for Researching New Products, In: European Journal of Marketing, Jahrgang 20, Heft 10, S. 66–79.

Weber, Erna (1980): Grundriß der biologischen Statistik, Anwendungen der mathematischen Statistik in Forschung, Lehre und Praxis: mit einem Tafelanhang, 8., überarbeitet Auflage, Stuttgart: Fischer.

Wedell, Douglas H. (1991): Distinguishing Among Models of Contextually Induced Preference Reversals, In: Journal of Experimental Psychology: Learning, Memory, and Cognition, Jahrgang 17, Heft 4, S. 767–778.

Weenig, Mieneke W. H.; Maarleveld, Marleen (2002): The Impact of Time Constraint on Information Search Strategies in Complex Choice Tasks, In: Journal of Economic Psychology, Jahrgang 23, Heft 6, S. 689.

Weinberg, Peter (1981): Das Entscheidungsverhalten der Konsumenten, Uni-Taschenbücher Wirtschaftswissenschaften, Marketing, Band 1148, Paderborn: Schöningh.

Welch, Joe; Swift, Cathy (1992): Question Order Effects in Taste Testing of Beverages, In: Journal of the Academy of Marketing Science, Jahrgang 20, Heft 3, S. 265–268.

Wells, Gary L.; Gavanski, Igor (1989): Mental Simulation of Causality, In: Journal of Personality and Social Psychology, Jahrgang 56, Heft 2, S. 161–169.

Wherry, Julie S. (2006): Simulated Test Marketing, Its Evolution and Current State in the Industry, Master of Business Administration Massachusetts Institute of Technology (MIT), Submitted to the MIT Sloan School of Management in Partial Fulfillment of the Requirements for the Degree of Master of Business Administration, June 2006.

Wilkie, William L.; Pessemier, Edgar A. (1973): Issues in Marketing's Use Of Multi-Attribute Attitude Models, In: Journal of Marketing Research (JMR), Jahrgang 10, Heft 4, S. 428–441.

Wind, Yoram; Green, Paul E. (2005): Marketing Research and Modeling, Progress and Prospects ; a Tribute to Paul E. Green, New York, NY: Springer.

Winterfeldt, Detlof von; Edwards, Ward (1986): Decision Analysis and Behavioral Research, Cambridge: Cambridge Univ. Press.

Wright, Malcolm; MacRae, Murray (2007): Bias and Variability in Purchase Intention Scales, In: Journal of the Academy of Marketing Science, Jahrgang 35, Heft 4, S. 617–624.

Wright, Peter (1974): The Harassed Decision Maker: Time Pressures, Distractions, and the Use of Evidence, In: Journal of Applied Psychology, Jahrgang 59, Heft 5, S. 555–561.

Wright, Peter (1975): Consumer Choice Strategies: Simplifying vs. Optimizing, In: Journal of Marketing Research, Jahrgang 12, Heft 1, S. 60–67.

Wright, Peter; Barbour, Frederick (1977): Phased Decision Strategies: Sequels to an Initial Screening, In: Starr, Martin K.; Zeleny, Milan (Hg.),

Multiple Criteria Decision Making, Amsterdam: North-Holland Publ. (North Holland TIMS Studies in the Management Sciences, Band 6), S. 91–109.

Wunderle, Simone (2006): Regret und Kundenloyalität, Eine kausalanalytische Untersuchung potentieller Ursachen interindividueller Unterschiede im Regret-Erleben und deren auswirkungen im Konsumkontext, Wiesbaden: Deutsher Universitäts-Verlag | GWV Fachverlage GmbH Wiesbaden.

Yen, HsiuJu R.; Chuang; Shih-Chieh (2008): The Effect of Incidental Affect on Preference for the Status Quo, In: Journal of the Academy of Marketing Science, Jahrgang 36, Heft 4, S. 522–537.

Zeelenberg, Marcel (1996): On the Importance of What Might Have Been, Psychological Perspective on Regret and Decision Making, Univ. Diss., Amsterdam: Universiteit van Amsterdam.

Zeelenberg, Marcel (1999): Anticipated Regret, Expected Feedback and Behavioral Decision Making, In: Journal of Behavioral Decision Making, Jahrgang 12, Heft 2, S. 93-106.

Zeelenberg, Marcel; Pieters, Rik (2007): A Theory of Regret Regulation 1.0, In: Journal of Consumer Psychology (Lawrence Erlbaum Associates), Jahrgang 17, Heft 1, S. 3–18.

Zeelenberg, Marcel; van Dijk, Eric; van den Bos, Kees; Pieters, Rik (2002): The Inaction Effect in the Psychology of Regret, In: Journal of Personality and Social Psychology, Jahrgang 82, Heft 3, S. 314–327.

Zeelenberg, Marcel; van Dijk, Wilco W.; Manstead, Antony S. R. (1998): Reconsidering the Relation between Regret and Responsibility, In: Organizational Behavior and Human Decision Processes, Jahrgang 74, Heft 3, S. 254–272.

Zhang, Jiao; Hsee, Christopher K.; Xiao, Zhixing (2006): The Majority Rule in Individual Decision Making, In: Organizational Behavior & Human Decision Processes, Jahrgang 99, Heft 1, S. 102–111.

Hanna Römer, geboren am 16. Januar 1983 in Mainz, studierte von 2002 bis 2006 Betriebswirtschaftslehre an der Johannes Gutenberg-Universität in Mainz. Dort war sie dann von 2007 bis 2008 als wissenschaftliche Mitarbeiterin am Lehrstuhl für Marketing von Prof. Dr. Oliver Heil tätig. Seit 2008 arbeitet sie als Studienmanagerin im Studienbüro des Fachbereichs Rechts- und Wirtschaftswissenschaften der Johannes Gutenberg-Universität.

Aus unserem Verlagsprogramm:

Marc-Oliver Reeh
Ansatzpunkte einer systematischen Erfassung, Analyse und Steuerung latenter Akzeptanz- und Adoptionspotenziale am Beispiel smarter Anwendungsszenarien der Near Field Communication Technologie
Hamburg 2012 / 348 Seiten / ISBN 978-3-8300-6448-0

Niels Neudecker
Brand Reframing
Gestaltung und Wirkung von Umdeutungen in der Markenkommunikation
Hamburg 2012 / 310 Seiten / ISBN 978-3-8300-6366-7

Robert Hörstrup
Anbieterintegration
Ein konzeptioneller Ansatz zur Analyse und Gestaltung kundenseitiger Nutzungsprozesse
Hamburg 2012 / 408 Seiten / ISBN 978-3-8300-6292-9

Jan Lakotta
Antecedents and Consequences of Managerial Confusion in Service-to-Business Buying
Hamburg 2012 / 414 Seiten / ISBN 978-3-8300-6244-8

Martin Post
Erfolgreiche Markenbildung bei TV-Formaten
Wettbewerbsstrategische Handlungsoptionen im Rahmen Vertikaler Integrationsprozesse
Hamburg 2011 / 372 Seiten / ISBN 978-3-8300-5483-2

Berrin Özergin
Services Ingredient Branding
Eine experimentelle Untersuchung der Effekte der Markierung von investiven Dienstleistungskomponenten
Hamburg 2011 / 322 Seiten / ISBN 978-3-8300-5917-2

Marco Motullo
Adoption und Nutzung sozialer Online-Netzwerke
Empirische Analysen zur Erklärung und Prognose des individuellen Nutzerverhaltens
Hamburg 2011 / 314 Seiten / ISBN 978-3-8300-5908-0

Leonard Wehr
Kundenintegrativer Marketing-Mix
Milieutheorie als Basis von Blue-Ocean- und Lovemark-Strategien
Hamburg 2011 / 258 Seiten / ISBN 978-3-8300-5905-9

VERLAG DR. KOVAČ
FACHVERLAG FÜR WISSENSCHAFTLICHE LITERATUR

Postfach 57 01 42 · 22770 Hamburg · www.verlagdrkovac.de · info@verlagdrkovac.de